T0243759

GAME PLAN

GAME PLAN

El método para vivir, trabajar y competir al
máximo nivel durante el mayor tiempo posible

Mike Mancias
con Myatt Murphy

Traducción de Andrea M. Cusset

Papel certificado por el Forest Stewardship Council®

MIXTO
Papel | Apoyando la
silvicultura responsable
FSC® C117695
www.fsc.org

Penguin
Random House
Grupo Editorial

Título original: *Game Plan. A Proven Approach to Work, Live,
and Play at the Highest Level Possible—for as Long as Possible*

Primera edición: septiembre de 2024

© 2024, Mike Mancias
© 2024, Penguin Random House Grupo Editorial, S. A. U.
Travessera de Gràcia, 47-49. 08021 Barcelona
© 2024, Andrea Montero Cusset, por la traducción

Printed in Spain — Impreso en España

ISBN: 978-84-666-7938-1
Depósito legal: B-10.352-2024

Compuesto en Comptex&Ass., S. L.
Impreso en Black Print CPI Ibérica
Sant Andreu de la Barca (Barcelona)

BS 7 9 3 8 1

Índice

TERCERA PARTE: REPARA 269

Prólogo

LeBron James

Cuando conocí a Mike, yo no tenía más que dieciocho años, acababa de incorporarme a la liga y él estaba haciendo prácticas de verano con los Cavaliers. No volví a verlo hasta mi segundo año en la NBA, cuando los Cavs le contrataron como entrenador auxiliar. Por aquel entonces, lo que enseguida te llamaba la atención de él eran su porte y su puntualidad. Todos los días llegaba con ganas, superentusiasmado y listo para trabajar, igual que yo. Y lo más importante: comprendía el valor de la longevidad.

Desde que iba al instituto, siempre he tenido en mente seguir en el juego todo el tiempo posible. Recuerdo que, cuando tenía trece años, un amigo me dijo que jugara a tope y lo pasara bien, pero que nunca olvidara estirar.

En todos y cada uno de los partidos.

Estiraba dos o tres veces al día, no solo antes de los partidos, sino en cuanto me levantaba y justo antes de acostarme. De modo que daba igual lo listo que estuviera para jugar ese día, estaría igual de listo al día siguiente, y al siguiente, y todos los días después de ese. Porque siempre he sido de los que se daban cuenta de que, independientemente del talento que puedas tener, en lo que se refiere a tus habilidades solo pueden llevarte hasta cierto punto. De que si quieres tener una carrera larga y sostenible —si quieres llegar a ser legendario—, tienes que estar disponible para tu equipo. Para hacerlo, siempre debes esforzarte. Sea como sea, sin excusas.

Oí que Mike había hecho prácticas con Tim Grover, entrenador de fama mundial, y había colaborado ayudando a Michael Jordan durante su regreso al básquet profesional. No me lo asignaron cuando se abrió el campo de entrenamiento en octubre, pero cuando lo vi en el calentamiento con algunos de los veteranos del equipo, le dije: «¡Eh! ¿Puedo unirme un rato?».

Según Mike, ese día puso nerviosos a sus superiores al trabajar conmigo cuando no era más que «el novato». Pero yo vi algo en Mike enseguida e hicimos buenas migas desde el principio. No solo éramos dos chicos jóvenes que llegaban a las filas de la NBA. Éramos dos chicos con metas, principios y una ética de trabajo en absoluta sincronía. Y yo necesitaba a alguien que no solo me desafiara, sino que no tuviera miedo de hacerlo. Alguien con quien me sintiera cómodo y que siempre dedicara trabajo a mi salud, entrenamiento y recuperación. Todos y cada uno de los días, pasase lo que pasase, sin excusas.

Siempre he sentido que Mike era el indicado para mí porque creía tanto como yo en que la longevidad empieza siendo consecuentes tanto en la cancha como fuera de ella. Es cuestión de centrarte aun cuando tienes otras cosas en mente, presentarte preparado y afrontar cada momento al máximo nivel posible. Es cuestión de saber cómo aprender del fracaso porque, te guste o no, fracasarás. Y, dos décadas más tarde, seguimos mejorando juntos, aprendiendo sobre la marcha, confiando el uno en el otro para probar cosas nuevas que podrían funcionar y, si no lo hacen, pasar a otras sin más. Pero, lo que es más importante, nos preguntamos qué podemos aprender de la derrota. De esa forma, cuando cruzamos ese umbral de nuevo, abordamos las cosas de un modo distinto y aumentamos al máximo la probabilidad de éxito.

Incluso cuando deje de jugar al baloncesto, tengo intención de mantener mi cuerpo lo más funcional posible haciendo lo correcto. Pienso seguir en el juego todo lo que pueda siendo consecuente con mi entrenamiento, mi recuperación y comiendo lo mejor que pueda, y gran parte de esto se lo debo a Mike.

Vivimos en un mundo en el que todos tratan de averiguar cómo convertirse en una mejor versión de sí mismos, tanto física como espiritualmente. Pero no importa si eres deportista de élite o aspiras a serlo, si eres una madre, un padre, un hermano o una hermana que busca ser su mejor yo. Los movimientos, el ejercicio y la experiencia que aporta Mike realmente benefician a todo el mundo, porque no es solo cuestión de empoderamiento deportivo, es cuestión de empoderamiento humano.

Le confío mi carrera a Mike.

Le confío mi amistad.

Le confío mi cuerpo.

Lo que hemos aprendido juntos ya forma parte de mi ADN, y no va a irse a ninguna parte.

LeBron James

Introducción

¿Qué necesitas de tu cuerpo hoy?

¿Y mañana?

¿Y al día, la semana, el mes o el año siguientes?

¿Necesitas que tu cuerpo sea más esbelto? ¿Más fuerte? ¿Más flexible y a prueba de lesiones? ¿Que esté en la mejor forma posible hoy, mañana y más allá para que puedas disfrutar de una vida larga y saludable?

Cuando eres cliente mío, más te vale estar listo para escuchar estas preguntas con frecuencia.

Conocí a LeBron James en su segundo año en la NBA, durante la temporada 2004-2005, cuando buscaba ayuda con su entrenamiento. Resultaba fácil ver que era un deportista muy dotado y especial. Por aquel entonces, LeBron era capaz de alcanzar el éxito mediante la fuerza bruta, el entrenamiento tradicional y técnicas de levantamiento de pesas. Su entrenamiento no iba dirigido a moverse de manera más eficiente ni a incorporar ninguna medida para evitar las lesiones. No había estructura —ni régimen de estiramientos, ni plan nutricional, ni rutina pre/pospartido o medio tiempo— más allá de atarse los cordones de las zapatillas, salir a la cancha y correr a trescientos kilómetros por hora. Yo veía que era un lienzo en blanco con todos los colores disponibles, solo que no estaba organizado del modo correcto.

Nuestra charla inicial se convirtió en la primera de miles y, a lo largo de las dos últimas décadas, en calidad de entrenador y especialista en recuperación, he trabajado con él de manera individual prácticamente todos y cada uno de los días de su carrera para que siguiera jugando al máximo nivel posible. Pero ese primer día con LeBron, le formulé esa misma pregunta: «¿Qué necesitas de tu cuerpo hoy?».

Su respuesta ha evolucionado a lo largo de los años. Al principio, buscaba una forma mejor de entrenar y recuperarse. Luego quiso ser el mejor de la liga. Después el mejor de la historia. Luego seguir siendo el mejor jugador del mundo todo el tiempo posible. Y ahora quiere seguir manteniendo la salud suficiente para jugar en la NBA con su hijo.

Cuando reflexionas acerca de esa pregunta —no solo cada día, sino antes, durante y después de ciertos momentos de toma de decisiones cruciales en relación con tu dieta, tu actividad y tu recuperación a lo largo del día—, todas las piezas necesarias para que tu respuesta se convierta en una realidad empiezan a encajar por fin. Eso es lo que te impulsa en el camino hacia una responsabilidad, una consistencia y un éxito mayores.

Lo cierto es que no existe ninguna «pócima secreta» ni «remedio de santo» en lo que se refiere a la salud y el bienestar. Ya conocemos los elementos esenciales para permitir que el cuerpo esté en su mejor momento imaginable durante el mayor tiempo posible: comer más sano, hacer más ejercicio y descansar lo suficiente. Lo que separa a los mejores del resto consiste en **averiguar la forma más inteligente de mantenerse consecuente con lo que se ha demostrado que funciona** para que tengas menos probabilidades de dejarlo o desviarte del camino. **Porque el crecimiento nunca termina y la recuperación nunca se detiene, a menos que tú lo decidas.**

LeBron se incorporó a la NBA en 2003, junto con otros cincuenta y siete jugadores. Prácticamente la mitad no duraron cinco años en la liga. Al cabo de quince años, quedaban seis. Mientras escribo esto, LeBron está concluyendo su vigésimo primera temporada y es el único que queda. No solo sigue jugando, sino que sigue siendo uno de los mejores de la liga. Pero si piensas que tú no puedes cosechar la misma resiliencia, piénsalo mejor. Lo que mis clientes han necesitado física, nutricional y mentalmente para maximizar sus habilidades y prolongar su longevidad puede haber cambiado a lo largo de los años, lo que no ha cambiado es cómo los llevo yo a afrontar determinadas decisiones en la vida. Y ahora te toca a ti abordar las decisiones cruciales que afectan a tu propia vida del mismo modo.

Mira, la mayoría no vamos a convertirnos en deportistas profesionales, pero solo porque no te paguen por practicar un deporte no significa que no se espere que rindas. La gente habla de la longevidad de LeBron, pero hablemos de tu longevidad. Qué te empuja a ti a seguir jugando cuando otros se van. Por qué necesitas estar en tu mejor momento ahora mismo y todos los días después de este durante todo el tiempo posible.

Este programa es la culminación por escrito de dos décadas de trabajo con algunos de los mejores deportistas y artistas para maximizar su potencial, incluido LeBron James, Myles Garrett, dos veces seleccionado como All-Pro en la NFL, y la galardonada superestrella Usher. Es un programa que cubre todas las bases relacionadas tanto con el movimiento como con la fuerza funcionales, y permite hacer tu cuerpo más fuerte, más flexible y resistente a las lesiones para extender tu longevidad de forma rápida y fácil. Este sistema incorpora las mismas tácticas que utilizo con mis clientes, lo que permite que cualquiera —deportista o no— trabaje, viva y juegue a un nivel más alto de lo que nunca había creído posible, durante el máximo tiempo posible. El método exhaustivo, de cuatro pasos, combina las aplicaciones más inteligentes en el entrenamiento de movilidad, la nutrición de rendimiento y la recuperación activa, haciéndote responsable en ciertos momentos críticos de cada día para que por fin hagas las mejores elecciones para tu salud y bienestar sin falta y vivas la mejor vida posible. Es un plan que te enseña a ejecutar todas las decisiones relacionadas con tu longevidad en cuatro aspectos cruciales: PENSARÁS cada decisión, SEGUIRÁS cada decisión hasta el final, ANALIZARÁS lo que has hecho después y, finalmente, lo RECONSTRUIRÁS mejor. Este enfoque demostrado cambiará tu actitud hacia el fracaso para que entiendas y aceptes que cada pérdida es una oportunidad de ganar.

Entonces ¿qué necesitas de tu cuerpo hoy?

Solo tú conoces la respuesta a esa pregunta, pero yo sé cómo puedes obtenerla. Así que allá vamos.

1

Mente primero, rutina después

Si estás leyendo esto, es más que probable que ya hayas intentado alguna vez cambiar tu cuerpo para mejor. Entonces ¿qué ha ocurrido? ¿Por qué quedó en «intentos» y no se trata de «éxitos»? Yo sé por qué. Empieza por lo más alto porque, pese a que es posible que un cliente recurra a mí para mejorar su cuerpo, siempre empezamos con su cerebro.

He conocido a gente que fracasa porque nunca invierte en la mentalidad apropiada antes de trabajar enfocado en sus objetivos. Fracasa porque intenta hacerlo sola en lugar de invitar a participar a todas las personas que pueda. Fracasa porque nunca mantiene una conversación consigo misma de antemano acerca de por qué decidió emprender este viaje.

Con el fin de que mis métodos te funcionen, hay algo que tienes que hacer todas y cada una de las mañanas. Es rápido, te lo prometo. En el momento en que te despiertes —no después de desayunar o unas horas más tarde, sino en el preciso instante en que abras los ojos—, hazte cuatro preguntas:

1. ¿Sé lo que quiero de mi cuerpo hoy?
2. ¿Cuento con un equipo listo para apoyarme?
3. ¿Estoy preparado para perder?
4. ¿Me merezco el éxito?

Pienso ser sincero contigo ahora mismo. Si formularte estas preguntas te parece una tontería, eso ya me dice en qué dirección vas, y ese camino no lleva a ninguna parte.

Verás, gran parte de cómo consigo que mis clientes evolucionen es a través de la evaluación. Formulo a mis clientes un montón de preguntas porque es la única forma acertada de llegar al corazón de por qué determinadas cosas les impulsan y otras les frenan. Esas preguntas nos ayudan al cliente y a mí a averiguar juntos por qué no se ciñe a lo que obviamente sabe que debería, además de a determinar cómo establecer una conexión más fuerte con las cosas que está haciendo bien para que ocurran con mayor frecuencia.

Pero yo no puedo estar ahí contigo.

En lugar de eso, cuento con que estés para ti mismo, lo que requerirá que te hagas muchas preguntas acerca de ti en diferentes puntos a lo largo del día. Es gran parte de cómo funciona mi programa. De modo que si tienes algún problema con eso o te cuesta sincerarte contigo mismo, deja de leer ahora y vuelve a mí cuando estés listo.

Qué pronto has vuelto. Me alegro de que te unas a mí, de verdad. Ahora pongámonos serios.

¿Por qué esas cuatro preguntas son tan importantes para mí y por qué son tan cruciales para ti? Porque el modo en que respondas me indica —y te indica a ti— si vas a triunfar o a fracasar. Si puedes responder que sí con sinceridad a las cuatro, has ganado incluso antes de haber empezado. Pero contesta que no a alguna de estas preguntas —aunque sea solo una— y puedo garantizarte que tus posibilidades de éxito son muy inferiores.

He aquí por qué es tan importante cada pregunta:

¿Sé lo que quiero de mi cuerpo hoy?

¿La respuesta es no? De ser así, puedo decir con absoluta seguridad que no significa que no tengas expectativas de tu cuerpo; probablemente se deba a que no sabes por dónde empezar. En lugar de dejarte abrumar por todas las cosas a las que vas a someter a tu cuerpo hoy, concéntrate en lo más importante. Yo lo llamo «diana». ¿Cuál es tu diana del día?

Para LeBron, su diana podría ser un partido o un entrenamiento en el que quiere darlo todo, o un evento o un acto en el que debe presentarse con seguridad. Para ti, puede consistir en ir un poco más lejos en tu sesión de ejercicios, mostrarte firme en esa reunión de la junta directiva, acabar todo ese trabajo atrasado en el jardín, sentir menos dolores y rigidez de lo habitual, jugar los segundos nueve hoyos tan fuerte como los primeros nueve o simplemente tener suficiente energía para jugar con tus hijos después del trabajo. Está ahí, en ese momento del día en el que necesitas que tu cuerpo rinda al máximo por encima de todos los demás.

Entonces ¿cuál es tu diana? ¿Qué necesitas en concreto de tu cuerpo que debería ser tu centro de atención del día?

¿La respuesta es sí? Eso es bueno, pero aún no has acabado. Incluso si sabes en qué momento del día necesitas que tu cuerpo rinda al máximo, quiero que des un paso más y me digas por qué es tan importante acertar en el mismo centro de esa diana. Puedes pensar en estas razones como en los círculos alrededor de tu diana, que te mantienen centrado en el objetivo.

Por ejemplo, si tu diana es estar más sano y en forma, es un comienzo, pero la verdadera pregunta es ¿por qué quieres conseguirlo? ¿Es porque quieres que la ropa te quede mejor? Muy bien, eso es un círculo. Continúa. Quiero que rodees esa diana con todas las razones o beneficios que se te ocurran ligados a ese objetivo. Si estar más sano y en forma es tu objetivo hoy, entre los beneficios adicionales podrían incluirse los siguientes:

- Te permitirá hacer más cosas con tus hijos, amigos o seres queridos. (De ser así, entonces cada una de las personas en las que estás pensando es un círculo).
- Te ayudará a sentirte más seguro en el trabajo.
- Reducirá algunos números que preocupan a tu médico. (Si es el caso, entonces cada problema de salud es un círculo aparte).
- Mejorará tu vida sexual.

No sé cuáles son tus círculos —solo tú lo sabes—, pero quiero que pienses en al menos seis razones o beneficios distintos que rodeen tu diana. Si te apetece, ve un poco más allá y anota tus razones en un papel que puedes llevar en el bolsillo o grábalas en algún sitio si necesitas un recordatorio constante a lo largo del día. Pero entiende esto: no esperes que la diana de hoy sea la de mañana. Podría cambiar de un mes o incluso de un día para otro dependiendo de lo que tengas en marcha.

Tu diana ni siquiera ha de estar siempre ligada a la salud, el bienestar o la longevidad. Si tienes un partidillo después del trabajo y tu diana ese día es darlo todo, perfecto. Aun así, quiero que pienses en todas las razones por las que ese día te importa y la rodees con todos los círculos que puedas. Mira, pueden ser egoístas o altruistas —no voy a juzgarte—, pero es más probable que alcances esa meta si te recuerdas a ti mismo cuál es tu objetivo. Tal vez las razones sean:

- No quieres decepcionar a tus compañeros de equipo.
- Quieres que tus hijos te vean jugar bien.
- No vas a poder ir al gimnasio y ese partido es tu ejercicio de la noche.
- Solo quieres ganarle al equipo contrario porque son unos chulitos.

En serio, ninguna razón se considera exagerada o ridícula en mi opinión, siempre y cuando te motive de manera auténtica y te empuje a mover el culo para llevar a cabo la tarea. Porque cuanto más puedas averiguar sobre qué te impulsa sinceramente hacia esa diana hoy, más a menudo te recordarás a ti mismo a lo largo del día por qué es tan importante esa meta. Cuantos más círculos traces alrededor de esa diana, más probabilidades tendrás de volar en línea recta y no perder de vista la meta.

¿Cuento con un equipo listo para apoyarme?

¿La respuesta es no? ¿Personalmente creo que tienes la fuerza para llevar a cabo este programa sin tener que confiar en nadie más que en ti mismo? Por supuesto, pero cualquier objetivo se vuelve mucho más fácil de alcanzar cuando otros te apoyan a cada paso del camino.

Muy pocos deportistas de élite trabajan solos. Incluso en deportes como el tenis, el levantamiento de pesas, las carreras de fondo, etcétera, puede que los atletas vuelen en solitario en el momento de competir, pero entre bastidores siguen contando con el aliento y la fuerza de entrenadores, mentores y familiares. Cuando cuentas con un sistema de apoyo, no solo posees una red de seguridad de individuos listos para cogerte cuando caes, sino que tienes a un grupo de personas en las que confiar para que te hagan responsable. Cuanto mayor sea el apoyo del que puedes rodearte antes de emprender este viaje —y tengas detrás todos los días—, más fácil se vuelve alcanzar esa diana, porque te acompañan en el trayecto.

Así que, si has respondido que no, lo que necesito que hagas es empezar a recoger rocas y dejar caer anclas. ¿Qué quiero decir con esto? Mira alrededor, a las personas de tu vida —tus colegas, tus amigos, tus parientes y demás— y pregúntate cómo clasificarías a cada uno de ellos.

- Una **roca** es alguien optimista y que te anima, te da fuerza cuando más lo necesitas y escucha de verdad lo que tienes que decir (en lugar de interrumpirte). Una roca te guarda la espalda en momentos en que otros no lo hacen, ve cosas buenas en ti que a veces no ves en ti mismo y siempre actúa pensando en tu beneficio.
- Un **ancla** es alguien pesimista y que siempre está quejándose. Tiende a redirigir la conversación hacia sí mismo y es posible que en secreto compita contigo. Un ancla se esfuma cuando la necesitas. Son las personas que tienes que evitar siempre que puedas o reducir al mínimo el tiempo que te ves obligado a pasar con ellas. Evidentemente, quizá haya gente a la que resulta mucho más difícil evitar —un jefe, un pariente o un vecino, por ejemplo—, pero a veces lo único que necesitas es echar un vistazo a tu día e idear formas de reducir la probabilidad de encontrártela.

¿Y qué hay de los que quedan en medio? ¿Los neutrales que no están ahí vitoreándonos pero sin duda tampoco buscan hacernos trizas? Bueno, ahí es donde encajan la mayoría de las personas de nuestra vida, lo cual está perfectamente bien. Mientras esos individuos no te afecten de manera negativa ni te hagan sentirte acomplejado para implementar mis métodos, son inofensivos. De hecho, cuéntalos, porque a veces ayuda a demostrar lo raras que son en realidad las « rocas verdaderas» entre todas las personas que te rodean a diario.

Mira, da igual lo que te digas a ti mismo; en casi todo, tú tienes el control de quién te rodea. Puede resultar difícil escapar de compañeros de trabajo o familiares en determinadas ocasiones, pero normalmente decidimos alrededor de quién orbitamos y, en mayor grado, quién orbita a nuestro alrededor. Tienes que buscar y reclutar al mayor número posible de personas que quieran que tengas éxito, con las que puedas contar para que te ayuden a ir más lejos porque no tienen más motivación que verte triunfar.

¿La respuesta es sí? Si ya tienes tus rocas, entonces necesitas contarles a todas ellas tus intenciones. No te guardes cosas, limitándote a confiar en ellas en los malos momentos; conviértelas en una parte activa del proceso. Cuanto más conscientes sean de en qué estás a punto de embarcarte, más probabilidades tendrás de seguirlo a rajatabla. Así pues, con cada roca:

Dales la exclusiva sobre qué vas a hacer con exactitud. No quiero que seas impreciso, sino, más bien, increíblemente específico. En otras palabras, no te limites a decir que estás probando mi enfoque cuádruple de la dieta, el movimiento y la recuperación. Cuéntale exactamente cómo funciona y que cada día vas a tener una diana concreta en mente. Cuesta mucho no mantenerte centrado cuando todos los días algunas personas podrían preguntarte: «Eh, ¿qué necesitas de tu cuerpo hoy?».

Dales permiso para reprenderte. Esto puede resultarles difícil a algunos, pero si se trata de personas en las que de verdad confías (personas que sabes que quieren que prosperes), dales rienda suelta para que te señalen cuándo es posible que apuntes en la dirección contraria de tu diana.

Sal (o pasa tiempo) con ellas con la mayor frecuencia posible. Contar con un equipo de rocas a las que no ves nunca dificulta que te hagan responsable, pero no se trata solo de eso. Si te rodeas de aquellos a los que de verdad importas, verlos a menudo te recuerda por qué estás haciendo esto: para ser la mejor versión de ti mismo para ti, pero también para otros.

Haz que se apunten, si puedes. Mira, a las desgracias puede que les guste la compañía, pero no hay nada mejor que conseguir algo con alguien más. Cuanta más gente atraigas para seguir mi enfoque, más se convierte el proceso en un trabajo de equipo que transforma a tus rocas en luchadoras como tú.

¿Estoy preparado para perder?

Gran parte de la vida no es más que una serie de victorias, derrotas y retiradas. Por supuesto, ganar es genial, y retirarse a veces puede ser difícil de asimilar o una bendición dependiendo de si esperábamos lograr una victoria o sufrir una derrota. Pero ¿perder? Afrontemos los hechos: a nadie le gusta perder. No obstante, todo forma parte del juego, y dependiendo de lo elegante y atento que seas cuando afrontas el fracaso, puedes decidir si pierdes o ganas la próxima vez.

¿La respuesta es no? Entonces adivina: ya has perdido. Porque las personas de mayor éxito en todos los ámbitos de la vida han perdido en el camino y continúan perdiendo cada día.

No importa si se trata de trabajo, relaciones, dinámicas familiares, ejercicio, salud o dieta; todos experimentamos momentos en los que acabamos en primer lugar y otros en los que somos los últimos. Tanto los apuros como los tiempos difíciles se producen justo al mismo tiempo que los momentos de celebración y victoria, porque nunca es un viaje continuo hacia lo alto o, por suerte, nunca una travesía en curso, cuesta abajo y fuera de control.

El baloncesto es una buena metáfora para la vida. Nunca ha existido (ni existirá) un equipo que haya ganado todos los partidos, y nunca ha habido (ni habrá) un jugador que haya encestado todos los tiros que ha lanzado. Aceptamos sin problemas que esto es cierto; la perfección es estadísticamente imposible. Aun así, en lo que se refiere a nosotros mismos, a menudo olvidamos que es estadísticamente imposible que no fracasemos. Esa presión solo lleva a la decepción, lo que te impide tratar cada fracaso y error como lo que realmente son: oportunidades de aprender para rendir mejor la próxima vez.

¿La respuesta es sí? Entonces, genial, porque perderás; de hecho, prepárate para perder mucho. Lo que entiendes con claridad es que no es lo mismo perder que fracasar. Cada vez que pierdes constituye una oportunidad de afrontar esa derrota y convertirla en un momento de enseñanza crucial. La única forma de fracasar con este programa consiste en no tomarte el tiempo de prestar atención a lo que trata de decirte cada error cometido.

¿Me merezco el éxito?

Hablo en serio: ¿por qué tú? Hago de esta la cuarta y última pregunta con los clientes porque constituye el punto de inflexión, la respuesta que define o destruye tu actitud.

¿La respuesta es no? No estás solo. No ocurre a menudo, pero en el pasado algunos clientes selectos me han sorprendido con esa misma respuesta. No resulta fácil oírlo, del mismo modo que estoy seguro de que no resulta fácil decirlo, pero si algo bueno puede salir de ello, es esto: con esa única respuesta acabas de descubrir por qué probablemente siempre has tenido dificultades para alcanzar tus objetivos, bienestar, longevidad, sea cual sea el caso.

Si no sientes que mereces algo, casi puedo garantizarte que no lo obtendrás, fin de la historia. No es ingeniería aeroespacial: es solo la realidad. Porque si no crees que te ha llegado el turno de alcanzar el éxito, entonces es que ni siquiera estabas en la cola. Si ese eres tú, necesitas preguntarte a ti mismo por qué es así y afrontarlo por todos los medios necesarios (porque sea lo que sea lo que tienes que hacer para ver que mereces el éxito va más allá de mi ámbito de experiencia), pero luego, por favor, vuelve a mí.

Sin embargo, antes de que lo hagas, deja que te diga esto: te he pedido que recojas todas las rocas que puedas, pero la más importante que debes recoger primero eres tú mismo. Debes ser tu propia roca. Debes responder por ti mismo y, con este libro, aprenderás a hacerlo.

¿La respuesta es sí? Perfecto, porque no podría estar más de acuerdo. Lo que esperas alcanzar no es un objetivo egoísta. Es querer obtener más de tu cuerpo durante el mayor tiempo posible para poder vivir una vida mejor, tanto para ti como para aquellos que te importan. Todo el mundo lo merece —tú lo mereces— y ahora estás a punto de conseguirlo.

Entonces ¿estás dispuesto a trabajar más duro que los que te rodean? ¿Listo para confiar en el plan y no acelerar el proceso? ¿Preparado para invertir el tiempo que requiere? Y, lo que es más importante, ¿te sientes emocionado por lo que estás a punto de hacer?

Bien, porque ahora tienes la actitud correcta —exactamente como debe ser—, así que deja que te muestre cómo alcanzaremos ese éxito juntos.

2

Piensa, sigue, analiza y reconstruye

LeBron y yo siempre nos aseguramos de ser los primeros en llegar al gimnasio. También somos los primeros en salir a la cancha, a veces incluso antes de que fiche ningún trabajador del estadio. Esto no solo establece la tónica del día, sino que nos proporciona tiempo de sobra para planear y analizar todo lo que esperamos conseguir. Porque esta es la verdad: las cosas no llegan de forma natural a la mayoría de las personas de superalto rendimiento, en ningún campo. Tienen que trabajárselo. Saben que los detalles son lo que determina quién transita penosamente por la vida sin dejar huella y quién destaca.

La mayoría de la gente suele fracasar en sus objetivos de rendimiento y longevidad porque no se reduce a ser capaz de decir: «¡Lo he logrado!». Es cuestión de formularte ciertas preguntas antes de hacer lo que sea siquiera y asegurarte de que lo estás haciendo de la forma más inteligente posible. Pero, por encima de todo, es recordarte a ti mismo a cada oportunidad que se presente por qué lo estás haciendo.

Las personas de alto rendimiento comprenden esto, y por eso analizan sus hábitos diarios de forma que puedan ver rápidamente qué mejorar y qué deben dejar de hacer. Se recuerdan a sí mismas «en el momento» sus éxitos para aumentar la probabilidad de repetir las victorias y se perdonan (y aprenden de) los fracasos para tener menos probabilidades de repetir las derrotas.

Piensa, sigue, analiza y reconstruye

Necesito que entiendas por encima de todo que mi método no consiste en seguir una dieta específica ni en poner en marcha una serie de soluciones rápidas. En lugar de eso, se trata de aprovechar ciertos momentos críticos de tu día para repensar y recalibrar tu vida. En especial, me gusta concentrarme en:

1. Lo que COMES
2. Cuándo te MUEVES
3. Cómo REPARAS

Creo en la sinceridad, y cuando la aplicas a tu vida durante esos momentos, esta literalmente tiene pocas opciones aparte de mejorar. Se requiere no temer observar de manera objetiva y sincera todo lo que haces y todas las decisiones que tomas respecto a mejorar. Si no puedes hacerlo, entonces este libro no te sacará del agujero en el que estás ahora. Pero si estás listo para ser sincero contigo mismo —para ser sincero conmigo—, esa honestidad se convertirá en el centro de todo lo que estás a punto de hacer conmigo, como en el caso de mis clientes. Porque en lo que se refiere a LeBron y al resto de mis clientes:

1. PIENSAN... en el futuro

Lo que hago con las personas con las que trabajo es llevarlas a resumir su día y pensar bien en ciertas elecciones que con el tiempo tendrán que hacer acerca de su dieta, ejercicio y hábitos de recuperación mucho antes de que las hagan. Por ejemplo, no me limitaré a preguntarles qué piensan tomar en la comida o como tentempié, sino exactamente cuándo y dónde piensan tomarlos. En lugar de limitarme a recordarles que hagan ejercicio ese día o qué tácticas terapéuticas necesito que sigan, les haré contemplar cosas como qué podría desviarles del camino o afectar a su rendimiento. Esa pre-preparación no es solo para asegurar que tengan a su disposición todo lo que puedan necesitar, sino que es una guía mental que les recuerda lo que están a punto de hacer y por qué lo van a hacer, de modo que enfoquen cada tarea con la mejor actitud.

2. SIGUEN... hasta el final

Saber lo que tienes que hacer y hacerlo de verdad son dos cosas completamente distintas. No es que la mayoría de nosotros no sepamos qué hábitos saludables deberíamos practicar, es que somos lentos a la hora de incorporarlos a nuestras vidas y, lo que es más importante, ser consecuentes con ellos. Doy a mis clientes el plan de juego —planes de acción que revelan las elecciones de actividad más inteligentes, los hábitos nutricionales más saludables y los trucos de recuperación más efectivos que fomenten la longevidad— y espero que lo ejecuten.

3. ANALIZAN... sus actos

Después de cada comida ingerida, cada sesión de entrenamiento concluida y cada táctica de recuperación completada, no dejo que mis clientes se duerman en los laureles. Ahí es cuando empieza el trabajo de verdad. Hago que reconozcan abiertamente qué ha ido mal y qué ha ido bien. Hago que analicen sin ninguna culpa cómo lo han hecho, qué se ha interpuesto en su camino, de qué deberían estar orgullosos y cuánto han aportado en realidad.

4. RECONSTRUYEN... mejor

Finalmente, hago que mis clientes utilicen esa reflexión para reconfigurar su próxima comida, su próximo entrenamiento y su próxima oportunidad de sanar y recuperarse. Se trata de una estrategia que les permite mejorar de manera instantánea lo que acaban de hacer para ver los máximos resultados continuamente.

Es esta renovación constante lo que hace que mi método pueda continuar durante semanas, meses, años —el resto de tu vida— sin volverse nunca aburrido. Cada día es distinto porque así es como funciona la vida. Pero con el tiempo aprenderás a prever posibles fallos antes de que se produzcan, a saber cómo adaptarte cuando determinados fallos son imposibles de evitar y a ser capaz de impulsarte de nuevo si encajas una derrota. Cada día te recordarás a ti mismo tus puntos fuertes, los utilizarás en tu favor y te recompensarás del modo adecuado para mejorar tus probabilidades de triunfar al día siguiente.

Come, muévete y repara

Como he mencionado antes, estas tres áreas de la vida son las más importantes para rendir al máximo continuamente con el fin de alcanzar tu mayor potencial humano. Por eso he dividido el libro en tres partes —Come, Muévete y Repara—, lo que te permite aplicar rápida y fácilmente la estrategia de Piensa, Sigue, Analiza y Reconstruye en cualquier situación a lo largo del día.

Ahora bien, ¿debes hacer las tres secciones exactamente como las prescribo? Yo sí, dado que las tres trabajan entre sí y se erigen unas sobre otras. Sin embargo, si sigues un plan nutricional muy específico (y saludable) que es similar —o si hay determinadas propuestas mías que no puedes seguir debido a alergias, enfermedades diagnosticadas o motivos personales—, te animo a que consultes a tu médico (o dietista) y modifiques ciertas partes de mi plan nutricional.

No obstante, te animo a hacer la sección Muévete exactamente como la propongo (una vez que tengas la aprobación de tu médico para ello). Este régimen de movilidad y rendimiento es la columna vertebral de todo lo que hago con LeBron y con otros clientes, e independientemente de qué programa de ejercicios sigas ya o lo activo que sea tu estilo de vida, Muévete funcionará entre bastidores para potenciar lo que estás haciendo ahora.

Antes de que empieces el programa, aquí tienes un último consejo: analizar tus hábitos diarios como te pido será difícil y requerirá tiempo al principio. Cuanto más te ciñas al programa, sin embargo, más fácil te resultará. Antes de que te des cuenta, descubrirás que ya no necesitas concentrarte en los detalles de forma tan diligente. Los hábitos más saludables de pronto se volverán instintivos. Enseguida serás tan responsable en estas áreas cruciales como mis clientes de alto rendimiento, un nivel que no solo es alcanzable, sino también merecido, porque tú eres tan valioso como ellos.

Si bien es posible que los acontecimientos de tu vida —tus dianas personales— no sean la ronda clasificatoria de la NBA o un concierto ante decenas de miles de personas, son igual de relevantes, porque a ti te importan y porque esta es tu vida. Cuanta más destreza demuestres accediendo y abordando al instante tu nutrición, actividad y elecciones de recuperación, más rápida y eficazmente potencias tu rendimiento y longevidad con menos estrés y mejores resultados, lo que te permite rendir al máximo y tener una vida mejor.

Eso es lo que quiero para todos mis clientes y es lo que quiero para ti. Si también es eso lo que quieres para ti mismo, entonces empecemos.

PRIMERA PARTE

COME

3

Piensa en el futuro

Ya sé lo que estás pensando: «Mike, si el régimen de movilidad y rendimiento es la columna vertebral de este libro, entonces ¿por qué no empiezas con la parte de Muévete?». La respuesta es esta: primero, la comida proporciona energía, y necesitas energía para hacer ejercicio, ¡y punto! Si no hay suficiente combustible en tu depósito de gasolina, tu cuerpo pasará más tiempo aparcado que en la carretera.

Además, poner el mejor combustible en tu depósito al hacer elecciones nutricionales más inteligentes te permitirá aportar más energía y concentración a la parte de Muévete de mi programa para cosechar más resultados. Necesito que tu cuerpo tenga todos los materiales nutritivos que precisa a diario para reconstruir y reparar músculo, además de contener o reprimir cualquier deseo que puedas tener de recurrir a cantidades poco saludables y/o excesivas de comida.

Por último, aunque estos próximos cuatro capítulos se incluyan en la categoría de «comer», debes aplicar mi programa de cuatro pasos a lo que bebes también. Mantener la hidratación ideal es fundamental para el plan (comprenderás las numerosas razones en breve) y es algo que estos primeros capítulos te ayudarán a dominar rápidamente.

Dicho todo esto, ¡pongámonos manos a la obra!

Mientras lees esto, es probable que hayas comido o bebido algo hace unas horas. Seguramente tienes pensado comer o beber algo después de dejar este libro. Quizá estés apurando algo literalmente mientras pasas estas páginas. Así que dime: ¿por qué has escogido (o por qué escogerás) esa comida o tentempié?

Cuando te esfuerzas por conseguir longevidad y rendimiento, resulta crucial que seas responsable en todas las áreas de tu vida, incluida la nutrición. Aun así, cuando la mayoría de la gente busca algo que comer o beber, rara vez tiene la longevidad en mente. Con frecuencia, se mueven por razones del todo equivocadas, como las siguientes:

Pasamos por alto lo que nuestro cuerpo nos pide en realidad. A menudo, que tengamos muchas ganas de comer o beber algo puede ser una señal de que necesitamos consumir otra cosa completamente distinta. Por ejemplo, a veces, cuando sientes que tienes hambre, quizá en realidad tengas sed, pues tu cuerpo recibe cierto porcentaje de su ingesta de agua diaria de las comidas. O tal vez tengas antojo de alimentos salados porque tu cuerpo está deshidratado y falto de electrolitos, en especial de sodio.

En otras ocasiones, podrías estar comiendo demasiados alimentos feculentos, dulces y con alto contenido en grasas porque tu cuerpo necesita dormir desesperadamente. Hace mucho que la ciencia ha demostrado que la falta de sueño de calidad altera el equilibrio de la grelina, la hormona que incrementa tu apetito al decirle a tu cerebro que necesita energía, y la leptina, la hormona que suprime tu apetito cuando le dice a tu cerebro que tiene suficiente energía a su disposición.

Satisfacemos algo más que nuestro estómago. En multitud de ocasiones buscamos comida por razones que nada tienen que ver con el hambre o con lo que nuestro cuerpo necesita. ¿Cuándo fue la última vez que comiste fritos de un puesto callejero simplemente porque activaba un recuerdo especial de tu pasado? ¿O bebiste mucho más de lo que tenías pensado solo porque no querías dar plantón a tus amigos? ¿O metiste la mano en una bolsa de patatas fritas y descubriste que te la habías comido entera solo porque estabas aburrido o estresado?

Las emociones pueden jugar un papel inmenso en por qué comemos un montón de basura que sabemos que es basura. Esa clase de comer por impulso se interpone en el camino de las comidas adecuadas, comidas que encajan con los objetivos personales que tienes para ti mismo en términos de rendimiento y longevidad.

Estamos privados... de tiempo. Cuando tenemos prisa, nuestras elecciones nutricionales normalmente se decantan por la comida de más fácil acceso. Por desgracia, lo más práctico suele ser lo menos saludable para nosotros, y eso es lo que crea serios problemas a la mayoría de la gente.

Incluso las personas que comemos de la forma más consciente podemos caer víctimas de los peores alimentos posibles si lo que tenemos a mano cuando el tiempo corre son tentempiés o comidas altamente procesados. Para empeorar las cosas, a la mayoría nos estresa la presión que causa el tiempo, lo que hace que el cuerpo procese lo que sea que estás comiendo con menos eficiencia, puesto que el estrés inhibe la digestión. Eso significa que obtienes aún menos nutrientes de las comidas sin valor que consumes en un apuro.

Nos preocupa nuestro aspecto, no nuestro rendimiento. ¿A cuántas personas conoces que pasan hambre por verse mejor en la playa o para encajar en ese vestido de talla menor? Es demasiado común, pero esa privación tiene un precio, en especial si no obtienes los nutrientes suficientes que necesita tu cuerpo.

Esta es la cuestión: a la mayoría de los deportistas no les preocupa la estética de su físico. Su objetivo es que su cuerpo rinda al máximo, no que tenga el mejor aspecto. Tiene sentido, ¿verdad? Y aun así, muchos de los atletas más impresionantes tienen un físico increíble de todos modos. Pasar hambre para lucir tableta no va a ayudarte a anotar un triple o batir un récord en los cien metros.

Cuando comes pensando ante todo en el rendimiento —cuando pasas unos segundos preguntándote si lo que va a entrar en tu estómago te ayuda o te perjudica—, un cuerpo envidiable se desarrolla prácticamente por sí solo sin pensarlo demasiado. Pero en lugar de limitarte a aparentar que puedes encargarte del asunto, literalmente estás alimentando a tu cuerpo para que pueda ocuparse.

Qué pensar detenidamente... antes de empezar este programa

Hago que todos mis clientes sigan el mismo plan nutricional, uno que les permita llevar a cabo aquello que mejor se les da con tanta energía y concentración como sea posible durante el mayor tiempo posible. Si la palabra «plan» te resulta intimidante o complicada, confía en mí cuando te digo que lo que te propondré en el próximo capítulo no es ni doloroso ni abrumador. Se reduce a seguir unas cuantas normas sencillas y hacer las mejores elecciones posibles cuando llega el momento de alimentar tu cuerpo. Pero aclararé algunas cosas de inmediato:

Esto no es una dieta para perder peso. Lo diré de nuevo: esto no es una dieta. Necesito que te grabes eso en el cerebro. En el momento en que empiezo a explicar el tipo de comidas que un cliente debería comer para potenciar la longevidad y el rendimiento, a menudo me preguntan: «Entonces ¿cuántos kilos voy a perder?». Esto no va de perder peso. Va estrictamente de comer para potenciar la longevidad y el rendimiento recurriendo a alimentos ricos en nutrientes que proporcionan a tu cuerpo todo lo que necesita para mantener la energía y reconstruirse a sí mismo. No puedo prometerte que perderás peso, pero lo que puedo garantizarte es que te sentirás y te moverás mucho mejor que antes.

Esto no es una rutina de treinta, sesenta o noventa días. Cuando hablamos de cambiar cómo y qué comemos, a menudo existe una línea de tiempo ligada a ello. Pero esto no es ninguna dieta relámpago a la que espero que te sumes durante un número determinado de días, es un marco que te animo a incorporar de por vida. Porque lo que voy a compartir contigo no está ligado a la última tendencia. Se basa en cómo funciona tu cuerpo y en lo que necesita, y esa mecánica y esos elementos esenciales llevan ahí tanto tiempo como la humanidad en la Tierra.

Esto no supone el fin de lo que comes ahora. Es un marco flexible. ¿Voy a pedirte que dejes de inmediato los martes de tacos, el postre después de la cena o las cervezas con tus amigos desde ahora hasta tu último hálito? No. Vas a seguir teniendo acceso a todas las cosas que te gusta comer y beber. Pero puedo prometerte esto: empezarás a pensarte dos veces la frecuencia con la que recurres a las comidas que no son precisamente idóneas para tu longevidad.

¿Estás haciendo más fácil –o más difícil– comer mejor?

En los deportes, todo es cuestión de números. Cuando puedes utilizar determinados números a tu favor, ganas más a menudo. La nutrición funciona igual.

Cambia las estadísticas en tu frigorífico y tu despensa. Echa un vistazo a la nevera y la despensa y haz un recuento rápido de todo lo que contienen. Por cada alimento que sabes que es saludable, añade una marca de verificación en una columna. Si es algo que sabes que no lo es, pon una marca en otra columna. Y si por el momento no estás seguro de si lo que sostienes es bueno o malo para ti, marca una tercera columna. Ahora, suma cada columna por separado; luego suma los tres números juntos. Deberías tener cuatro números con los que jugar: los buenos (B), los malos (M), los inciertos (I) y la cifra total de lo que contiene tanto el frigorífico como la despensa (T). Aquí viene la parte divertida y, si no se te dan bien las mates, coge una calculadora:

1. **Divide B entre T y luego mueve la coma decimal a la derecha dos espacios.** El número que te da no es solo el porcentaje de alimentos saludables que tienes en casa, sino también, de algún modo, las probabilidades de que comas algo sano en general. Por ejemplo, digamos que has encontrado 47 cosas saludables entre los 162 alimentos de tu nevera. 47 ÷ 162 = 0,2901. Mueve la coma decimal dos espacios y tienes 29,01 (o 29 por ciento).

2. **Divide M entre T y luego mueve la coma decimal a la derecha dos espacios.** El número que te da es el porcentaje de alimentos poco saludables que tienes en casa, ade-

más de las probabilidades de que escojas comida basura la próxima vez que te asomes a la nevera.

¿Qué hay de los alimentos de los que no estamos seguros? Por ahora podemos ignorarlos porque, a medida que te familiarices con lo que estás consumiendo, ese número empezará a disminuir de manera natural. ¿Y esto es una ciencia exacta? No, claro que no, pero arroja luz rápidamente sobre aquello de lo que te rodeas y a lo que tienes acceso. Y cuando lo llevas a cabo (preferiblemente cada una o dos semanas justo antes de hacer la compra), también te da números con los que comparar y a los que enfrentarte.

¿Estoy diciendo que debes deshacerte de todo lo que tengas en la cocina que sea poco saludable? Por favor, pedirte eso sería irresponsable y extremadamente cruel por mi parte, porque ¿a quién no le gusta algo de comida poco saludable de vez en cuando? Lo único que de verdad quiero que hagas es mirar esos porcentajes que tienes delante ahora mismo y asumir el reto de desviarlos un poco más en una dirección mejor.

Podrías preguntarte por qué no te impongo aspirar a una estadística concreta, como un 50 o 60 por ciento o más. Quiero decir que, en un mundo perfecto, el porcentaje ideal sería cien por cien, ¿no? Pero eso no es un mundo perfecto, porque no es ni posible (por ser demasiado estricto) ni productivo (¡porque no es divertido!).

Los deportistas con los que trabajo rinden al máximo y necesitan ir siempre a todo gas. Pero a veces eso se consigue tomando un tentempié poco saludable justo antes de un evento. Por ejemplo, entreno a algunos de los individuos más cincelados e increíblemente fuertes del fútbol americano profesional actual, y no es raro verlos con una bolsita de golosinas en nuestros entrenamientos para recurrir a ella entre series. Esto los ayuda a sentirse bien y hace que tengan la mentalidad adecuada para rendir. Así que esos tentempiés no tan saludables que escondemos pueden salir del banquillo de vez en cuando. Es normal que tengamos alimentos malos alrededor —si vieras lo que tengo guardado en la despensa...—, pero lo que a mí me importa es que adoptes el hábito de reducir tu acceso instantáneo a alimentos poco saludables. Vigilar ese porcentaje todas las semanas te hará sentirte consciente de manera constante de lo que podría tentarte a comer mal más a menudo.

Cambia las estadísticas de tu camino. Todos nos hemos desviado de nuestro camino para ir a comprar comida basura. Tal vez fuera conducir quince kilómetros más para ir a un puesto de perritos calientes determinado o a uno de bagels donde te ponen una capa de queso para untar de dos centímetros de grosor. Pero, la mayor parte del tiempo, tendemos a ser criaturas de costumbres y viajamos siempre del punto A al punto B por el mismo camino. Incluso si viajas a menudo —y, confía en mí, sé lo que es estar en la carretera con LeBron—, probablemente tomas las mismas rutas, ves las mismas imágenes y te detienes a comer en los mismos sitios.

Si la ruta que sueles coger para ir a dondequiera que necesites ir te lleva por un porcentaje mayor de restaurantes poco saludables, tiendas, establecimientos de comida rápida o cualquier lugar al cual resulta demasiado difícil resistirse, entonces cambia las estadísticas modificando tu ruta ligeramente, de modo que sea menos probable que pares allí cuando te entre hambre. Si no es posible, explora antes qué otras opciones existen en esa ruta para que sea menos probable que compres algo poco saludable por impulso.

¿Cómo crees que serán tus próximos tres días?

Me gusta preguntarle a LeBron cómo será su semana para que podamos planificar en consecuencia. Pero las cosas a veces se tuercen. La realidad de la vida es que cada pocos días se te viene encima algo distinto de lo que esperabas.

En lo que respecta a pensar con antelación en la dieta, se aplican las mismas normas. A algunas personas les gusta planificar toda la semana, pero ¿cuándo fue la última vez que tuviste las mejores intenciones de comer sano de lunes a viernes, y luego un miércoles hasta arriba de compromisos desbarató por completo tus planes? La cuestión es que, cuando planificas tu dieta con demasiada antelación, es inevitable que algo se interponga en tu camino, y cuando eso ocurre, puede hacer que te sientas fracasado o recurras a lo que te resulte práctico en ese momento. Las opciones prácticas, en su mayoría, nunca son la elección más saludable.

Por ese motivo prefiero que los clientes prevean con tres días de antelación y no más. Comer lo que es mejor para la longevidad y el rendimiento se caracteriza por responsabilizarse, y es mucho más fácil hacerlo durante tan solo unos días que durante una semana entera (o, como en tantos programas de estilo de vida, un mes entero). Planear con antelación en intervalos más pequeños, de solo tres días, no solo evita que todo el proceso dé la sensación de ser una tarea rutinaria, sino que causa mucha menos frustración cuando fracasas y recaes con la comida. Y fracasarás, porque todos lo hacemos.

Piénsalo de este modo: cuando planeas las cosas para una semana entera, podrías tener seis días geniales, fastidiarla el séptimo y luego sentirte tan culpable por meter la pata ese último día que no te otorgas ningún reconocimiento por los seis días que lo has conseguido. Pero al planificar las cosas unos días antes, sentirás esos momentos de éxito mucho más a menudo (menos días implica un margen de error menor) y cuando eches a perder la dieta, si es que llega a ocurrir, descubrirás que no es para tanto.

En el próximo capítulo, voy a explicarte qué comer y con qué frecuencia, pero una vez que tengas esos detalles, es importante que te asegures de que tu dieta sigue siendo tan flexible como sea posible. Cuanto más fácil sea para ti adaptarte cuando la vida tiene otros planes, con menor frecuencia se verá desbaratada tu nutrición y más centrado estarás en tus objetivos personales.

Entonces… ¿cómo crees que serán tus próximos tres días?

A pesar de que a veces la vida tiene otros planes para nosotros, en su mayor parte, si nos tomamos unos momentos para pensar con unos días de antelación, ya estaríamos preparados para enfrentarnos a lo que podría desviarnos del camino. De ahí que quiero que cojas tu calendario cada tres días para ver si hay algún acontecimiento, cita, festivo, barbacoa o cualquier cosa que podría invalidar tus esfuerzos en las próximas setenta y dos horas. ¿Tienes algún viaje previsto? ¿Hay una reunión de negocios que es probable que dure más de lo necesario? ¿Va a interferir el partido de fútbol de tu hijo con tus planes para la cena? ¿Habrá una tarde o noche en la que estés fuera y no tengas acceso a alimentos más saludables? Puedes prepararte para cualquier problema antes de que empiece al anticipar tus opciones con tres días de antelación.

Qué pensar detenidamente...
antes de cada comida o tentempié

Todo el mundo habla de comer sano como una cuestión de tener suficiente fuerza de voluntad y disciplina. Puede que sea cierto, pero lo mucho que tengas de uno u otro rasgo a menudo depende de tu capacidad de razonamiento acerca de lo que estás a punto de devorar. En lugar de actuar sin convencimiento y comer lo que te digan que comas, tienes que establecer una conexión más profunda con lo que es saludable para tu cuerpo en particular y cómo te afecta de un modo positivo. A mis clientes, yo los llevo a establecer esa conexión haciéndoles considerar algunas cosas antes de ingerir nada.

¿Cómo te sientes en este preciso momento?

Vas a buscar algo de comer o beber por un motivo, pero lo que necesitas averiguar es si es el motivo correcto. Antes de que decidas qué vas a comer —ya sea coger algo de la nevera, ponerte un delantal y jugar a ser chef, comprar algo en la tienda o pedir algo del menú que tienes delante—, debes averiguar por qué vas a comer en primer lugar. Sé sincero contigo mismo en lo que se refiere a las cuatro preguntas siguientes:

1. ¿Cómo puntuarías el hambre?
(1 = nada en absoluto; 10 = te mueres de hambre):

1   2   3   4   5   6   7   8   9   10

2. ¿Cómo puntuarías la sed?
(1 = nada en absoluto; 10 = te mueres de sed):

1   2   3   4   5   6   7   8   9   10

3. ¿Cómo puntuarías tu nivel de energía?

(1 = nada alerta; 10 = de lo más alerta):

1   2   3   4   5   6   7   8   9   10

4. ¿Cómo puntuarías tu nivel de estrés?

(1 = completamente relajado; 10 = seriamente estresado):

1   2   3   4   5   6   7   8   9   10

¿Dónde me gustaría que se encontrasen esos números?

- **Hambre:** En el mejor de los casos, deberías estar justo en medio (en torno al 5 o el 6), dado que no tener hambre haría que me preguntase por qué comes entonces, mientras que estar sumamente hambriento suele llevar a la mayoría de la gente a hacer elecciones nutricionales más pobres o a comer más de lo que su cuerpo necesita.
- **Sed:** Cuanto más bajo, mejor en lo que se refiere a este número. Para cuando tienes sed, tu cuerpo ya está deshidratado y no quiero que llegues nunca a ese punto.
- **Energía:** Para esta no existe respuesta correcta. Por ejemplo, tu nivel de energía podría estar muy bajo, pero podría ser porque llega el final del día y te has excedido haciendo ejercicio o practicando un deporte y no porque necesariamente tengas que comer. Solo quiero que tengas este número en mente para después, cuando midas tus niveles de energía tras haber comido.
- **Estrés:** De nuevo, cuanto más bajo, mejor, pero quiero que lo observes por lo poderoso que puede ser comer por razones emocionales. A menudo no reconocemos cuándo comemos por estrés precisamente porque estamos demasiado ocupados pensando en lo que nos estresa.

¿Quiero que anotes estos números en un papel o te los guardes en el móvil? Sí, a menos que tengas memoria fotográfica, luego te facilitará mucho acceder a estos números después de comer (más tarde te explicaré las razones). Lo que es más importante, ¿espero que hagas esto cada vez que comas o bebas algo? De nuevo, la respuesta es sí. Lo que no lleva más que unos segundos puede desempeñar (y desempeñará) un papel importante para ayudarte a hacer mejores elecciones de comida tanto en el momento como a largo plazo.

¿De verdad me ayuda a funcionar esta comida?

Cada vez que te sientas a comer, sacas algo del frigorífico o coges cualquier cosa para comer o beber desde el momento en que te levantas hasta que vuelves a la cama, la respuesta a esta pregunta debe ser sí. Tienes que saber que hay un rendimiento de inversión con lo que estás a punto de consumir.

Ahora bien, sé lo que estás pensando: ¿cómo puedo esperar que tengas las respuestas a algunas de estas preguntas si no eres nutricionista ni dietista? ¿Espero que conozcas todos y cada uno de los nutrientes de todo lo que comes y bebes, además de saber exactamente qué nutrientes ofrece y cómo te afecta? Por supuesto que no. Esa clase de minuciosidad puede resultar soporífera e intentar seguir un camino tan estricto es la forma más rápida de llegar a un lugar en el que ya no te importe lo que comes. Además, no necesitas una carrera universitaria para saber qué es bueno para ti. No se requiere un diploma en dietética para diferenciar lo bueno de lo malo. Lo único que quiero que hagas es sentirte seguro de que lo que vas a comer o beber es beneficioso para tu cuerpo, aunque no conozcas todos los detalles de por qué.

Entonces ¿cómo lo haces? Formúlate las cinco preguntas siguientes de antemano:

1. ¿Está lo más «limpio» posible?
2. ¿Ayuda a mi cuerpo a repararse a sí mismo?
3. ¿Mejora mi salud?
4. ¿Es la cantidad adecuada de comida?
5. ¿Estoy orgulloso de lo que estoy a punto de ingerir?

¿Está lo más «limpio» posible? No estoy hablando de si has lavado la manzana que estás a punto de comerte (aunque, por favor, lava la fruta y la verdura). Me refiero a si lo que quiera que vayas a consumir está tan libre como sea posible de nada artificial (conservantes, edulcorantes, sustancias químicas, etcétera) o innecesario (salsa, rebozado, aderezo y demás). Cuantos menos ingredientes figuren en la etiqueta, mejor.

¿Esto ayuda a mi cuerpo a repararse a sí mismo? ¿Cómo saberlo? Solo comprueba cuántos gramos de proteína contiene. La proteína —macronutriente encontrado en la carne, el pescado, los huevos, los lácteos, los frutos secos y las semillas— es conocida por formar y mantener la masa muscular, pero también es responsable del crecimiento y la reparación de todas las células de tu cuerpo. Tus huesos, tendones, ligamentos, cartílago, menisco, piel —lo que se te ocurra—, todos requieren proteínas. Y a diferencia de los carbohidratos y la grasa, la proteína es el único macronutriente que tu cuerpo no puede almacenar. De ahí que sea vital que forme parte de todas las comidas o tentempiés, aunque desarrollar grandes músculos no sea tu objetivo.

¿Mejora mi salud? Esta pregunta será más fácil de responder una vez que hayas leído el próximo capítulo y hayas aprendido qué deberían contener todas las comidas y tentempiés. Pero también es una que me gusta que consideren todos mis clientes antes de cada comida porque les obliga a aprender continuamente.

¿Qué quiero decir con eso? Piénsalo así: si te pidiera que me demostraras que lo último que acabas de comerte es saludable para ti, ¿qué me dirías? Pero, lo más importante, ¿cómo sabes que es cierto? Algunos clientes me han jurado que algo era bueno para ellos porque en el envoltorio se leía «Sin azúcares añadidos». No se daban cuenta de que eso solo significaba que «no se ha añadido azúcar durante el proceso»; ¡la comida seguía conteniendo cantidades ingentes de azúcar!

Hacer que respondas a esta pregunta te obliga a defender tu «sí». No quiero que des por sentado que algo es sano, espero que lo demuestres como si me tuvieras delante. Cuanta más práctica adquieras en esto, más informado estarás acerca de los alimentos que con mayor frecuencia se abren paso hasta tu plato.

¿Es la cantidad apropiada de comida? De nuevo, compartiré contigo la cantidad óptima aproximada en gramos de proteínas, carbohidratos, fibra y grasas saludables en el próximo capítulo, lo que te pondrá mucho más fácil contestar a esta pregunta. Pero también se responde fácilmente con sentido común. Si te miran de reojo (o, aún peor, te alaban) por llenarte el plato hasta arriba y/o volver a por un segundo o un tercero, considera el hecho de que es más que probable que estés ingiriendo más de lo que tu cuerpo técnicamente requiere.

¿Estoy orgulloso de lo que estoy a punto de ingerir? Mira, no espero que sonrías con orgullo cada vez que das un bocado, pero si estás experimentando un ápice de vergüenza o culpa por lo que tienes delante, entonces es probable que exista un motivo. Sin duda, siempre hay excepciones a esta regla —tomar una porción de tarta de cumpleaños o no ser capaz de decir que no a esa comida pesada por la que se ha deslomado tu abuela—, pero todos conocemos la diferencia entre aquello a lo que podemos decir que no y lo que quizá tengamos que aceptar de manera puntual.

Vale, ¡ya está bien de calentamiento! Ahora que conoces los detalles en lo que se refiere a lo que necesitas pensar antes de comer, es hora de aprender con qué debes alimentarte. ¡Espero que tengas hambre!

4

Sigue hasta el final

En los inicios de mi carrera, trabajé a las órdenes de Tim Grover, el entrenador de Michael Jordan, y empecé a desarrollar el método que predico hoy. De Tim aprendí la filosofía de Jordan sobre la comida: «Come como un pájaro, lo justo para volar».

Es un mantra sencillo que me sigue acompañando por su validez permanente. Cuando no piensas demasiado en el proceso de comer pero, en cambio, te recuerdas comer lo justo para volar, descubres que puedes ir más lejos y más alto de lo que nunca creíste posible.

¿Qué significa eso en el contexto de tu dieta? Significa comer ligero, fresco y todo lo limpio que puedas. Significa ingerir una mezcla inteligente de macronutrientes para sentirte más lleno aunque comas menos, un arreglo nutricional que te proporciona energía todo el día y todo lo que tu cuerpo necesita para construir músculo y repararse a sí mismo de forma que permanezcas en un estado constante de sanación. Significa comer de forma que te permita rendir al máximo. Cuando lo haces de manera constante, descubrirás que el físico increíble, el colesterol bajo y los años adicionales manteniendo tu nivel de juego, bueno, digamos que acompañan.

Si te parece mucho trabajo, a ver, puede serlo si lo piensas demasiado, pero no tiene por qué ser abrumador. Todo lo que te pido es que te asegures de que todas las comidas o tentempiés contengan una porción de proteínas, una de carbohidratos complejos y una de grasas saludables, además de agua. Para ser más concretos:

- **Una porción de proteínas de alta calidad** (ya sea a través de carnes —blancas, de ternera, de cerdo o pescado—, lácteos o una combinación de cereales y legumbres).
- **Una porción de carbohidratos complejos** (desde frutas y verduras a determinados tipos de cereales, como la avena, el arroz integral o la quinoa).
- **Una porción de grasas saludables** (que quizá ya vengan con tu porción de proteínas o pueden añadirse por separado a través de otras fuentes, como los frutos secos, las semillas y algunos tipo de aceites, como el de oliva, el de colza o el de girasol).
- **Un mínimo de entre 250 y 350 mililitros de agua** (a lo cual llegaré en breve).

Una razón importante por la que la mayoría de la gente tiende a comer más de lo que su cuerpo necesita (y acumular más grasa corporal como resultado) es que no ingiere el equilibrio adecuado de proteínas, carbohidratos y grasas. Cuando comes las tres cosas en la misma comida o tentempié, te proporcionan un flujo regular de energía porque tu cuerpo digiere las proteínas, los carbohidratos y las grasas a distintas velocidades.

Los carbohidratos se digieren y utilizan a un ritmo mucho más rápido que las proteínas, parte de la razón por la que aún podrías tener hambre tras zamparte una comida rica en carbohidratos. La grasa es la que lleva más tiempo digerir, lo que explica por qué tantos de nosotros tendemos a ingerir demasiada comida grasa antes de sentirnos saciados por fin. Las proteínas se encuentran «entremedias» en lo que se refiere a la energía: tu cuerpo tarda mucho más en digerir las proteínas comparado con los carbohidratos, pero se convierten más fácilmente en energía si se comparan con las grasas.

Ingerir los tres juntos te asegura que siempre tengas suficiente de cada macronutriente en tu sistema, lo que a su vez proporciona a tu cuerpo un flujo regular de energía que hará que te sientas más lleno durante más tiempo a la vez que ingieres menos comida. Tienes muchas menos probabilidades de experimentar los altibajos en los niveles de energía que puede provocar un atracón o, aún peor, hacer que tu cuerpo libere insulina, lo que puede llevarte a almacenar algunas de esas calorías como grasa corporal no deseada.

Ahora bien, ¿espero que claves este conjunto cada vez que te sientes a zampar? Para nada. Recuerda lo que he dicho, y espera que te lo diga unas cuantas veces más antes de que concluya este libro: a veces fracasarás y no pasa nada. Siempre y cuando hagas todo lo que puedas para seguir siendo consecuente con esta regla de oro la mayor parte del tiempo, estás bien encaminado hacia tus objetivos de longevidad.

Deja que te dé un poco más de motivación acerca de por qué no deberías saltarte ninguno de estos cuatro elementos: proteínas, carbohidratos complejos, grasas saludables y agua.

Proteínas

Soy un gran creyente en las proteínas en todas las comidas y tentempiés. Quiero hacer hincapié en «tentempiés» porque en muchas ocasiones los alimentos que cogemos entre comidas para mantenernos saciados tienden a no ser más que carbohidratos. Pero cada vez que haces eso, cada vez que dejas la proteína en el banquillo, impides que tu cuerpo sane y se reconstruya a sí mismo.

Verás, tienes alrededor de 37 billones de células en tu cuerpo, y las proteínas... bueno, hay algo de proteína en todas y cada una de ellas. Es la segunda molécula más común que tienes en el cuerpo (el agua ocupa el primer lugar) y, aunque se asocia más con los músculos, y no sin razón —los músculos están hechos de alrededor de un 20 por ciento de proteínas y un 80 por ciento de agua—, tu cuerpo necesita proteína desesperadamente para producir casi de todo. No solo se usa para crear y mantener la masa muscular, sino que se necesita para cumplir con las mismas tareas exactas para los huesos, la sangre, el pelo, las uñas, la piel, los órganos, el cartílago, el menisco, los tendones, los ligamentos y otros tejidos. El macronutriente también llega de otras formas (entre ellas, anticuerpos, enzimas, hormonas y otros compuestos químicos importantes que intervienen en el crecimiento, el funcionamiento y el desarrollo) y ayuda a tu cuerpo a regular el flujo de agua entre vasos sanguíneos y tejidos circundantes, luchando contra bacterias y virus portadores de enfermedades y, directa o indirectamente, a llevar a cabo casi todas las reacciones químicas dentro de tus células.

Con toda esa responsabilidad sobre los hombros de las proteínas, pensarías que quiero que comas todas las que sea humanamente posible, pero hay una pega: tu cuerpo solo puede procesar de 25 a 40 gramos en cada comida. Una vez que obtiene lo que necesita, descompone cualquier proteína extra y la almacena como grasa corporal. Para empeorar las cosas, el proceso de conversión obliga al hígado y a los riñones a trabajar más de lo necesario. Siempre que tu cuerpo descompone la proteína, tiene que retirar el nitrógeno de la molécula, además de cualquier amoniaco restante como consecuencia del proceso. Ambas acciones someten a estos dos órganos a tensión, así que para evitar que trabajen más de lo que deberían, es mejor comer justo la cantidad adecuada de proteína.

Carbohidratos

Del mismo modo que muchos creen que la proteína es un macronutriente unidimensional capaz de una sola cosa, los carbohidratos sufren malentendidos similares. A menudo se da por sentado que el único trabajo de los carbohidratos es proporcionar energía y, claro, es cierto que tu cuerpo solo los descompone y los convierte en combustible a corto plazo almacenado en forma de azúcares simples. Sin embargo, los carbohidratos también ayudan a las células y las moléculas de tu cuerpo a hablar entre ellas, actuando como receptores para que las células puedan sentir y reconocerse unas a otras. Además, los carbohidratos fortifican las células al crear capas a su alrededor que les ofrecen apoyo y protección.

Tu cuerpo procesa los carbohidratos en tres niveles:

1. **Convierte los carbohidratos en energía que puede utilizar inmediatamente (glucosa).** Este tipo de azúcar se libera en tu torrente sanguíneo las veinticuatro horas y es el combustible que se encuentra detrás de las funciones diarias que te mantienen con vida.

2. **Convierte los carbohidratos en energía de reserva que puede usar después (glicógeno).** Esta versión de la glucosa se almacena sobre todo en el hígado (donde se usa como

combustible para tu cerebro) y en los músculos (para su utilización allí).

3. Finalmente, **convierte los carbohidratos en energía acumulada que podría necesitar con el tiempo (grasa corporal).**

Cómo se reparten esos carbohidratos depende del cuerpo que los consume. La prioridad va a la glucosa para que el cuerpo mantenga reservas de energía inmediata, pero una vez cubiertas esas necesidades, los carbohidratos empiezan a rellenar las reservas de glicógeno en el hígado y los músculos. Tu cuerpo solo puede contener una cantidad determinada de esa energía de reserva, así que si hay calorías adicionales que flotan alrededor, da por sentado que quieres usarlas más tarde y las almacena como grasas. Para confundir un poco más las cosas, no todos los carbohidratos son iguales. Vienen en dos versiones: simples y complejos. Los carbohidratos simples (como el tipo que encontrarás en la miel, el sirope de maíz y el de arce y el azúcar, tanto granulado como moreno, por ejemplo) deben su nombre a que están hechos de solo una o dos moléculas y carecen de muchos nutrientes o fibra, lo que hace que tu cuerpo los procese sin esfuerzo. Los carbohidratos complejos —que suelen encontrarse en alimentos como las verduras, el trigo y el arroz, además de comidas hechas a partir de ellos como pasta, pan, etcétera— son, bueno, algo más complejos. Están hechos de tres o más moléculas de azúcar y tienen más nutrientes y fibra, lo que significa que tu cuerpo necesita invertir más tiempo y trabajo en digerirlos.

Debes comprender la diferencia entre los dos porque son los carbohidratos complejos lo que te insto a ingerir en todas las comidas. La mayoría de los alimentos ricos en carbohidratos ahí fuera contienen carbohidratos simples y como se procesan tan rápido, si es lo único que comes, tu cuerpo siempre tendrá más azúcar pululando de lo que tu sistema necesita. Esa necesidad de azúcar eleva los niveles de glucosa en sangre de tu cuerpo. Tu cuerpo entonces libera el exceso de insulina (una hormona que retira el azúcar de la sangre y lo traslada a tus células, donde puede metabolizarse para obtener energía), lo que provoca que esos carbohidratos se almacenen como grasa corporal no deseada. Si lo haces demasiado a menudo, tu cuerpo se volverá menos efectivo a la hora de disminuir el azúcar en sangre, de modo que libera aún más insulina. Con el tiempo, no puede mantener el ritmo, de modo que el azúcar en sangre continúa elevado, causando lo que se conoce como resistencia a la insulina, una afección que no solo se vincula al azúcar en sangre alto y a la obesidad, sino que también es la causa principal de muchos problemas de salud, entre ellos la diabetes tipo 2, enfermedades cardiovasculares, la enfermedad del hígado graso no alcohólica y el síndrome metabólico.

Lo ideal es que mantengas un nivel muy bajo de azúcar circulando en el torrente sanguíneo. Esto satisfará tus necesidades de energía sin causar ningún pico de azúcar que pueda desencadenar una respuesta de la insulina. En otras palabras, «come como un pájaro, lo justo para volar», dale a tu cuerpo lo que puede utilizar de inmediato y nunca tanto que no sepa qué hacer con todo. Ahí es donde entran los carbohidratos complejos. Porque son más ricos en vitaminas y minerales y normalmente están repletos de fibra y se tarda mucho más en digerirlos, lo que permite que tu cuerpo se beneficie de la ventaja de un flujo de azúcar más constante y regular. Y además, potencian los beneficios de la longevidad.

Verás, la fibra es un carbohidrato que el cuerpo no puede

descomponer, pero que necesita desesperadamente. La fibra presenta dos formas: soluble e insoluble. La fibra soluble se vuelve como una esponja cuando se disuelve en agua y se mueve por el tracto digestivo, ayudando en la estabilización de los niveles de azúcar en sangre al ralentizar la absorción de carbohidratos. La fibra insoluble no se disuelve en agua, de manera que ayuda a limpiar el tracto digestivo y mantiene la regularidad del cuerpo. En conjunto, los dos tipos de fibra son incuestionablemente un equipo potente que la ciencia ha demostrado que disminuye las probabilidades de sufrir el síndrome metabólico, obesidad, enfermedades cardiovasculares y diabetes,[1] y se ha demostrado que comerla en grandes cantidades reduce el riesgo de sufrir una enfermedad coronaria, apoplejía, diabetes tipo 2, cáncer colorrectal y muerte relacionada con afecciones cardiovasculares de un 15 a un 31 por ciento.[2]

Con tanto a su favor, dirías que la fibra sería lo primero que la gente buscaría en su comida, pero no lo es. El número mágico al que la mayoría de los médicos y dietistas están de acuerdo en que deberíamos aspirar está entre 25 y 30 gramos de fibra al día, pero por desgracia las estadísticas demuestran que alrededor del 90 por ciento de los norteamericanos no llega a eso.[3] Así, cuando hago hincapié en que quiero que todas las comidas o tentempiés tengan presente alguna forma de carbohidratos complejos, debes saber que cada vez que te esfuerzas porque eso ocurra, no solo estás extendiendo tu longevidad en términos de rendimiento, sino que literalmente extiendes tu vida.

Argumento final: algunos de los alimentos que voy a recomendarte más adelante puede que parezcan carbohidratos simples por su alto contenido en azúcar natural. Piensa en las frutas dulces en concreto: naranjas, cerezas, manzanas, etcétera. Técnicamente hay frutas compuestas de carbohidratos simples. Sin embargo, dado que también contienen cierta cantidad de proteína (a menudo son trazas, pero ahí están), fibra soluble e insoluble y otros nutrientes, tu cuerpo las trata como carbohidratos complejos. Solo debes saber que sean cuales sean los carbohidratos que te recomiendo, son esenciales para proporcionar a tu cuerpo la cantidad idónea de energía.

Grasas

Antes de que te explique la importancia de las grasas en tu dieta, dejemos una cosa clara: ese exceso de grasa en tu cuerpo del que quizá no seas fan no es el resultado de comer grasas. Como he mencionado antes cuando hablaba de los carbohidratos, lo que quiera que no te guste de tu cuerpo en relación con la grasa es el resultado de comer más calorías de las que tu cuerpo necesita, así de simple. La grasa corporal no tiene nada que ver con el tipo de grasas que se encuentran en la comida. Esas son grasas alimentarias, y existen cuatro tipos.

Los tipos saludables

Grasas monoinsaturadas (MUFA, por sus siglas en inglés): Halladas en determinados alimentos como las aceitunas, los aguacates y los frutos secos (cacahuetes, almendras, anacardos y pecanas, por ejemplo) además de en determinados aceites (de colza, oliva, cacahuete, sésamo, girasol, etcétera), las grasas monoinsaturadas normalmente son líquidas a temperatura ambiente pero sólidas cuando se conservan por debajo de esa temperatura. Se consideran «grasas saludables». Se ha demostrado que comer alimentos ricos en ácidos grasos monoinsaturados desciende tus niveles de colesterol LDL (junto con las posibilidades de desarrollar una enfermedad cardiovascular), y también puede reducir tu riesgo de ciertos cánceres y aliviar la inflamación.

Grasas poliinsaturadas (PUFA, por sus siglas en inglés): Hallados en pescados grasos y marisco (atún, salmón, arenque, caballa, gambas, vieiras y sardinas, por ejemplo), algunos frutos secos y semillas (nueces, chía, pipas de girasol y calabaza, etcétera) y también en algunos aceites de origen vegetal (colza, oliva, girasol, etcétera), los ácidos grasos poliinsaturados suelen licuarse a temperatura ambiente y se solidifican cuando se enfrían. Y, como cabría esperar, estas grasas saludables también promueven una salud mejor, como los MUFA, al disminuir el riesgo de cardiopatía al mejorar tus niveles de colesterol en sangre. También benefician tu cuerpo de muchas otras formas, entre ellas minimizando la inflamación de las articulaciones y reduciendo el riesgo de cáncer. Pero donde aportan algo extra al campo de juego es ayudando con la coagulación de la sangre, construyendo membranas celulares y fortaleciéndose con dos ácidos grasos que tu cuerpo no puede producir por sí solo pero que son esenciales para una buena salud: los ácidos grasos omega-3 y omega-6. Los omega-3 favorecen el sistema inmune y benefician a tus neuronas, las células que transmiten señales por tu cuerpo hasta tu cerebro.

Los tipos no saludables

Grasas saturadas: Este tipo de grasa —que procede principalmente de carnes ricas en grasa (como la carne de vaca, la carne oscura del pollo, el cordero y el cerdo), la yema de huevo, el queso, la mantequilla, los derivados de la leche entera y determinadas comidas procesadas— permanece sólida a temperatura ambiente. Se considera una grasa no saludable debido (entre otras causas) a que eleva el colesterol LDL —el que incrementa las posibilidades de desarrollar una cardiopatía— y puede aumentar el riesgo de sufrir diabetes tipo 2 en el futuro.

Grasas trans: Esta última versión se encuentra en algunas carnes y lácteos, pero en su mayor parte esta grasa se esconde en los alimentos procesados. Ayuda a extender la vida útil de cosas como productos horneados, tentempiés envasados, margarina en barra y un montón de fritos. Igual que las grasas saturadas, las grasas trans elevan el colesterol malo (LDL), pero van un paso más allá al disminuir el colesterol bueno (HDL), lo que incrementa aún más las probabilidades de desarrollar cardiopatías. Las grasas trans también aumentan el nivel de triglicéridos de tu cuerpo, que asimismo puede causar inflamación además de engrosar las paredes arteriales, lo que incrementa las posibilidades de desarrollar arteriosclerosis.

Ahora bien, una vez dicho todo esto, necesitas grasas en tu dieta. Pero cuando te digo que deberías incluir una porción de «grasas saludables» en cada comida o tentempié, estoy hablando de comidas ricas en grasas monoinsaturadas y poliinsaturadas. Porque, además de los beneficios para la salud cardiaca y el alivio de la inflamación, cuando se acompañan de la cantidad adecuada de carbohidratos complejos y proteínas magras, harán que te sientas saciado durante más tiempo, lo que disminuye la probabilidad de que recurras a calorías que no necesitas horas después de comer.

Agua

Seguramente estás familiarizado con la recomendación de beber dos litros de agua, u ocho vasos de 250 mililitros, todos los días. Pero yo les digo a mis clientes que dupliquen esa cantidad.

Dieciséis vasos de agua diarios podría parecer algo excesivo, pero si esa es tu reacción inicial, imagino que no lo has intentado nunca. Quizá la razón sea que no tienes ningún interés en ir al baño más a menudo de lo habitual. Esa parte puede ser cierta, pero en compensación hay unas cuantas cosas más que se incrementan como resultado: el rendimiento, la fuerza y el tamaño de tus músculos, la resistencia general y la fuerza de voluntad en lo que se refiere a evitar alimentos poco saludables.

Piénsalo: el cuerpo humano puede sobrevivir durante semanas sin comida, pero solo tres días sin agua. ¿Por qué? Porque literalmente todas y cada una de las células de tu cuerpo necesitan agua para hacer su trabajo. Te dejo un momento para que la idea te cale (ya perdonarás el juego de palabras). Cómo reacciona tu cuerpo, la eficiencia con la que construye y mantiene la masa muscular, la capacidad que tiene de acceder a la energía y utilizar las grasas almacenadas como combustible, la rapidez con la que puede curarse y combatir infecciones —y la lista continúa—, para lo que sea que esté intentando hacer tu cuerpo... todo eso requiere agua.

Entonces ¿a que no tiene sentido que, si ahora mismo estás deshidratado, frenes todo lo que tu cuerpo es capaz de hacer? De hecho, hace tiempo que las investigaciones han demostrado que perder tan solo un 1 o un 2 por ciento de tu peso corporal en fluidos puede perjudicar la recuperación hasta un 20 por ciento. Si pesas 80 kilos, son solo de 828 a 1.656 mililitros de agua. Añade el hecho de que estar deshidratado no solo hace que tu cuerpo se sienta menos saciado, sino que lo lleva a ansiar agua de dondequiera que pueda encontrarla, lo que puede empujarte a comer en exceso.

Las normas del régimen

Las normas son sencillas y merece la pena repetirlas. Todas las comidas y tentempiés deberían contener:

- Una porción de proteínas de alta calidad
- Una porción de carbohidratos complejos
- Una porción de grasas saludables
- Un mínimo de entre 230 y 350 mililitros de agua

[Nota: Si no estás seguro de cómo es una porción de cada uno, te proporciono distintas tablas a partir de la página 71 para ayudarte a empezar].

Ahora bien, es importante cómo sigues estas normas. Algunos consejos:

Haz cinco o seis comidas pequeñas a lo largo del día, en oposición a dos o tres comidas grandes. Eso significa desayuno, comida y cena con tentempiés entremedias. Hacer estas comidas más pequeñas y complejas con un valor nutricional más alto te dará mejores frutos por distintas razones:
  ◦ Tendrás un nivel constante de energía que mantenga tus niveles de azúcar en sangre igualados todo el día, lo que prevendrá la liberación excesiva de insulina (de

manera que tendrás menos grasa corporal) y las ansias de más calorías de las que tu cuerpo necesita. Lejos queda esa sensación de aletargamiento en determinadas horas del día.

o Tu cuerpo tendrá acceso constante a las proteínas de manera que siempre cuente con lo que necesita para construir y repararse a sí mismo.

o Absorberás más vitaminas, minerales, aminoácidos y otros nutrientes importantes, ya que tu cuerpo solo puede procesar una cantidad determinaba en un momento dado.

Toma entre 230 y 350 mililitros de agua cada media hora. Puedes tomarla sorbo a sorbo a lo largo de esos 30 minutos o de un trago a las horas y media y en punto. Tú eliges, pero no quiero que te fíes de tu sensación de sed. En lugar de eso, solo quiero que bebas lo suficiente para mantener tus niveles de fluidos altos con el fin de asegurarte de que al final del día te has bebido un total de cuatro litros.

Anota cada comida/tentempié y haz cuentas al final del día. Para cada uno de los elementos de cualquier comida que consigas llevar a cabo con éxito —con proteínas, carbohidratos complejos, grasas saludables y agua—, date un punto, luego mira cómo te ha ido al final del día. Con un máximo de 4 puntos posibles para cada comida/tentempié, el mayor resultado que podrías obtener (dependiendo de si comes cinco o seis veces al día) sería 20 o 24.

Ahora bien, dicho esto, ¿espero que obtengas la puntuación máxima todos los días, todas las semanas, todos los meses y así el resto de tu vida? Venga ya. Nadie ha acertado jamás todos los golpes, eliminado a todos los bateadores o atrapado todos los pases. Así que ¿por qué iba a esperar que lo claves en cada comida o tentempié? La verdad sea dicha, nadie es capaz, y aquí el objetivo no es el perfeccionismo, sino la sostenibilidad. Nuestra meta es tomar decisiones firmes y sensatas que afectarán de manera positiva a tu salud y rendimiento a largo plazo. Hazme caso, entiendo que la sostenibilidad y la volatilidad van de la mano.

Verás, por mucho que este programa trate sobre la longevidad y prolongar el rendimiento, intentar ceñirse a esa clase de «perfección imposible» no tiene ningún valor. La vida es cuestión de equilibro, y disfrutar de algo no saludable de vez en cuando puede que no sea lo mejor para nosotros en términos de nutrición, pero en ocasiones puede conllevar una forma de bienestar que nos equilibra como nada más puede. Así que lo que quiero que hagas es lo que hace todo atleta: quiero que tu objetivo sea la perfección y te esfuerces todo lo posible con cada comida, y que luego utilices esa puntuación como guía para analizar al instante qué tal lo estás haciendo ese día. Pero si no lo clavas, no uses esa puntuación para flagelarte. En lugar de eso, crece utilizándolo para hacerlo mejor en la próxima comida.

Elementos finales que destacar

Como ya he señalado, esta no es una dieta típica: es tan solo un conjunto de pautas generales que te orientan hacia cómo comer. Qué alimentos escoger para cumplir cada papel es cosa tuya. Pero antes de que empieces, te insto a que tengas las siguientes cosas en mente:

Que sea ligero. Por ahora, intenta limitar tus comidas a una sola porción de cada cosa: proteínas, carbohidratos y grasas y de 230 a 350 mililitros de agua. A ver cómo te sientes. ¿Podría absorber tu cuerpo un poco más calóricamente? Es posible, pero quizá te sorprenda comprobar que estás saciado, que tienes mucha más energía y que te sientes mucho mejor comiendo lo que, muy probablemente, sea menos de lo que por norma comerías de una sentada.

Que sea limpio. Sean cuales sean las fuentes que escoges, quiero que recurras a los alimentos más limpios y frescos con toda la frecuencia que puedas. Cuantos menos aditivos artificiales ingieras —rellenos, sustancias químicas y otros ingredientes no naturales—, más beneficios obtendrás de cada comida, tanto si puedes ver o notar su impacto en tu cuerpo como si no. Así que si tienes la oportunidad de comer carne de caza o pescado, pollo de corral, carne de vaca y cerdo alimentados con pasturas naturales en lugar de carne o pescado producidos convencionalmente que pueden estar llenos de hormonas y antibióticos, aprovéchala. Presta la misma atención a los métodos de producción en el caso de la fruta, las verduras y prácticamente cualquier cosa.

Lleva la cuenta. Escucha, sé que intentar alcanzar estas cifras con toda la frecuencia posible puede parecer una labor rutinaria, pero en realidad, si lo piensas, no lleva más tiempo que otras tareas conectadas con lo que comemos. No tenemos ningún problema en pasar unos minutos descubriendo qué comer basándonos en lo que nos apetece, cuántas calorías contiene o el precio del menú. ¿De verdad resulta tan difícil o penoso invertir esa misma cantidad de tiempo en comprobar el contenido nutricional de una comida desde un punto de vista relacionado con la longevidad y el rendimiento? Acostúmbrate a echar un vistazo rápido a todas las comidas o tentempiés para sentirte seguro de que lo que estás a unos segundos de tragar va a hacer que tu cuerpo avance.

Que sea real. ¿Estoy diciendo que nunca elijas nada basándote en el sabor, aunque tenga un contenido alto en calorías y bajo en nutrientes? En absoluto. Hay que disfrutar de la comida, y nunca te negaría la satisfacción de sentarte ante un verdadero festín independientemente de lo malo que pudiera ser para ti. Pero cuanto más entiendas lo que estás comiendo —una educación que proviene de tomarte tu tiempo para pensar en lo que contiene cada alimento antes de comértelo—, más probabilidades tendrás de hacer mejores elecciones alimenticias con más frecuencia tras darte ese gusto poco saludable.

Tablas para que vayas empezando

Más allá de los principios básicos, lo que eliges en términos de proteínas, carbohidratos complejos y grasas saludables en cada comida o tentempié es solo cosa tuya. Para facilitarte un poco esas elecciones, he elaborado una lista con una variedad de alimentos que puedes combinar fácilmente. Solo recuerda lo siguiente:

1. Algunos alimentos técnicamente te ayudan a lograr un dos por uno (lo que significa que una ración podría marcar más de una casilla en lo que se refiere a obtener una porción de proteínas, carbohidratos y grasas). Por ejemplo, el pescado de alto contenido en grasas, la caballa e incluso las anchoas son todas fuentes ricas de proteínas, pero también contienen abundantes grasas saludables. Los frutos secos son ricos en grasas saludables, pero también

son un carbohidrato complejo. Puedes elegir marcar dos casillas si quieres (y ver el mismo alimento en dos tablas distintas) u optar por cubrir tus bases y ceñirte a comer tres tipos de alimentos diferentes en cada comida o tentempié.

2. He limitado el tamaño de las raciones a lo más básico. Lo más probable es que comas una pizca (o dos) más de una fuente en particular, y eso está bien. No quiero que te preocupes tanto por la letra pequeña que te impida emocionarte por comer más sano. Aunque he anotado el contenido calórico de cada comida en esta tabla, la intención es que sea más una referencia que una regla estricta.

3. En la lista de carbohidratos complejos, ¿hay algunos más, digamos, «complejos» que otros? En absoluto. Dependiendo de qué comida escojas, lo despacio que tu cuerpo digiera esa comida dependerá de su composición nutricional. Incluso si eliges, por ejemplo, una pieza de fruta con un alto contenido en azúcar y menos fibra que otras frutas y verduras, una que no puntúe alto en la lista de «carbohidratos complejos» con mayor potencial, sigue siendo mejor que recurrir a carbohidratos simples como fuente de energía.

4. Por último, no esperes verlo todo aquí. Registrar todas las fuentes posibles ocuparía más espacio de lo necesario. Utiliza estas tablas como guía, pero te animo a explorar otras opciones una vez que te hayas familiarizado con la fórmula.

Algunas opciones de proteínas de calidad

Alimento	Tamaño ración	Proteínas (g)	Carbohidratos (g)	Total grasas (g)	Grasas saturadas (g)	Calorías
Abadejo (al horno o al vapor)	90 g	21	0	1	0	95
Aguja (magra y estofada)	90 g	28	0	6	2	179
Anchoas (escurridas)	Una lata de 60 g	13	0	4	1	94
Arenque atlántico (al horno)	90 g	20	0	10	2	172
Atún (en lata, al natural)	90 g	20	0	3	1	109
Atún (rojo, al horno)	90 g	25	0	5	1	156
Avestruz (picada)	90 g	22	0	6	2	149
Bacalao atlántico (al horno)	90 g	19	0	1	0	89
Bisonte (asado)	90 g	24	0	2	1	123
Bistec de ternera (magro y asado)	90 g	12	0	3	1	81
Caballa atlántica (al horno)	90 g	21	0	16	4	230

Carne asada (fiambre)	90 g	18	3	3	3	90
Carne de venado	90 g	25	0	8	2	177
Carne oscura de pavo (asada con piel)	90 g	23	0	10	3	188
Carne picada (extra magra)	90 g	22	0	13	5	208
Carne picada de ternera (70 % magra / 30 % grasa)	90 g	12	0	25	9,5	279
Carne picada de ternera (80 % magra / 20 % grasa)	90 g	14	0	17	6,5	213
Carpa (asada)	90 g	19	0	6	1	138
Cecina (de pavo)	30 g	15	3	0,5	0	80
Cecina (de ternera)	30 g	9,5	3	7	3	116
Chova (al horno)	90 g	22	0	5	1	135
Chuleta (magra y estofada)	90 g	22	0	8	3	168

Chuleta de ternera (magra y estofada)	90 g	29	0	8	2	192
Chuletas de cordero (magras y asadas)	90 g	26	0	8	3	184
Clara de huevo	1 grande	4	0	0	0	17
Cobia	90 g	16	2,5	5,5	1,8	125
Costilla de res (magra y estofada)	90 g	28	0	6	2	174
Faisán	90 g	28	0	10	3	210
Filet mignon (magro y asado)	90 g	24	0	9	3	179
Filete de falda (magro y asado)	90 g	24	0	6	3	158
Filete de falda (magro y estofado)	90 g	23	0	14	6	224
Filete de solomillo (a la parrilla)	90 g	26	0	6	2	166
Filete de ternera (magro, sin hueso y asado)	90 g	24	0	6	2	152
Fletán (al horno)	90 g	23	0	3	0	119

Gambas	90 g	20	1	1,5	0,5	100
Huevo (entero)	1 grande	6	0	5	2	70
Lampuga (asada)	90 g	20	0	1	0	93
Leche (1 %)	250 ml	8	12	2	1,5	102
Leche (desnatada)	250 ml	8	12	0,5	0,25	86
Leche (entera)	250 ml	8	11,5	5	3	122
Lenguado (al horno)	90 g	21	0	1	0	100
Lenguado (al horno)	90 g	21	0	1	0	100
Lomo de cerdo	90 g	21	0	6	3	156
Lomo de cerdo (asado)	90 g	24	0	4	1	139
Lubina	90 g	20	0	2	2	105
Lubina rayada (al horno)	90 g	19	0	3	1	105
Mero (al horno)	90 g	21	0	1	0	100
Muslo de pavo	90 g	24	0	8	3	177
Muslo de pollo (con hueso)	90 g	15	0	9	3	149
Muslo de pollo (sin hueso)	90 g	21	0	8	2	166

Pechuga de pato (asada)	90 g	23	0	2	0	119
Pechuga de pavo (asada con piel)	90 g	24	0	6	2	161
Pechuga de pollo (con hueso)	90 g	25	0	7	2	168
Pechuga de pollo (sin hueso)	90 g	25	0	3	1	128
Pescado blanco	90 g	21	0	6	1	146
Pez naranjo (horneado)	90 g	19	0	1	0	89
Redondo inferior de ternera (magro y cocinado)	90 g	24	0	5	2	139
Redondo superior de ternera (estofado)	90 g	30	0	5	2	178
Requesón (sin grasa)	120 g	11	7	0	0	80
Salmón (al horno o asado)	90 g	17	0	5	1	118
Sardinas	1 lata de 105 g	23	0	11	1	191
Siluro (al vapor)	90 g	17	0	8	2	144

Tapilla de ternera (magra y asada)	90 g	25	0	3	1	138
Trucha común (asada)	90 g	22	0	3	2	119
Vieiras (hervidas o al vapor)	5	10	2	2	0	70
Yogur (natural, desnatado)	230 g	13	17	0,5	0,26	127
Yogur (natural, parcialmente descremado)	230 g	12	16	3,5	2	143

Algunas opciones de carbohidratos complejos

Alimento	Tamaño ración	Proteínas (g)	Carbohidratos (g)	Grasas (g)	Calorías
Albaricoque	2 o 3	0	5	0	20
Alcachofa (pequeña)	1	3	10	0	50
Alubias rojas	½ taza	7,7	20	0,4	112
Arándanos azules	½ taza	1	11	0	41
Arroz (basmati)	½ taza	3	35	0	162
Arroz (integral, de grano largo o medio)	⅓ taza	1,5	15	0	72

Avena (cortada en acero)	¼ taza	5	27	2,5	150
Avena (normal o instantánea)	½ taza	5,3	27,4	2,6	153
Berenjena	1 taza	1	9	0	35
Boniato (pelado, cocido y machacado)	½ taza	2	29	0	125
Brócoli (al vapor)	½ taza	2	4	0	22
Bulgur (cocido)	1 taza	6	34	0,4	151
Calabacines (al vapor)	½ taza	1	3	0	13
Calabaza de verano (asada)	½ taza	1	11	0	41
Calabaza pequeña	½ taza	1	15	0	57
Calabaza violín (al horno)	½ taza	1	11	0	41
Cerezas (ácidas)	½ taza	1	9	0	39
Champiñón Portobello	1 taza	2	4	0	22
Ciruela (mediana)	1	0	8	0	30
Ciruelas pasas (medianas)	3	1	13	0	50
Coles de Bruselas	1 taza	4	11	1	56

Coliflor	½ taza	1	3	0	15
Cuscús (cocido)	⅓ taza	1	12	0	59
Edamame	½ taza	11	10	6	127
Espárrago	113 g	3	5	0	25
Espinacas (cocidas)	½ taza	2,5	3,5	0	20
Frambuesas	½ taza	0,5	8	0	32
Fresas	½ taza	0,5	7	0	26
Garbanzos	½ taza	7,3	22,5	2	134
Guisantes	½ taza	4	10	4	59
Habas de Lima	½ taza	7,3	21	0,3	115
Judías negras	½ taza	7,6	20	0,5	113
Judías pintas	½ taza	8	22	0,6	122
Judías verdes	½ taza	1	4	0	19
Lentejas	½ taza	9	20	0,4	115
Maíz (dulce, amarillo)	⅓ taza	1	10	0	41
Mango	1	2	36	0	134
Manzana	1	0	19	0	72
Melocotón (mediano)	1	1	9	0	38
Melón cantalupo	½ taza	0,5	7	0	13
Moras	½ taza	1	7	0,5	31

Naranja (mediana)	1	1	16	0	66
Nectarina (mediana)	1	1	17	0	70
Ñames (cocidos)	½ taza	2	18	0	78
Pan de centeno	1 rebanada	3	15	1	82
Pan de trigo integral	1 rebanada	3	13	1	69
Pan esenio	1 rebanada	4	15	1	80
Pan negro	1 rebanada	2	12	1	65
Pan siete cereales	1 rebanada	3	12	1	65
Papaya	1 taza	1	14	0	52
Pasta de trigo integral	1 taza	7,6	38	1	176
Patata (mediana, al horno, sin piel)	1	4	36	0	162
Pera (mediana)	1	1	26	0	100
Piña	1 taza	1	22	0	82
Pita (grano entero)	1	6	36	2	170
Plátano (20 centímetros)	1	1	31	0	121
Pomelo (mediano)	1	2	20	0	82

Quinoa (cocida)	⊠taza	4	20	1	108
Remolacha (cocida)	⊠ taza	1	6	0	24
Repollo (cortado)	½ taza	0,5	3	0	11
Tallos de apio (grandes)	2	0	4	0	20
Tirabeques (al vapor)	½ taza	2	6	0	35
Tomate (mediano)	1	1	7	1	35
Uvas (blancas o negras)	½ taza	1	14	0	55
Zanahoria (mediana)	1	0,5	3	0	13

Algunas opciones de grasas saludables

Alimento	Tamaño ración	Proteínas (g)	Carbohidra-tos (g)	Total grasas (g)	Grasas saturadas (g)	Calorías
Aceite de oliva	1 cda.	0	0	5	1	40
Aceite de pescado (de hígado de bacalao, arenque o sardina)	1cda.	0	0	4,5	1	41
Aceitunas (pequeñas)	14	0,5	2,5	5	0,5	53
Aguacate	½ taza	2	6	10	2	116

Almendras	30 g	6	6	14	1	164
Anacardos	30 g	5	9	14	2,4	165
Anchoas (escurridas)	Una lata de 60 g	13	0	4	1	94
Arenque atlántico (al horno)	90 g	20	0	10	2	172
Caballa atlántica (al horno)	90 g	21	0	16	4	230
Cacahuetes	30 g	7	4,5	14	2	161
Castañas (asadas)	30 g	1	15	1	0	69
Chova (al horno)	90 g	22	0	5	1	135
Cobia	90 g	16	2,5	5,5	1,8	125
Lubina rayada (al horno)	90 g	19	0	3	1	105
Mantequilla	1 cda.	0	0	4	2	33
Mantequilla de almendras	1 cda.	3	3	49	1	102
Mantequilla de anacardos	1 cda.	3	5	10	2	110
Nueces	30 g	4	4	18,5	2	185
Nueces de Brasil	30 g	4	3,5	19	4	186
Nueces de macadamia	30 g	2	4	21,5	3,5	204
Pecanas	30 g	2,5	4	20,5	2	196

Pescado blanco	90 g	21	0	6	1	146
Pipas de calabaza (crudas)	1 cda.	3	1	5	1	63
Pipas de girasol	1 cda.	6,5	5	14	1,5	162
Salmón (asado o al horno)	90 g	17	0	5	1	118
Sardinas	1 lata de 105 g	23	0	11	1	191
Semillas de chía	30 g	4,4	12,4	8,7	1	139
Semillas de lino	1 cda.	2	3	4	0	55
Semillas de sésamo (tostadas)	1 cda.	2	2	5	0	52

5

Analiza tus actos

No importa a qué te enfrentes en la vida —ya sea un deporte, un trabajo, una afición o cualquier cosa que requiera esfuerzo—, de una cosa estoy seguro: aunque no seas el mejor en ello, nadie hace nunca nada a la perfección y nadie hace nunca nada del todo mal.

Como he explicado en el capítulo anterior, comer sano es uno de esos ámbitos en los que nadie acierta todo el tiempo. Hay momentos de perfección en las peores actuaciones, del mismo modo que los que llegan a lo alto cometen errores. Siempre que intentamos algo, da igual lo que sea, hay partes de nuestra actividad en las que sobresalimos y otras en las que tropezamos.

Es normal, así es la vida y así eres tú. A mí también me pasa, y a todas las personas del planeta. La mayoría de las decisiones sobre la comida contendrán tanto elementos positivos como negativos. Puedes elegir obsesionarte con los negativos o aprender de ellos.

En cuanto terminas de comer, los alimentos no suelen volver a tu mente hasta la siguiente comida, pero es un gran error. En lugar de eso, antes de alejarte de la mesa, debes analizar las decisiones nutricionales que acabas de tomar en ese momento y concentrarte en lo que intenta decirte tu cuerpo.

Ahora bien, sé lo que estás pensando: «Pero, Mike, ¡de ver-

dad que no tengo tiempo para hacer esto cada vez que como!».
Para empezar, siempre hay tiempo. ¿Cuántas veces has acabado
de comer y te has encontrado sentado a la mesa haciendo vida
social mucho después de haber dejado limpio el plato?

Es cierto que habrá momentos inmediatamente después de
una comida o un tentempié en los que quizá no seas capaz de hacer lo que te estoy pidiendo; si comes sobre la marcha, por ejemplo, o tienes que volver directo al trabajo después. Pero los minutos siempre están ahí en algún momento del día. Además, lo
único que insisto que hagas es que te formules una serie rápida
de preguntas que te llevarán un par de minutos a lo sumo y que
escribas las respuestas en un papel o en el móvil para poder con-
sultarlas con facilidad más tarde.

Si crees que es más fácil reflexionar acerca de todo lo que has
comido a lo largo del día al final de la jornada, entonces te estás
privando a ti mismo de uno de los beneficios de hacerlo de manera secuencial. Porque el modo en que cada comida te afecta
cambiará a lo largo de varias horas y es importante reflejar esa
progresión. Analicémoslo:

1. ¿Cómo te sientes ahora en comparación con antes?

¿Recuerdas que te he hecho pensar en cuatro preguntas justo
antes de comer?

1. ¿Cómo puntuarías el hambre?
2. ¿Cómo puntuarías la sed?
3. ¿Cómo puntuarías tu nivel de energía?
4. ¿Cómo puntuarías tu nivel de estrés?

Después de comer, quiero que te preguntes cómo puntuarías cada pregunta de nuevo para buscar cambios significativos.

Hambre: Este número debería ser más bajo de lo que era, pero si no es un 1, no te preocupes demasiado. No pasa nada si sientes hambre después de una comida. Deberías sentirte saciado y ligero, nunca hasta arriba. El objetivo no es dejar la mesa tan lleno que incluso pensar en dar otro bocado sería imposible. En lugar de eso, se trata de preguntarte a ti mismo: «¿Me siento lo bastante saciado para esperar dos o tres horas hasta la próxima comida?».

Sed: Este número debería ser un 1, así que si no está del todo ahí antes de que te alejes de la mesa, tienes que acercarte a él.

Energía: Este es peliagudo, porque en el momento en que comes, tu cuerpo empieza a dirigir una parte de su energía a la digestión, lo que puede hacer que te sientas algo más cansado que cuando empezaste. Sin embargo, en eso debería ayudarte hacer comidas más frecuentes y pequeñas. Cuantas menos calorías tenga que digerir tu cuerpo después, más revitalizado te sentirás. Lo ideal sería que te sintieras satisfecho (no flojo) y ligeramente más alerta.

Estrés: Este puede que sea el más importante de los cuatro, así que sopesa de verdad si el número ha subido, ha bajado o se ha quedado igual, porque:

Si es más bajo, ¿ha sido porque no estabas seguro de que pudieras comer saludable en ese momento y te has sentido orgulloso de lo que has hecho? ¿Sentarte ahí te ha dado tiempo para contemplar o resolver lo que te estaba estresando en primer lugar? ¿O detenerte tan solo unos minutos para comer te ha dado un respiro para relajarte? Yo no sabré por qué te sientes menos estresado, así que merece la pena tomarte un momento para averiguarlo con el fin de que puedas aprovechar ese conocimiento en la próxima comida.

Si es más alto, ¿ha sido porque estabas utilizando la comida para evitar afrontar lo que quiera que te estaba estresando? ¿O porque llegabas tarde a algo y comer te ha llevado más de lo que esperabas, así que estás aún más atrasado?

Si es el mismo, entonces, si tu número era alto para empezar (aunque no se haya movido), utiliza esta comida como recordatorio de que recurrir a los alimentos cuando estás estresado no cambia lo que sea que te preocupa. Es una lección importante que aprender, porque muchos de nosotros recurrimos a la comida reconfortante (también conocida como «basura») como vía de escape de lo que realmente nos preocupa. Entretanto, solo crea más problemas, pues afecta a nuestra salud, nuestra autoestima y nuestro rendimiento.

Debido a que te estoy pidiendo que comas cada dos o tres horas, quiero que revises estas preguntas una segunda vez aproximadamente entre sesenta y noventa minutos después de haber comido. Los efectos de lo que comemos no son siempre inmediatos. Si tomas contacto contigo mismo en este punto intermedio entre comidas, llegarás a reconocer el impacto de ingerir un plato más equilibrado y movido por el rendimiento.

2. ¿Qué la ha llevado al siguiente nivel?

Sea lo que sea lo que has elegido comer era solo eso: una elección. Si has tomado la correcta, la pregunta sigue siendo: ¿qué te ha hecho escoger los mejores alimentos para tu cuerpo en esa comida? Quiero decir que puede que yo te haya dicho qué comer, pero tú has elegido hacerlo de manera consciente. Exactamente, ¿qué te ha hecho solo un poquito más fácil encontrar esa fuerza de voluntad?

Esto es algo en lo que muchas personas no piensan nunca. Encontramos todos los fallos por los que es posible que hayamos comido mal y lo achacamos a esto o aquello. (No te preocupes, eso lo haremos en un minuto). Y, de vez en cuando, quizá incluso nos demos una palmadita en la espalda por comer también con sensatez. Aun así, muy pocas personas se paran a pensar en qué podría haberlas ayudado a comer sabiamente. Pero eso es justo lo que quiero que hagas.

Consciencia: La verdad sea dicha, cuanto más entiendas por qué determinados alimentos son saludables para ti y otros no, más te costará ignorar la forma correcta de nutrirte. Así pues, ¿has escogido una comida determinada porque sabías lo sana que era?, ¿qué tipos de nutrientes contenía o cómo alimenta tu cuerpo de un modo más eficiente? Si conocer los beneficios de una comida es la razón por la que la has escogido, entonces empieza a tomarte el tiempo de aprender más sobre otras elecciones más saludables que podrías estar haciendo también.

Preparación: La mayoría de nosotros vamos mal de tiempo y normalmente lo que llega a nuestro plato es lo más fácil de conseguir. Así que ¿has hecho algo diferente para hacer más accesibles alimentos más saludables? Si planearlo con tiempo es en parte responsable de que te mantengas en el buen camino, entonces te insto a continuar haciéndolo, pero también explora otras formas en las que podrías ponerte las cosas un poco más fáciles a ti mismo en el futuro.

Quizá hayas notado que pareces hacer mejores elecciones

cuando te levantas media hora antes. ¿O planeaste y preparaste pollo asado para una semana entera o un cuenco enorme de fruta cortada a la que recurrir en un apuro? ¿Has descubierto que el supermercado local tiene una sección entera de comidas «preparadas» que encajan con los requisitos a los que espero que te ciñas? Sean cuales sean las decisiones que te hayan ayudado a hacer elecciones nutricionales más inteligentes, ha llegado el momento de que te plantees doblar la apuesta y convertirlas en una parte más importante de tu rutina.

Los que te rodean: La gente que te rodea cuando comes puede desempeñar un papel muy importante en lo que ingieres. En este caso, contar en la mesa con gente con ideas afines, consciente de la salud, puede hacer menos estresante el ser exigente con lo que decides consumir. ¿Ha sido el caso? ¿Saber que no te van a criticar o juzgar lo hará más agradable? ¿O ha sido porque la persona con la que has comido o con la que has llenado el maletero de comida es una de tus «rocas» y es plenamente consciente de lo que estás intentando conseguir? En cualquier caso, si el apoyo de tu gente ha formado parte de tu éxito, entonces invítala a comer en casa (o fuera) a menudo, o pregúntales si les parece bien que te pongas en contacto con ellos (vía mensaje de texto, llamada telefónica o FaceTime) para que te animen un poco justo antes de una comida cuando sientes que podrías sentirte más inclinado a comer mal.

Curiosidad: Tal vez hayas descubierto una nueva bebida de proteínas o por fin hayas decidido probar una fruta o verdura en particular simplemente porque no lo habías hecho nunca. Puede que la curiosidad matara a unos cuantos gatos, como dicen, pero en lo que se refiere a comer por longevidad, la exploración puede revivir tu entusiasmo. Si preguntarte por algo saludable —ya sea a qué sabe, qué textura tiene, cómo se prepara, lo que sea— es lo que te ha llevado a poner esa opción buena en tu plato, entonces tómate unos minutos cada día para investigar otras frutas, verduras, fuentes de proteínas, frutos secos, semillas (¡lo que se te ocurra!) por los que hayas sentido curiosidad. De esa forma, tendrás más probabilidades de repetir el mismo éxito al tiempo que expandes tus horizontes en lo que al paladar se refiere.

¿Necesitas algo de inspiración? Empieza por lo evidente, ve a tu supermercado y haz una lista de cualquier fruta, verdura y otro alimento saludable que no hayas probado nunca o no hayas comido en mucho tiempo. También he descubierto que visitar los puestos de granjeros locales y mercados étnicos es una gran forma de encontrarte con gente que no solo puede orientarte hacia alimentos que ni sabías que existían, sino también incluso ofrecerte consejo sobre distintas formas de prepararlos.

Ambiente: Para algunas personas, cambiar de escenario sin más puede constituir una tremenda fuerza motivadora para comer mejor. Podría consistir en comer en un lugar completamente distinto que te ayude a evitar ver o exponerte a comidas poco saludables. ¿Tal vez te ofrezca inspiración salir a comer al exterior y ser uno con la naturaleza? ¿O escoger sentarte a una mesa en lugar de coger algo que comer sobre la marcha y engullirlo en el coche ha sido un factor decisivo? Pregúntate si el entorno del que te has rodeado ha intervenido de alguna manera y, de ser así, intenta pasar tiempo allí con la mayor frecuencia posible.

3. ¿Qué te ha impedido alcanzar el éxito?

Antes de que te haga desglosar nada —y deberías esperarte oír este tipo de charla directa más adelante en el libro cuando te pida que hagas lo mismo con cómo te mueves y sanas—, no quiero que pierdas un solo segundo echándote pestes o deseando haberlo hecho mejor. Porque para mucha gente esa actitud a veces conduce al fracaso reiterado. Si te mortificas demasiado por cómo has echado a perder la dieta durante una comida, puedes flagelarte hasta el punto de que des por sentado que nunca serás capaz de alimentarte de manera saludable con constancia, así que lo dejas del todo.

La has fastidiado, ¿y qué? Todos la fastidiamos, y la comida basura, los alimentos cargados de colesterol o los condimentos con alto contenido en grasa con los que la has bañado —de los cuales ni uno solo tenía valor nutricional alguno—, los está ingiriendo alguien más ahora mismo, mientras lees esto. Y si de verdad eres sincero contigo aquí, es algo que incluso los atletas más importantes introducen de manera furtiva en su dieta de vez en cuando. Ahí está LeBron, cuya kriptonita es comer galletas con pepitas de chocolate. Tanto si nos gusta como si no, la fuerza de voluntad en lo que se refiere a comer y beber va y viene, dependiendo del tipo de día que tengamos. Pero eso no significa que no puedas orientarla en la dirección en la que necesites que vaya.

No difiere de tener un mal día en el trabajo, un mal momento con tu pareja o un mal partido en el deporte del que sea que disfrutas. Para eso analizamos las cosas después de los hechos. Afrontar cada error —y eso es lo que es, un simple error— te permite saber que, vale, has hecho una elección menos que óptima en ese momento. ¿A quién le importa? Eso solo demuestra que eres humano. Ahora bien, averigüemos por qué ha ocurrido para poder minimizar o posiblemente eliminar la oportunidad de que ocurra la próxima vez que estés en una situación similar.

Falta de tiempo: Empecemos con la excusa más común para hacer malas elecciones dietéticas. La mayoría de nosotros sentimos que apenas tenemos minutos suficientes al día, por lo tanto, que nos digan que pasemos tiempo preparando cada comida puede ser pedir demasiado, lo entiendo. Pero el caso es que, si hoy tu vida es ajetreada, odio darte la noticia, pero mañana no va a ser mucho mejor. De ahí que poner fin a este obstáculo tan pronto como sea posible debería ser nuestra principal prioridad.

¿Ese eres tú? No hay de qué culparse o avergonzarse, pero si la falta de tiempo ha hecho que te desvíes del camino, entonces pensemos en cómo evitar que vuelva a ocurrir:

- **Busca los minutos perdidos.** Primero tienes que observar de manera exhaustiva y sincera cómo inviertes tu tiempo. Si eso requiere analizar literalmente lo que estás haciendo cada cinco minutos de tu día desde el momento en que abres los ojos por la mañana hasta que los cierras por la noche para dormir, te sugiero que lo hagas, porque nunca he conocido a nadie que llenara todo su día de tareas importantes. Incluso las personas de alto rendimiento pierden mucho tiempo que puede redirigirse hacia las elecciones inteligentes. Encuentra tus minutos robados —aunque solo sean unos pocos—, luego dedícalos a preparar la comida.

- **Vuelve sobre tus pasos.** ¿La situación que te ha impedido comer de manera más saludable era completamente evitable si lo hubieses planificado mejor? Por ejemplo, si levantarte a la misma hora que tus hijos te deja poco tiempo para ti porque estás demasiado ocupado preparándolos para la escuela y sacándolos por la puerta, entonces pon el despertador antes. El caso es que, si es cuestión de no tener suficiente tiempo para planificar, entonces averigua qué o quién te ha robado tiempo y pregúntate cómo puedes evitar que vuelva a ocurrir (o al menos que suceda tan a menudo), luego actúa.

Obligación: Todos nos hemos visto en situaciones en las que hemos comido o bebido cosas que no queríamos pero nos hemos sentido obligados a tomarlas porque o no queríamos ofender a alguien o no queríamos desentonar.

¿Ese eres tú? Entonces pregúntate por qué no pudiste decir que no. Me refiero a que reproduzcas la escena e imagines el resultado si te hubieses limitado a decir: «Eh, ¿sabes qué? Estoy intentando comer un poco mejor por razones de salud, así que, si no os importa, por el momento voy a pasar, pero gracias». Es probable que la respuesta no sea severa ni negativa, de hecho, ¡puede que incluso te animen! Y si es negativa —si alguien se muestra contrario a eso que estás intentando hacer por ti— entonces no es una roca con la que puedas contar.

Ahora bien, entiendo que puede haber una situación laboral, boda o fiesta en la que quizá no quieras desentonar tanto. O tal vez un amigo, cónyuge, media naranja o familiar está deseando que pruebes ese postre hipercalórico, puro azúcar, que acaba de preparar, y rechazarlo le rompería el corazón. Normalmente esos casos son situaciones excepcionales en las que no deberías castigarte por darte el gusto. Sin embargo, si esos momentos «muy de vez en cuando» se producen un poco con demasiada frecuencia, entonces es hora de que o encuentres la forma de evitarlos o te armes de valor para explicar por qué no puedes darte ese gusto tan a menudo.

Tensión: Incluso si el «estrés» no ha puntuado alto en tu lista cuando te he pedido que clasificaras tu nivel de estrés tanto antes como después de comer, solo «tener algunas cosas en la cabeza» antes de una comida puede desviarte del camino.

¿Ese eres tú? Intentar decirte a ti mismo que llegues al fondo de lo que sea que te está estresando es la solución evidente, pero no siempre es posible. Podrías estar pasando por algo que no se resuelve fácilmente en un día, una semana o un mes —demonios, quizá ni siquiera esté en tu mano cambiarlo—, y si eso describe tu situación, siento escucharlo. Pero si de verdad es el caso y el estrés afecta de manera negativa a tu capacidad de comer sano de manera habitual, entonces tienes que encontrar la forma de separar tus hábitos alimentarios de tus dilemas personales y profesionales.

A mis clientes les aconsejo que prueben una variedad de métodos no basados en la comida que se ha demostrado que desconectan las dos cosas, como anotar en un diario lo que les estresa, además de dar un paseo de diez minutos (aunque sea dentro de su propia casa) cuando vean que recurren a la comida. Cualquiera de las dos cosas normalmente basta para mantener la mente ocupada y el cuerpo alejado de la cocina. Por suerte, algunas de las técnicas incluidas en la sección «Repara» del libro te ayudarán a aliviar muchos síntomas de estrés, pero no recurrir a la comida cuando estés agobiado (en particular, las opciones nutricionales más pobres) o permitir que el estrés interfiera en tu capacidad para preparar comidas más sanas debería ser nuestra mayor prioridad.

Tentación: Los antojos pueden ser muy intensos. A menudo pueden parecernos imposibles de rechazar, pero no significa que lo sean. No me malinterpretes, a veces a todos nos apetece comer mal sin más. Es innegable que existe cierta satisfacción en saltarnos la dieta, incluso si esa dicha es fugaz. Pero si dejas que ocurra demasiado a menudo —y lo que es más importante, si ni siquiera entiendes por qué sientes esos antojos—, puede ser un hábito difícil de romper, y solo hará que te cueste más alcanzar los objetivos de longevidad que tengas.

Piensa en un momento en el que te diste un capricho. Es posible que te des cuenta de que escogiste ese «placer culpable» por un motivo que quizá sea válido, pero eso no significa necesariamente que no sea saludable. De hecho, tal vez no sean los ingredientes de las comidas que ingieres, sino el entorno y las emociones conectadas con esa comida lo que hace difícil resistirse a ella, como:

- **¿Ha sido por el sabor, la textura o la temperatura?** Quiero decir: ¿estabas deseando algo salado, dulce o amargo? ¿Algo crujiente o suave? ¿Frío o caliente? ¿Era imposible resistirse a ese pastel de merengue de limón simplemente porque te apetecía algo con sabor a limón? Primero intenta profundizar en el «por qué» de lo que podría haber causado ese antojo, luego piensa si hay otras formas en que podrías haber satisfecho esa necesidad con un alimento más sano que comparta el mismo sabor, textura y temperatura.
- **¿Ha sido por rutina?** Sin contar el cine, ¿cuándo fue la última vez que sentiste la necesidad de comprar un cubo de palomitas con mantequilla del tamaño de un balón de baloncesto? Exacto. Probablemente nunca, y esa es la cuestión. A veces, los vínculos que tenemos con malas elecciones alimentarias —decisiones por las que de otro modo nunca nos desviaríamos del camino— están sencillamente ligados al hábito.
- **¿Ha sido por nostalgia?** A veces recurrimos a la comida

que nos recuerda a tiempos pasados. Al engullir un cuenco de cereales azucarados es inevitable acordarte de cuando tenías diez años, ¿verdad? Pero si esa es la razón por la que cediste a esa ansia específica —por el recuerdo que evocaban su sabor y textura—, entonces es posible que necesites explorar otras formas de conseguir ese mismo efecto, como escuchar música o ver un programa de televisión en YouTube de esa época, rememorar con un viejo amigo o revisar algunas cosas que hayas guardado de aquel entonces.

Ahora no solo sabes, para mejor o peor, lo que has hecho bien o mal en lo que respecta a tu comida, sino que tienes más conocimientos acerca de por qué has tomado esas decisiones. ¿Listo para unir las piezas relacionadas con lo que pones en el plato con el fin de facilitar el comer de manera más saludable? Entonces ¡sígueme!

6

Reconstrúyelo mejor

Una vez que hayas reconocido lo que ha ido mal con una comida y lo que ha ido bien, toca volver a pensar en formas tanto de minimizar las posibilidades de que los mismos errores saboteen tus esfuerzos como de maximizar la probabilidad de repetir los mismos éxitos la próxima vez que busques algo que comer. Solo hazme un favor cuando empieces a reconstruir, y es que mantengas las siguientes cosas en mente:

Hambre

Si le dices a alguien que coma cinco o seis veces al día, normalmente empieza por el desayuno, disfruta de un tentempié entre el desayuno y la comida, toma otro tentempié entre la comida y la cena y luego (si come seis veces al día), toma un tentempié unas horas después de la cena. Pero pensar un poco en los momentos en los que empiezas a comer puede ayudar a tu cuerpo a sanar de manera más eficiente.

En cuanto te despiertes, ¡come! Para cuando abres los ojos, tu cuerpo ya ha agotado las reservas de glicógeno del ayuno de las últimas seis u ocho horas, lo que le deja pocas alternativas aparte de buscar energía en otra parte. El problema es que a tu cuerpo en realidad le da igual dónde encuentra esa energía porque está en un estado catabólico, así que empieza a descomponer..., bueno, ¡a descomponerte a ti! Y por más que te gustaría pensar que su primera opción es la grasa almacenada, también está desgarrando tejido muscular. Lo ideal sería que, antes de que empieces siquiera a pensar en tu día, metas algo en el estómago para sacar a tu cuerpo del modo pánico.

Ahora bien, comprendo perfectamente que preparar el desayuno nada más salir de la cama no sea posible, pero ahí es donde entra tu primer tentempié. Solo tomar un pequeño aperitivo puede bastar para poner fin a ese canibalismo interno de inmediato. Este no tiene por qué ser enorme para tener un gran impacto. Algo tan pequeño como medio bagel de trigo integral untado con mantequilla de almendras o un plátano pequeño y un puñado de nueces puede evitar que tu cuerpo se descomponga, además de cumplir la tripleta de nutrientes. (Dilo conmigo otra vez: proteínas, carbohidratos complejos, grasas saludables).

Sáltate una comida de manera intencionada. ¿Por qué iba a pedirte que hicieras esto si hasta ahora no he parado de hacer hincapié en que te alimentes cada dos o tres horas? La experimentación personal es buena. No estoy diciendo que lo hagas cuando tengas un montón de cosas en marcha. Escoge un día en el que tengas los niveles de energía bajos, no sería el fin del mundo. Luego evita a propósito una comida o tentempié de manera que esperes unas buenas cuatro o cinco horas entremedias, y analiza de verdad cómo te sientes cuando por fin llega la siguiente comida.

Verás, es probable que con el tiempo te saltes algunas comidas. En general se debe a que se te ha ido el día, lo que significa que seguramente tienes más cosas en la cabeza de lo normal. Practicar saltarte comidas con un propósito —cuando no tienes prisa u otras cosas con las que preocuparte— te ayuda a establecer un vínculo mejor con las necesidades y exigencias nutricionales de tu cuerpo. Cuando por fin comas ese día de prueba, deberías formularte las cuatro preguntas que te pido que te hagas en cada comida: cómo puntuarías el hambre, la sed, el nivel de energía y el estrés. Pero esta vez, quiero que mires en qué difieren esos números comparados con lo habitual. Advierte el hambre y la sed que tienes, si tu energía es más baja de lo habitual y, sí —aunque te pido que pruebes este experimento un día más relajado—, si estás un poco más estresado. Es un sacrificio sencillo, pero te conecta con la importancia de comer deliberadamente en los momentos concretos en los que te lo pido al mostrarte los efectos negativos que pueden producirse si no lo haces.

Hidratación

Para algunos clientes, el mero hecho de encontrar tiempo para beberse cuatro litros de agua todos los días supone el mayor de los retos, pero como he mencionado antes, merece la pena cada traguito. De hecho, según un nuevo estudio llevado a cabo por los Institutos Nacionales de Salud de Estados Unidos a lo largo de treinta años y en el que participaron más de once mil sujetos, los adultos que se mantienen hidratados no solo desarrollan menos enfermedades crónicas —incluidas las pulmonares y las cardiopatías—, sino que viven más tiempo.[1] Aquellos que se hidrataban menos mostraban signos de envejecimiento más rápido, así como un incremento del 21 por ciento del riesgo de sufrir una muerte prematura. Si eso no logra que las visitas adicionales al lavabo merezcan la pena, no sé qué más te convencerá. Aquí tienes algunos trucos para que permanecer hidratado te resulte un poco más manejable:

Cuanto más temprano des un sorbito, mejor. Se ha demostrado que los adultos sanos pueden procesar entre 800 mililitros y 1 litro de líquido por hora (superar eso puede llevar a la sobrehidratación, lo que puede hacer trabajar demasiado a los riñones y alterar el nivel de electrolitos y fluidos del torrente sanguíneo). Así que, en cuanto te despiertes, empieza a beber. Te animo a que dejes un vaso de agua en la mesilla de noche cuando te vayas a la cama para ventilártelo antes de salir de la habitación siquiera; hazlo y ya habrás recorrido el 10 por ciento del camino hacia tu objetivo.

Planifica cuándo es más fácil orinar. Mira, hay momentos del día en los que lo último que quieres es lidiar con una vejiga llena. ¡Planifica con antelación! Si sabes que tienes un trayecto de cuarenta y cinco minutos sin baño a la vista, quizá no deberías pimplarte una botella entera de agua una hora antes de salir. Piensa estratégicamente en momentos en los que sabes que te resultará más fácil o difícil visitar el excusado, y aumenta o disminuye lo que bebes cada hora (de media) con antelación. ¿Es una ciencia exacta? En absoluto, pues cada cuerpo mueve los fluidos a una velocidad distinta. Pero aplicar el sentido común sin más y preguntarte dónde estarás al cabo de una hora mientras bebes debería ayudarte a decidir si ahorrarte más sorbos para luego o tragar como un poseso en ese momento.

Cuando estés activo, utiliza la norma de «los quince minutos». En el caso del ejercicio, los deportes, el trabajo físico o cualquier actividad moderadamente intensa, deberías beber entre 500 mililitros y 1 litro de agua antes de dicha actividad, y luego volver a tomar entre 150 y 250 mililitros cada quince minutos. Asegurarte de que te mantienes hidratado disminuye el riesgo de calambres musculares, acelera el tiempo de recuperación de los músculos, mantiene altos tus niveles de energía y facilita que tu corazón haga circular la sangre por el cuerpo.

Por cierto, el agua está perfectamente bien en lugar de las bebidas para reponer electrolitos si estás activo menos de sesenta minutos. Sin embargo, si superas una hora, cambia a una bebida isotónica que contenga alguna forma de carbohidratos para obtener energía (nada sin azúcar o no calórico). Tras esa cantidad de tiempo, tu cuerpo habrá quemado la mayor parte del glicógeno almacenado, además de perder a través del sudor una cantidad significativa de sodio, potasio y otros electrolitos.

Amplifica tus logros

No quiero que te conformes con lo que ha llevado tu dieta al siguiente nivel, quiero que construyas sobre esa base. Se trata de tomar cada victoria, cada momento de triunfo de tus comidas anteriores, y utilizarlos no solo como ejemplos para ayudarte a motivarte durante la próxima comida, sino como oportunidades para atreverte a dar un paso nutricional más.

Amplifica tu consciencia. Si te dijera que algunas investigaciones han demostrado que tu riesgo de mortalidad por cualquier causa desciende un 12 por ciento por cada 50 céntimos de más que gastas a diario en verduras, ¿te motivaría para comerlas más?[2] ¿Sería suficiente para que tengas menos probabilidades de escatimar con esa ración de ensalada?

Saber acerca de un tema puede resultar increíblemente inspirador, en especial en lo que se refiere a cuestiones de salud. Y si ese eres tú —si conocer más detalles de los alimentos sanos que te animo a comer de algún modo hace el proceso un poco más fácil de realizar durante las comidas—, entonces ha llegado el momento de que te pongas al día. Estoy hablando de que cojas el móvil justo antes o después de comer y busques al menos una cosa sobre los alimentos que tienes delante. No importa si es saludable o no siempre y cuando hagas al menos una de las cosas siguientes:

- **Aprende una cosa nueva.** Realizar estudios médicos lleva tiempo, pero leer los resultados de la investigación no tiene por qué. Estar al tanto de por qué algo es sano para ti o no puede resultar muy motivador, e investigar un poco no requiere una carrera universitaria. Hay miles de estudios ahí fuera. Lo único que se necesita es entrar en un buscador, introducir el tipo de carne, fruta, verdura o el alimento que sea, añadir la palabra «investigación» o «estudio» y el año actual, y ver qué sale.

- **Aprende una cosa buena.** Si estás buscando información acerca de comida sana, pregúntate primero por qué crees que lo es, luego desafíate a ti mismo a cambiar para encontrar otra razón por la que sea buena para ti que no conocieras. Cuanto más hagas esto, más razones nuevas empezarás a acumular por las que comer ese plato es tan vital para la longevidad.

- **Aprende una cosa mala.** La misma norma se aplica si estás buscando algo que no es sano y te estás planteando comer o ya has cometido el error de acabártelo. Una vez más, recuérdate a ti mismo lo que sabes al respecto —qué lo hace malo para ti—, pero intenta encontrar aún más pruebas de por qué esa comida en particular nunca debería estar en tu plato.

Argumento final: Todos sabemos que algunos hallazgos de investigación que se han publicado están respaldados por físicos, investigadores médicos y empresas que quizá tengan sus propios intereses, así que ¿cómo saber qué estudios son de confianza? Reconozco que puede resultar difícil navegar a través de esa información, pero esta es la cuestión: te sugiero que aprendas un poco más sobre por qué una comida saludable en particular es buena para ti y por qué cierta cantidad de comida poco saludable es mala para ti. Se trata más bien de un ejercicio de exploración, y espero que te haga sentir más curiosidad acerca de los alimentos que se te dice que comas más, además de los que deberías evitar.

Amplifica tu preparación. Siempre que te encuentres fuera de tu elemento natural —ya sea porque viajas por trabajo, estás de vacaciones o luchando por llegar al partido de baloncesto de tu hijo—, puede resultar difícil comer como deberías. No contar con opciones más sanas al alcance de la mano como podrías tener en casa puede ser una excusa conveniente para no buscar opciones más saludables en otra parte, pero sí que existen, o al menos es posible que lo hagan. Solo requiere un poco de trabajo extra por tu parte.

La única forma de tener siempre a mano los mejores alimentos es planificar con antelación, algo que sé demasiado bien. Para mí, estar constantemente en la carretera con LeBron significa que, tras reservar nuestro alojamiento, empieza el verdadero trabajo. Para mucha gente, una vez hecha esa reserva, podrían dar un paso más y planear dónde comerán algunos días, pero la mayoría en realidad nunca lo llevan más allá. Yo sí, no solo por mí mismo, sino por LeBron también, para maximizar nuestras opciones nutricionales.

- Primero, comprobaré qué ofrece el hotel para desayunar. Si no consiste más que en pastas y bollos, buscaré un supermercado al que pueda ir a pie (o uno que entregue a domicilio por un módico precio), además de un par de restaurantes de comida saludable.
- A continuación, llamaré al hotel para preguntar si hay frigorífico en mi habitación y de qué tamaño. Si no hay, pediré uno (aunque signifique cambiar de habitación), para tener más opciones de almacenaje para los alimentos sanos que encontraré mientras estoy ahí. Te sorprendería lo fácil que es para la mayoría de los hoteles adaptarse a eso.
- Después, tantearé el terreno para encontrar los restaurantes en los que podríamos comer en la zona, luego echaré un vistazo a los menús con tiempo para comprobar cuáles ofrecen la gama más amplia de alternativas saludables.
- Finalmente, investigaré un poco sobre determinados acontecimientos que tienen lugar solo en días concretos —como los mercados de agricultores o los festivales— y pueden proporcionar opciones nutritivas más frescas que puede que quiera almacenar y tener a mano durante mi estancia.

La cuestión es que, por mi experiencia de décadas viajando a incontables ciudades alrededor del mundo por trabajo, puedo decir sin temor a equivocarme que siempre hay alternativas nutricionales mejores a tu alrededor, independientemente de dónde estés. En verdad es cuestión de averiguar qué opciones tienes disponibles antes de llegar a tu destino.

Es posible que viajes por trabajo, placer o algún otro acontecimiento que reclama tu tiempo y atención. Al llegar preparado, nunca te verás en la posición de sentir como si te precipitases a tomar una decisión, perdieras tiempo que es posible que no tengas o retrasaras a alguien. Porque es durante esos momentos cuando puedes tomar peores decisiones que lamentarás una vez que estés de vuelta en casa. Necesitas estar seguro de que, dondequiera que estés, puedes sacar adelante de manera rápida y conveniente lo que sabes que es mejor para tu cuerpo nutricionalmente. Porque si no lo haces, te frenarás a ti mismo en lugar de sacar ventaja en el juego.

Si todo esto te parece mucho trabajo, puede serlo; ¡para eso es la preparación! Por eso me gusta simplificar las cosas para mis clientes y hacer que sigan lo que yo llamo **«averiguar tu futura comida»**. Lo que significa que, tras todas las comidas o tentempiés, antes de que dejes el plato en el fregadero o te retires la servilleta del regazo, pregúntate a ti mismo: «¿Dónde estaré exactamente dentro de dos o tres horas?». Porque dondequiera que esté ese lugar, es lo que acaba decidiendo si va a ser más fácil o difícil que comas más sano cuando te entre el hambre. En ese momento, sopesa lo siguiente:

- ¿Hay algo previsible que podría impedir que tomes las mejores decisiones en cuanto a nutrición dentro de unas horas y, de ser así, puedes planear ahora mismo evitar que eso ocurra?
- ¿Estarás en algún sitio en el que comer podría ser imposible o inconveniente y, si es el caso, puedes prepararte algo ahora para tener opciones más saludables al alcance de la mano?

En lugar de limitarte a ir del punto A al punto B —aunque ese trayecto no te mueva ni un ápice del sillón de tu escritorio o el sofá de tu salón—, dedica unos minutos antes de dejar el punto A para sopesar qué tendrás disponible en ese trayecto antes de emprenderlo.

Amplía tu círculo. Si comer con alguien que come sano es lo que te ha ayudado a mantenerte centrado, lo entiendo perfectamente. Imagina cómo es para mí estar con LeBron y el resto de los jugadores del equipo, siempre en compañía de algunos de los mejores atletas del mundo, además de muchos de los mayores expertos en rendimiento, dietética, fuerza y condicionamiento, etcétera. Te diré algo: resulta difícil coger una bolsa de patatas fritas sin sentirte un poco cohibido. Y hace un poco más fácil coger una manzana y un puñado de almendras, rodeado como estoy de atletas que son un testimonio del poder de la alimentación limpia y nutritiva.

Como he mencionado en el último capítulo, si tienes gente en tu vida que come sano y te inspira a hacer lo mismo cuando estás con ellos, entonces pasa todo el tiempo posible con ellos. Pero si es más fácil decirlo que hacerlo, todavía puedes utilizar esas rocas de otras formas, aun cuando no las tengas sentadas delante:

- **Dile a tu comida que sonría para la cámara.** Llega a un acuerdo con algunas de tus rocas para enviarles una foto de cualquier comida o tentempié antes de comértelo. Puedes hacerlo a diario o solo en determinados días o comidas en los que te resulte difícil no desviarte del camino. De cualquier modo, así te obligas a rendir cuentas de esa comida en el momento, lo que hace que sea menos probable que elijas mal o más probable que elijas de forma inteligente para impresionar. De hecho, plantéate competir con tus rocas para ver quién come más sano ese día.

- **Pregúntate: «¿Qué comería [introduce el nombre de tu**

amigo]?». Si por algún motivo no tienes acceso a tus rocas, detente un instante y considera qué escogerían ellas en ese momento. Llévalo un paso más lejos e imagina que vas a comprarles esa comida para ejercer presión.

- **Confiesa tus pecados nutricionales.** Muchas personas podrían reconocerse a sí mismas sus errores tras una mala comida, pero es menos probable que las admitan ante otras. Se debe a que a veces la culpa se convierte en vergüenza, lo que les impide querer admitir que la han fastidiado. O no quieren parecer más débiles a ojos de los que les rodean. Lo único que sé es que no debería ser tu caso. Si la has fastidiado con una comida (y sabes por qué tras analizarla), quiero que recurras de inmediato a algunas de tus rocas y compartas esa información. Esta es la razón:
  - Cuanto más hables con tus amigos acerca de cómo has tropezado con la dieta, más entenderás ese error y menos probable será que vuelvas a cometerlo.
  - Es posible que tus rocas conozcan otras formas de evitar repetir el mismo error que no te has planteado.

Amplía tu curiosidad. Tengo un dicho: «Si te "aburren" tus opciones, entonces no has "explorado" tus opciones». Se aplica a muchas cosas en la vida, pero en especial a la dieta. Por ejemplo, cuando oigo que la gente dice que odia las verduras, explico que por estadística es imposible porque sencillamente no hay forma de que ningún ser humano pueda odiar 20.000 cosas, en especial 20.000 cosas que lo más probable es que no haya probado nunca.

Has leído bien. Ese es el número de verduras comestibles que hay ahí fuera para que escojamos, una cifra que sorprende a mucha gente que no podría ni enumerar una docena si les preguntaras. Lo mismo ocurre con la fruta. ¿Te gustan los frutos del bosque? Hay al menos 400 tipos entre los que elegir. ¿Y qué hay de las manzanas? Según el último recuento, tienes ante ti 7.500 variedades para elegir. Escoge cualquier fruta común, como los plátanos (más de 1.000), las cerezas (alrededor de 1.200) e incluso las uvas (más de 10.000), y podrías pasarte la vida entera intentando probar todas las variedades.

Ahora bien, es cierto: tu tienda de comestibles probablemente no almacene 10.000 tipos de uvas distintas. Pero eso no significa que no puedas esforzarte por buscar más variedad:

- **Pregunta qué tienen de temporada o no local.** Ya estés en un supermercado, un mercado de agricultores o un restaurante, indagar sobre ambas cosas te apuntará en la dirección de alimentos normalmente no tan comunes para que experimentes.
- **Encuentra todas las tiendas de alimentos étnicos de tu zona.** Latinas, mexicanas, de Oriente Medio, indias, panasiáticas, serbias, jamaicanas, etcétera: todas ellas tendrán carnes, verduras, frutas, frutos secos y semillas que es poco probable que encuentres en un supermercado convencional. Visita una distinta cada semana y no tengas miedo de pedir sugerencias a los propietarios.

Amplía tu ambiente. Si el ambiente que elegiste la última vez que comiste te hizo más fácil escoger comida saludable, cíñete a él. Si no, hay algunas formas de conseguir evocar unas condiciones apropiadas para que te ayuden con la alimentación.

- **Enciende las luces.** Vale que una comida para uno a la luz de los fluorescentes quizá no sea tan romántica, pero puede ser la elección apropiada para evitar que los alimentos equivocados se abran paso hasta tu plato. La mayoría de la gente tiende a comer más en la penumbra o en lugares oscuros, no solo porque es menos consciente de lo que tiene delante —quiero decir, si apenas puedes ver la comida, ¿cómo va a hacerlo la persona de la mesa de al lado?—, sino porque una luz más tenue puede llevarnos a sentirnos más relajados y hace que nos mostremos más desinhibidos a la hora de comer.

- **Busca los oscuros.** Resulta que el marrón, el negro y el azul oscuro tienen un superpoder secreto: suprimen el apetito. (Por otro lado, los colores más vivos, como el rojo, el naranja, el amarillo y el verde, tienen el efecto contrario). No estoy diciendo que abras los botes de pintura en la cocina, pero como mínimo piensa en dónde estás sentado (y delante de qué) cuando estás en casa o cenas fuera para darte mayor ventaja ambiental.

Minimiza las derrotas

Así que la situación quizá se te haya ido de las manos, ¿a quién le importa? No es la primera vez y, sin duda, no será la última. La buena noticia es que has analizado cómo se ha desviado tu barco del rumbo, lo que automáticamente reducirá las probabilidades de que ocurra en la próxima ocasión. Aunque el último capítulo ofrecía algunas soluciones en las que pensar mientras desglosabas qué había ido mal, hay algunas consideraciones adicionales que podrías hacer con varios obstáculos particulares.

Compensa la falta de tiempo. En el último capítulo, te he dado un par de cosas en las que pensar, entre ellas buscar los minutos perdidos de tu día y volver sobre tus pasos. Pero ¿hay más trucos que probar? Sinceramente, conozco muchos, y estoy convencido de que tú también, porque la mayoría giran en torno a la preparación de la comida que seguro que has oído antes. Decidir de antemano qué vas a comer durante los próximos días, llenar la casa de lo que necesitas, cocinar con antelación, llenar el frigorífico de verduras y frutas ya lavadas, peladas y cortadas... todas ellas son formas evidentes de contar con elecciones saludables a mano. Pero hay algunos trucos de los que la gente no parece hablar mucho:

- **Compra una nevera portátil de tamaño decente.** La mayor parte del tiempo, cuando tenemos prisa, recurrimos a platos que se preparan con facilidad. Pero lo que lo hace fácil tiene poco que ver con su proximidad y mucho con los conservantes que contiene y los procesos a los que se somete que evitan que se pudra. En lugar de eso, quiero que hagas elecciones saludables más convenientes al invertir en una nevera portátil. No de esas en las que apenas entra un bocadillo y una botellita de agua, sino una lo bastante grande para permitirte mantener alimentos saludables en el coche, la oficina o dondequiera que tengas la necesidad de comer más sano, en especial si no hay opciones saludables cerca.
- **Coge los menús de comida para llevar y marca los platos buenos.** En la mayoría de los casos, si recurres a uno suele ser porque no tienes tiempo de preparar una comida. Así que ¿no tiene sentido en ese tipo de situación de alta presión conocer con tiempo las opciones que se correspondan con tus objetivos de longevidad? Al rodear con un círculo las opciones más inteligentes de cada menú a las que podrías recurrir más adelante, estás garantizando tus posibi-

lidades de pedir lo que tu cuerpo necesita si no hay más remedio, en lugar de dejar que la falta de tiempo cause una elección nutricional que más tarde podrías lamentar. La misma regla se aplica si prefieres consultar los menús en el móvil en lugar de ir a un cajón de la cocina. Si es tu caso, entonces simplemente desplázate por los menús de lugares que ya frecuentas (o que es probable que frecuentes en el futuro), encuentra la opción más saludable y haz una captura de pantalla para tenerla entre tus fotos y remitirte a ella cuando lo necesites.

- **Conviértete en un experto en el tamaño de las porciones.** A muchos de mis clientes no les gusta contar gramos, ¿y quién puede culparlos? Pero eso dificulta determinar si estás comiendo una ración real de proteína magra, carbohidratos complejos o grasas saludables. De ahí que les haga comparar el tamaño de las raciones con objetos que ya conocen. Por ejemplo:
  - ¿Una ración media (unos 90 g) de pollo, pescado o carne cocinada? Fácil: visualiza el tamaño de la palma de la mano de una mujer o una baraja de cartas.
  - Una ración media de frutos secos o semillas (30 g) es más o menos lo que te entra en la mano. Ojo, estoy hablando de una mano de hombre de tamaño medio —no del tamaño de las de la mayoría de los jugadores de la NBA a los que conozco—, así que si tú también tienes unas buenas manotas, intenta echarte unos treinta gramos de frutos secos o semillas en la palma de la mano para ver cuánto espacio ocupan en realidad.
  - Para una ración media de arroz o pasta cocidos (una taza) o una sola ración de fruta o verdura, sáltate la taza e imagina el tamaño de una pelota de tenis.

○ Para medir una ración media de aceite (una cucharada), ¡levanta ese pulgar! El final de tu pulgar —desde la punta hasta el nudillo— es más o menos del mismo tamaño.

○ ¿No ves comparaciones para otros alimentos saludables que has estado comiendo de manera regular? Entonces tómate el tiempo cuando tengas unos minutos para medir una ración de lo que sea, luego toma nota mental del tamaño que aparenta. De esa forma, la próxima vez que tengas prisa y necesites preparar una comida, puedes olvidarte de tazas de medida y básculas y dedicarte a medir a ojo.

• **Por último, pregúntate: ¿qué me estoy ahorrando realmente a largo plazo?** Quizá comprar comida rápida sin bajar del coche te daba diez minutos que creías que no tenías o coger ese dónut con el café te evitaba perder quince minutos preparándote un desayuno saludable decente. Pero siempre que oigo a un cliente decir cosas así, le recuerdo que cuando pienses que estás ahorrándote tiempo, si ese tiempo viene a expensas de tu propia salud, entonces tendrás que compensarlo después.

¿Qué quiero decir con eso? Quiero que pienses en esa compra de comida rápida sin bajar del coche o en ese dónut —o la mala elección que sea que has hecho porque tenías prisa o estabas impaciente— y calcula de verdad cuántos minutos más has ahorrado exactamente. Luego pregúntate:

○ ¿Necesitarás hacer ejercicio o estar activo durante al menos ese tiempo para quemar lo que sea que viniera con esa elección? Si extender tu longevidad de verdad es tu objetivo, las grasas poco saludables, las sustancias químicas y las calorías extras que normalmente contienen esas comidas solo significan que invertirás aún más tiempo del que te has ahorrado quemándolo mediante ejercicio y vigilando la dieta después.

  ○ ¿Fuiste menos eficiente más tarde ese día porque te sentiste más cansado y aletargado como resultado de no alimentarte de la forma adecuada? Eso significa que tu esfuerzo inicial para ser más productivo al ahorrarte tiempo solo volvió para sabotear tu progreso en un área diferente de tu vida.

  ○ ¿Has acortado potencialmente tu esperanza de vida unos minutos solo porque no podías esperar o invertir unos minutos adicionales? Esta es una pregunta imposible de responder en el acto porque los efectos acumulativos de comer mal llevan tiempo. Pero tanto la ciencia como el sentido común apuntarían a un sí.

Minimiza la tensión. La buena noticia es que, al incorporar mi programa de movilidad a tu vida y ser más proactivo acerca de cómo sana tu cuerpo, reducirás de manera natural tus niveles de estrés y tendrás menos probabilidades de recurrir a comidas reconfortantes y otras elecciones no saludables. Sin embargo, ninguna solución es perfecta para aliviar lo que quizá te esté llevando a comer por estrés, y solo tú puedes descubrir esa causa. De ahí que identificar esas fuentes de tensión lo más rápido posible —y averiguar un modo ya sea de reducirlas o sacarlas de tu vida— es tan importante.

• **Encuentra la causa y ponle fin.** Ahora bien, si estás pasando por algo que no es fácil de afrontar rápido, es completamente comprensible. Pero si hay algo que está en tus manos cambiar o concluir, eso es lo que necesitas fijarte como objetivo y solucionar:

○ Si es algo que estás posponiendo, entonces conviértelo en tu prioridad principal de inmediato.

○ Si es algo que no puedes sortear en el acto, entonces identifica cuándo tendrás tiempo y márcalo en tu calendario para sentir que al menos lo tienes controlado.

¡Haz la mezcla aún mejor!

Si te comprometes a ingerir cinco o seis comidas o tentempiés al día —cada uno compuesto de una ración de proteínas magras, una ración de hidratos complejos y una ración de grasas saludables—, ganarás una ventaja de años luz en tu competición. Estarás a la altura de las dietas de la mayoría de los deportistas de élite. Pero ¿hay alguna forma de obtener algún beneficio más de esta mezcla de tres partes? Pues sí, solo depende de qué tipo de día vayas a tener mañana.

Días de baja actividad frente a días de alta actividad

Los programas de estilo de vida habituales (o me atreveré a utilizar la palabra «dietas») sugieren el mismo plan alimenticio de «cinco días de cuidarse/dos días de desconexión». Ya sabes de qué estoy hablando. Quizá te digan que comas de un modo particular de lunes a viernes, pero los fines de semana las reglas cambian y se te permite aflojar un poco teniendo en cuenta que la vida se interpone en el camino.

Pero eso no es vida en absoluto. Cuando echas un vistazo a esa clase de agenda, se te pide que lleves una dieta estricta entre semana, los días que es posible que necesites más energía. Entretanto, se te permite comer más los fines de semana, dos días en los que puede que estés algo menos activo —y requieras menos calorías— porque te relajas tras una larga semana de trabajo. Por otro lado, tu agenda de trabajo/vida quizá sea como la mía y la de mis clientes: trabajando en días determinados cuando la mayor parte de la gente libra (y viceversa), saliendo a la cancha cuando la mayoría se ponen el pijama u ocupados los siete días de la semana durante meses enteros antes de tener un respiro.

Lo que sé es esto: las exigencias nutricionales de todos son suyas, y pueden cambiar en un instante dependiendo de lo que la semana te plante por delante. Por eso no puedes dividir de manera arbitraria tu dieta en días de entre semana y días de fin de semana. En lugar de eso, resulta más inteligente categorizar tu semana pensando en el futuro y preguntándote si mañana va a ser un día de «alto rendimiento» o de «bajo rendimiento». En otras palabras, necesitas planear por adelantado y reconocer si:

- Tu cuerpo requerirá un poco más de energía mañana (para lo cual podrías prepararte hoy comiendo algunos carbohidratos más y completar tus reservas de glicógeno).
- O, dado que es posible que tu cuerpo no requiera tanta energía mañana, podría beneficiarse de comer un poco más limpio hoy y centrarse en proteínas magras para reconstruirse aún mejor que antes.

Por ejemplo, tal vez el lunes, el martes, el jueves y el sábado no tengas mucho entre manos. Pero el miércoles, el viernes y el domingo podrían ser los días más ajetreados de la semana. Quizá el miércoles tengas una gran presentación y necesites estar lo más alerta posible para plantarte delante de gente durante una hora. Y el viernes es cuando has planeado liberar estrés tras el trabajo con dos encuentros consecutivos con tu equipo en la liga de voleibol. Y luego está el domingo, el día en que por fin te has decidido a limpiar el garaje.

¿Me entiendes? Cada semana es distinta, y establecer esa división con tu dieta es una forma rápida de asegurarte de que quizá no tengas suficiente energía algunos días en que de verdad la necesitas, además de que te falten nutrientes para sanar otros cuando tu cuerpo requiere más. Aunque no seas atleta, pensar como uno —pensar un poco en qué podría necesitar tu cuerpo a la mañana siguiente y alterar la mezcla de macronutrientes (proteínas, carbohidratos complejos y grasas saludables) el día anterior para que esos nutrientes estén en tu sistema y listos para actuar— es lo único que hace falta.

Con el fin de darte tiempo suficiente para preparar ciertos platos o comidas, lo ideal sería que pudieras planificar por adelantado para calcular lo activo que esperas estar en los próximos tres días aproximadamente. Pero dado que a mis clientes a menudo les sorprenden situaciones en las que es posible que necesiten asistir a eventos, actividades o reuniones inesperadas, me gusta enseñar a las personas a pensar aún más a corto plazo y centrarse en el mañana.

En lugar de despertarte y preguntarte qué comerás ese día, quiero que adquieras práctica comiendo con un ojo puesto en cómo va a ser mañana para ti. En otras palabras, reconocer si necesitarás más energía para afrontarlo (porque va a ser más ajetreado de lo habitual) o más nutrientes para ayudar a tu cuerpo a sanar más rápido aprovechando un día típico y más relajado.

Si todo esto suena complejo, no lo es, o debería decir que no tiene por qué serlo. Aquí está la versión simplificada que recomiendo a mis clientes:

... entonces lo que quiero que hagas hoy es fortalecer los carbohidratos —en otras palabras, come un poco más de carbohidratos complejos de lo recomendado en el capítulo 4— para asegurarte de que tanto tu cerebro como tu cuerpo tienen más energía de la habitual al día siguiente.

¿Qué considero yo un día de alto rendimiento? Es básicamente uno con un acontecimiento que crees que requerirá una cantidad significativa de energía, ya sea física o mental, durante al menos noventa minutos o más.

Ahora bien, sé qué vas a decirme: «Mike, todos mis días son así». Por supuesto, todos nos sentimos así a veces. Y claro, hay semanas en las que nos matamos trabajando siete días a la semana. Pero cuando sinceramente das un paso atrás y miras los días que tienes por delante, no cuesta identificar cuáles serán un poco más intensos. Hay algunos en los que necesitas hacerlo lo mejor posible en lo que se refiere a tu energía porque podría tener un impacto negativo en tu vida si no lo haces. Esos son los que yo consideraría de alto rendimiento.

Entonces ¿qué comerías el día antes de uno de alto rendimiento? Puede que ya estés familiarizado con la expresión «carga de carbohidratos», una táctica que muchos atletas utilizan antes de pruebas de resistencia, en especial las que duran más de noventa minutos, como medias maratones, maratones, carreras de bici de larga distancia, etcétera. Es básicamente un proceso en el que los atletas reducen y/o se alejan de la actividad/el ejercicio mientras consumen más carbohidratos de lo normal a lo largo de tres a seis días. ¿Para qué? Para reforzar el glicógeno almacenado en su cuerpo por encima de su capacidad normal, de modo que tenga un poco más de energía para el día de las carreras.

Eso, por cierto, no es lo que voy a pedirte que hagas. En cambio, lo que puedes probar (si sientes curiosidad) es solo modificar un pelín tus comidas y tentempiés el día antes de uno de alto rendimiento tomando más carbohidratos de lo habitual solo para asegurarte de que tus reservas de glicógeno están llenas.

Así, en lugar de tomar uno de los siguientes en todas las comidas o tentempiés...

- Una porción de proteínas de alta calidad
- Una porción de carbohidratos complejos
- Una porción de grasas saludables

... vas a comer como de costumbre todo el día hasta la cena, y es entonces cuando cambiarás la mezcla por:

- Una porción de proteínas de alta calidad
- Dos porciones de carbohidratos complejos (idealmente de cereales o frutas y verduras con mayor contenido calórico)
- Una porción de grasas saludables

Si mañana vas a tener un día de bajo rendimiento...

... entonces lo que quiero que hagas hoy es limitar los carbohidratos de alta densidad y cargar más proteínas magras para fortalecer tu cuerpo con una mayor cantidad de lo que necesita para reconstruirse.

¿Qué considero un día de «bajo rendimiento»? Yo diría que es uno en el que no esperas que surjan grandes sorpresas que requieran mucho ejercicio físico o una capacidad intelectual seria, un día en que sabes que estarás relajado más que acelerado.

El día anterior al de bajo rendimiento, comerás lo habitual toda la jornada hasta la cena, y entonces cambias las cosas de la siguiente forma:

- Dos porciones de proteínas de alta calidad
- Una porción de carbohidratos complejos (estrictamente de verdura baja en calorías)
- Una o dos porciones de grasas saludables

Si no tienes ni idea de qué tipo de día será mañana...

... entonces lo que quiero que hagas hoy es ceñirte al plan de juego original y comer lo siguiente en todas las comidas o tentempiés:

- Una porción de proteínas de alta calidad
- Una porción de carbohidratos complejos (de tu elección)
- Una porción de grasas saludables

Últimas cuestiones

¿Es una ciencia exacta? ¡No! Y, de hecho, espero que algunos nutricionistas descarten esta solución de prepararte para el día siguiente. Pero te desafío a encontrar un método de alimentación con el que todos los nutricionistas estén de acuerdo, porque todo el mundo afronta el hecho de comer de un modo distinto.

¿Siempre sentirás una gran diferencia? A veces lo harás, pero algunos días los efectos podrían ser tan solo ligeros. No obstante, cada poquito extra ayuda.

Por último, ¿tienes que probarlo? En absoluto, en especial si sientes que solo hará tu día más desafiante o confuso. El método habitual te ofrecerá una aproximación bastante decente. La mayoría de mis clientes creen que esta pequeña modificación es de ayuda si lo prueban. Solo quiero que sepas que si decides ceñirte a la fórmula original y no factorizar los días de alto rendimiento frente a los de bajo rendimiento, aún estarás comiendo una mezcla de macronutrientes que, por sí solos, ya te están dando ventaja gracias a la abundancia de vitaminas, minerales, fibra y nutrientes cruciales que sustentan el rendimiento, la salud y la longevidad.

Menús

Para que te resulte aún más fácil obtener combustible sin tener que pensar demasiado, le pedí a la chef Mary Shenouda —una de las chefs y asesoras nutritivas más solicitadas en el negocio— algunas recetas únicas que plasmen mi filosofía de día de bajo/alto rendimiento.

La chef Mary ha trabajado con algunas de las figuras más importantes del deporte y el entretenimiento, a las que continúa asesorando. Entre ellos se incluyen algunos jugadores de los Golden State Warriors (contribuyó a su triunfo en el campeonato de la NBA de 2022), el jugador de fútbol Javier «Chicharito» Hernández, la galardonada por la Academia Lupita Nyong'o, la superestrella de la WWE Mike «The Miz» Mizanin, y muchas otras celebridades a través de EPC Performance, su consultoría.

Mary también es la creadora y fundadora de Phat Fudge (su línea de nutrición de rendimiento) y la presentadora del pódcast *Eat Play Crush*, que se centra en acercarnos el bienestar y el rendimiento a través de entrevistas con expertos. Además, la chef

Mary formula productos para las marcas Primal Kitchen y Safe Harvest, distribuidas por todo Estados Unidos, ha colaborado en varios best sellers (entre ellos *Una vida genial*, *Genius Kitchen* y *How to Conceive Naturally: And Have a Healthy Pregnancy After 30*), además de como asesora para marcas como Nike, Oura Health y Hyperice.

Al trabajar con un equipo de médicos, fisioterapeutas, profesionales centrados en distintas especialidades, nutricionistas y tecnologías del rendimiento, la chef Mary es tan apasionada como yo acerca de ayudar a individuos a alcanzar todo su potencial y cree que la nutrición es el pilar fundacional para llegar al éxito. Su capacidad para identificar y hacerse cargo de las necesidades nutricionales y de recuperación específicas de sus clientes a un nivel de micronutrientes —y luego, crear comidas deliciosas que les ayuden a rendir al máximo— es el motivo por el que fue mi primera opción para crear las mejores recetas posibles para este libro.

Una nota de la chef Mary Shenouda

Cuando Mike me pidió que contribuyera en este libro, fue un sí fácil. Aparte de que se trata de un ser humano sólido como una roca, hay pocos profesionales tan comprometidos con su trabajo a la vez que son tan generosos con su tiempo y experiencia como Mike, y por eso me alegro tanto de compartir estas recetas contigo. Utilízalas como guía para otras formas potenciales de incorporar su filosofía dietética a tu vida al tiempo que te diviertes en la cocina para comer bien, darlo todo en el juego y triunfar en la vida. ¡Fíate de tu estómago!

Pudin nocturno de chía (dulce)

PARA 1 RACIÓN

Calorías: 200-300

Proteínas 10-15 gramos

Carbohidratos: 30-35 gramos

Grasas: 10-15 gramos

Este desayuno consiste en apenas unos ingredientes simples y puede prepararse con tiempo, de modo que es una opción perfecta para llevar. Las semillas de chía son una gran fuente de proteínas, fibra y ácidos grasos omega-3, lo que las convierte en una forma de empezar el día rica en nutrientes.

Ingredientes

- 3 cucharadas de semillas de chía
- 1 taza de leche de almendras sin edulcorar (o cualquier leche sin lactosa)
- 1 cucharada de miel o sirope de arce, y un poco más al gusto
- ¼ de cucharadita de extracto de vainilla
- fruta fresca y frutos secos, para servir

Instrucciones

1. En un cuenco o tarro pequeño, incorpora las semillas de chía, la leche de almendras, la miel o el sirope de arce y el extracto de vainilla. Mezcla bien.
2. Cubre el cuenco o tarro y refrigera durante la noche o al menos cuatro horas, hasta que las semillas de chía hayan absorbido el líquido y adquirido una consistencia similar al pudin.
3. Remueve el pudin de chía antes de servir y ajusta el dulzor si lo deseas. Cubre con fruta fresca o frutos secos de tu elección.
4. Disfrútalo frío.

Tortitas de plátano sin gluten (dulces)

PARA 2 TORTITAS (1 RACIÓN)

Calorías: 300-330   Carbohidratos: 40-45 gramos
Proteínas: 10-15 gramos   Grasas: 10-15 gramos

Estas tortitas de plátano sin gluten son una gran forma de empezar el día. Están repletas de proteínas y carbohidratos, lo que te proporcionará la energía que necesitas para impulsarte a lo largo de la jornada.

Los plátanos de estas tortitas son una buena fuente de potasio, un mineral importante para la función muscular. Los huevos también proporcionan proteínas, esenciales para reparar y construir tejido muscular. Y la harina de avena es una buena fuente de fibra, que te ayudará a sentirte saciado y satisfecho.

Ingredientes

1 plátano maduro triturado
2 huevos
¼ de taza de harina de avena sin gluten
¼ de cucharadita de levadura en polvo
¼ de cucharadita de extracto de vainilla
una pizca de sal
aceite para engrasar la sartén
frutos del bosque y un chorrito de miel para servir

Instrucciones

1. En un bol, incorpora el plátano triturado, los huevos, la harina de avena, la levadura, el extracto de vainilla y la sal. Remueve hasta que quede bien mezclado.
2. Calienta una sartén antiadherente o una plancha pequeñas a fuego medio y engrásala ligeramente con aceite o pulverízalo.
3. Vierte la mitad de la mezcla de tortitas en la sartén. Cocina durante 2 o 3 minutos hasta que se formen burbujas en la superficie, luego dale la vuelta y cocina de 1 a 2 minutos más hasta que adquiera un tono tostado dorado.
4. Repite con la mezcla restante.
5. Sirve las tortitas con frutos del bosque frescos y un chorrito de miel.

Cuenco de batido verde (dulce)

PARA 1 RACIÓN

Calorías: 300-350

Proteínas: 10-15 gramos

Carbohidratos: 40-45 gramos

Grasas: 10-15 gramos

Este batido verde está repleto de nutrientes que alimentan tu cuerpo para un día de actividad. El plátano proporciona dulzor natural y cremosidad, mientras que las hojas de espinaca o de kale añaden una inyección de vitaminas, minerales y antioxidantes. La leche de almendras, la mantequilla de almendras y las semillas de chía también proporcionan proteínas y grasas saludables para que te sientas saciado y satisfecho.

Ingredientes

1 plátano congelado

1 taza de hojas de espinacas o kale

½ taza de leche de almendras sin edulcorar o cualquier otra leche sin lactosa, más si es necesario

1 cucharada de mantequilla de almendras o de cacahuete

1 cucharada de semillas de chía

fruta fresca cortada, coco rallado, muesli y/o frutos secos para cubrir

Instrucciones

1. En una batidora, incorpora el plátano congelado, las hojas de espinaca o kale, la leche de almendras, la mantequilla de almendras o cacahuete y las semillas de chía. Mezcla hasta que adquiera una textura suave y cremosa. Añade más leche de almendras si es necesario para alcanzar la consistencia deseada.

2. Vierte el batido en un cuenco. Cubre con fruta fresca cortada, coco rallado, muesli y/o frutos secos.

3. Disfruta a cucharadas.

Tortilla de boniato y hortalizas con clara de huevo (salado)

PARA 1 RACIÓN

Calorías: 450-480

Proteínas: 36 gramos

Carbohidratos: 50-60 gramos

Grasas: 20-25 gramos

Este cuenco es una gran forma de empezar el día antes de hacer ejercicio. Los boniatos son una buena fuente de fibra y betacarotenos, un antioxidante que ayuda a evitar el deterioro de las células. El resto de las hortalizas añaden aún más nutrientes, y las claras de huevo proporcionan proteínas sin muchas grasas, mientras que incluir una yema de huevo ayuda con la digestión en general.

Ingredientes

1 boniato grande (250 g)

¼ de taza de pimiento rojo troceado

¼ de taza de espinacas troceadas

¼ de taza de champiñones laminados

¼ de taza de tomates en dados

3 claras de huevo

1 huevo entero

sal y pimienta al gusto

1 cucharada de aceite de oliva virgen extra

fruta fresca para servir

Instrucciones

1. Pela y trocea el boniato en dados de 1 cm aproximadamente. Saltea a fuego medio, tapado, con el aceite durante 2 o 3 minutos.

2. Añade el pimiento, las espinacas, los champiñones y los tomates. Saltea durante 2 o 3 minutos hasta que las verduras se ablanden.

3. En un cuenco mediano, bate las claras y el huevo entero hasta que se forme una espuma ligera. Salpimienta.

4. Vierte los huevos sobre las verduras salteadas en la sartén. Deja que se cocine 2 o 3 minutos hasta que los bordes estén firmes.

5. Dobla con cuidado la tortilla y cocina 1 minuto más hasta que esté del todo hecha.

6. Sirve caliente junto con fruta fresca.

Cuenco de desayuno de quinoa y frutos del bosque (dulce)

PARA 1 RACIÓN

Calorías: 400-450

Carbohidratos: 60-70 gramos

Proteínas: 15-20 gramos

Grasas: 10-15 gramos

Este cuenco de quinoa para el desayuno está repleto de proteínas, fibra y carbohidratos complejos que hacen que te sientas saciado y energizado toda la mañana. También es una gran fuente de antioxidantes y vitaminas gracias a los frutos del bosque y las semillas de chía.

Ingredientes

½ taza de quinoa cocinada

¼ de taza de leche de almendras sin edulcorar

1 cucharada de miel o sirope de arce

¼ de taza de frutos del bosque (como arándanos, fresas y frambuesas)

1 cucharada de semillas de chía

1 cucharada de almendras laminadas

1 cucharadita de canela molida (opcional)

Instrucciones

1. En una sartén pequeña a fuego bajo, calienta la quinoa cocida y la leche de almendras durante 1 o 2 minutos. Incorpora la miel o el sirope de arce hasta que quede bien mezclado.

2. Viértelo a un cuenco para servir. Cubre con los frutos del bosque, las semillas de chía y las almendras laminadas. Espolvorea con canela si lo deseas.

3. Disfruta caliente o frío.

Postre helado de yogur griego (dulce)

PARA 1 RACIÓN

Calorías: 300-350

Carbohidratos: 30-35 gramos

Proteínas: 20-25 gramos

Grasas: 10-15 gramos

Esta receta es una gran fuente de proteínas que te ayudará a sentirte saciado y con energía a lo largo de toda la mañana. La fruta proporciona vitaminas y minerales esenciales, y el muesli añade fibra y grasas saludables.

Ingredientes

1 taza de yogur griego natural o de origen vegetal

½ taza de fruta fresca variada (como frutos del bosque, plátano en rodajas y mango troceado)

2 cucharadas de muesli sin gluten

1 cucharada de miel o sirope de arce

1 cucharada de copos de coco sin edulcorar (opcional)

Instrucciones

1. En un vaso o cuenco pequeño, extiende la mitad del yogur griego en el fondo. Añade la mitad de la fruta fresca variada por encima.

2. Esparce 1 cucharada del muesli sobre la fruta. Añade media cucharada de miel encima.

3. Repite las capas con los ingredientes restantes. Corona con los copos de coco si lo deseas.

4. Disfruta inmediatamente.

Wraps de lechuga con gambas picantes
PARA 4 WRAPS (1 RACIÓN)

Calorías: 280

Carbohidratos: 8 gramos

Proteínas: 25 gramos

Grasas: 15 gramos

Una opción ácida y refrescante para un almuerzo bajo en carbohidratos y alto en proteínas. Las gambas están aderezadas con una mezcla de especias irresistible. Envueltos en hojas de lechuga, estos wraps son bajos en calorías y sin gluten. Es una comida satisfactoria y perfecta para un día de baja actividad en el que busques un almuerzo más ligero.

Ingredientes

1 cucharadita de aceite de oliva virgen extra

½ cucharadita de pimentón

¼ de cucharadita de pimienta de cayena

¼ cucharadita de ajo en polvo

sal y pimienta al gusto

8 gambas grandes, peladas y desvenadas

4 hojas grandes de lechuga

¼ de taza de tomates en dados

¼ de taza de cebollas rojas troceadas

2 cucharadas de cilantro fresco picado

1 cucharada de zumo de lima fresca

salsa picante o sriracha

Instrucciones

1. En un cuenco, incorpora el aceite de oliva, el pimentón, la pimienta de cayena, el ajo en polvo, la sal y la pimienta. Añade las gambas a la mezcla picante y remueve hasta que queden cubiertas de manera homogénea.

2. Calienta una sartén antiadherente a fuego medio. Incorpora las gambas y cocina durante 2 o 3 minutos por cada lado hasta que queden rosas y opacas. Una vez cocinadas, retíralas de la sartén y deja que se enfríen ligeramente.

3. Coloca unas gambas en el centro de una hoja de lechuga. Añade los tomates, las cebollas, el cilantro y un chorrito de zumo de lima.

4. Repite con el resto de las hojas de lechuga y las gambas. Puedes añadir un chorrito de salsa picante o sriracha si deseas un sabor más intenso.

5. Enrolla las hojas de lechuga, ¡y a disfrutar!

Ensalada griega de pollo

PARA 1 RACIÓN

Calorías: 350   Carbohidratos: 10 gramos
Proteínas: 30 gramos   Grasas: 20 gramos

Repleta de ingredientes frescos y cargada de proteínas, esta es una opción de comida saludable y saciante. El pollo tierno a la parrilla se combina con pepino crujiente, jugosos tomates, queso feta y un aliño griego casero. Esta ensalada sin gluten, baja en carbohidratos, es perfecta para un día de baja actividad cuando tienes como objetivo una comida más ligera sin sacrificar el sabor.

Ingredientes

2 tazas de hojas de ensalada variadas

1 pechuga de pollo pequeña, deshuesada y sin piel (unos 100 g), asada y cortada en tiras

½ pepino en rodajas

½ taza de tomates cherry cortados por la mitad

¼ taza de queso feta desmenuzado o alternativa de origen vegetal

2 cucharadas de aceitunas kalamata sin hueso y picadas

2 cucharadas de cebolla roja picada

2 cucharadas de perejil fresco picado

Aliño griego

2 cucharadas de aceite de oliva virgen extra

1 cucharada de zumo de limón recién exprimido

1 cucharadita de vinagre de vino tinto

½ cucharadita de orégano seco

sal y pimienta al gusto

Instrucciones

1. En un cuenco grande, incorpora las hojas de ensalada, el pollo, el pepino, los tomates cherry, el queso feta, las aceitunas kalamata, la cebolla y el perejil.

2. En un cuenco pequeño, bate el aceite de oliva con el zumo de limón, el vinagre, el orégano, sal y pimienta.

3. Esparce el aliño por la ensalada y remueve con suavidad para cubrir todos los ingredientes.

4. ¡Sirve de inmediato!

Fideos de calabacín salteados con tempeh

PARA 1 RACIÓN

Calorías: 300
Proteína: 25 gramos

Carbohidratos: 15 gramos
Grasas: 18 gramos

Sustituir los fideos tradicionales por los de calabacín te permite disfrutar de una comida sin gluten y baja en carbohidratos. El tempeh añade una fuente de proteínas de origen vegetal y la colorida gama de verduras proporciona nutrientes esenciales. Este plato es ligero pero sabroso y saciante, perfecto para un día de actividad baja.

Ingredientes

1 cucharada de aceite de sésamo
100 g de tempeh en dados
2 dientes de ajo picado
1 pimiento rojo troceado
1 zanahoria en juliana
½ taza de guisantes
2 cebolletas cortadas
2 cucharadas de salsa de soja o tamari sin gluten
1 cucharada de vinagre de arroz
½ cucharadita de jengibre fresco rallado
¼ de cucharadita de pimienta roja en escamas (opcional)
1 calabacín grande cortado en tiras como fideos
1 cucharada de semillas de sésamo como decoración

Instrucciones

1. En una sartén grande o wok, calienta el aceite de sésamo a fuego medio. Añade el tempeh y cocina hasta que adquiera un color tostado dorado por todos lados. Retira el tempeh de la sartén y reserva.

2. En la misma sartén, añade el ajo, el pimiento rojo, la zanahoria, los guisantes y las cebolletas. Sofríe durante 2 o 3 minutos, hasta que las verduras estén ligeramente tiernas.

3. En un cuenco pequeño, bate la salsa de soja o tamari, el vinagre de arroz, el jengibre rallado y la pimienta roja, si lo deseas. Vierte la salsa sobre los vegetales salteados y remueve.

4. Añade los fideos de calabacín y el tempeh a la sartén. Remueve todo con suavidad y rehoga 2 minutos más hasta que los fideos estén tiernos pero aún tengan un ligero punto crujiente. Retira del fuego y esparce las semillas de sésamo. Sírvelo aún caliente.

Cuenco de quinoa con pollo y aguacate

PARA 1 RACIÓN

Calorías: 600

Carbohidratos: 43 gramos

Proteínas: 34 gramos

Grasas: 50 gramos

Esta delicia sin gluten está repleta de carbohidratos complejos y proteínas moderadas para impulsar tu día de alta actividad. Empieza con una base de esponjosa quinoa y coloca encima los muslos de pollo asado, boniatos asados y brócoli al vapor. Cúbrelo todo con aguacate y unas almendras para hacerlo más crujiente. La vinagreta de limón le dará un dejo fuerte y picante que deleitará a tus papilas gustativas.

Ingredientes

1 taza de quinoa cocida en caldo

2 muslos de pollo asados, deshuesados y sin piel (150 g), troceados

1 taza de boniato asado en dados

1 taza de brócoli al vapor

¼ de taza de aguacate cortado en rodajas

2 cucharadas de almendras picadas

1 cucharada de zumo de limón

1 cucharada de aceite de oliva virgen extra

sal y pimienta al gusto

Instrucciones

Mezcla todos los ingredientes y disfruta.

Fletán al limón con patatas asadas

PARA 1 RACIÓN

Calorías: 500

Proteínas: 23 gramos

Carbohidratos: 80 gramos

Grasas: 15 gramos

Esta receta es simple, aunque tiene sabores sofisticados. Imagina: fletán tierno, infusionado con la esencia del limón y del orégano, sobre un lecho de patatas alargadas asadas y crujientes. Los jugosos tomates rebosan dulzor, mientras las sabrosas alcaparras añaden su toque. Es un equilibrio perfecto de texturas y sabores que se funden en una sola sartén para que luego puedas limpiar con facilidad.

Ingredientes

1 kg de patatas alargadas cortadas por la mitad

aceite de oliva virgen extra

sal y pimienta

¼ cucharadita de orégano seco

1 limón en rodajas

450 g de tomates en rama

1 cucharada de perejil fresco picado

1 cucharada de alcaparras

Instrucciones

1. Coloca la rejilla en el horno a media altura y precalienta a 230 °C.

2. En un cuenco, introduce las patatas con dos cucharadas de aceite de oliva, ½ cucharadita de sal y ¼ cucharadita de pimienta.

3. En una bandeja de horno, coloca las patatas con el corte hacia abajo y asa hasta que estén ligeramente doradas, de 15 a 22 minutos.

4. Entretanto, haz un paquete de papel de aluminio y coloca el fletán dentro (busca online cómo) y luego añade un poco de aceite de oliva, el orégano, una pizca de sal, una rodaja de limón y los tomates.

5. Retira la bandeja del horno, coloca el fletán encima de las patatas y hornea 10 o 15 minutos más.

6. Retira la bandeja del horno. Abre el paquete de papel de aluminio con cuidado. Saca el fletán del paquete y vierte el resto de los jugos y tomates sobre las patatas.

7. Sírvelo todo con unas rodajas más de limón, el perejil y las alcaparras.

Cuencos de lechuga y lentejas rojas

PARA 1 RACIÓN

Calorías: 460
Proteínas: 18 gramos

Carbohidratos: 62 gramos
Grasas: 18 gramos

Las lentejas sustanciosas, infusionadas con cálidas especias y un toque de cáscara de limón, ofrecen un bocado satisfactorio, y las verduras frescas y el yogur cremoso proporcionan un contraste delicioso en textura y sabor... Estos cuencos de lechuga y lentejas rojas sientan de maravilla.

Ingredientes

¼ de taza de aceite de oliva virgen extra
1 cebolla dulce picada
½ pimiento rojo cortado fino
½ cucharadita de sal marina, y un poco más al gusto
1 cucharada de harissa
1 cucharada de concentrado de tomate
½ taza de fonio o quinoa
2 tazas de caldo de huesos
½ taza de lentejas rojas secas
1 cucharada de zumo de limón recién exprimido
¼ taza de perejil fresco picado
pimienta negra al gusto
½ cogollo de lechuga bibb
⅔ de taza de yogur natural o de origen vegetal para servir
rodajas de limón para servir

Instrucciones

1. En una sartén grande, calienta el aceite de oliva a fuego medio. Rehoga la cebolla, el pimiento y la sal hasta que las verduras empiecen a dorarse.
2. Añade la harissa y el tomate concentrado, removiendo hasta que se integren bien.
3. Agrega el fonio o la quinoa y el caldo de huesos y lleva a ebullición. Baja el fuego y cuécelo hasta que esté tierno.
4. Lava las lentejas, añádelas, tapa la sartén y cocina entre 8 y 10 minutos, removiendo ocasionalmente, hasta que estén tiernas.
5. Retira la sartén del fuego y deja reposar durante 10 minutos.
6. Añade el zumo de limón y el perejil, y sazona con sal y pimienta negra.
7. Para servir, dispón la mezcla de lentejas en cuencos de lechuga y sirve con yogur y rodajas de limón.

Albóndigas de pavo sin gluten con calabaza espagueti
PARA 4 RACIONES

Calorías: 420

Proteínas: 30 gramos

Carbohidratos: 34 gramos

Grasas: 16 gramos

Esta receta le da un toque más sano al plato clásico de espaguetis con albóndigas. Las albóndigas de pavo están hechas de pan rallado sin gluten y horneadas en lugar de fritas, mientras que la calabaza espagueti es una gran alternativa baja en carbohidratos a la pasta. Esta receta también es una buena fuente de proteínas y fibra, y una opción relativamente baja en grasas.

Ingredientes

450 g de carne picada de pavo

½ taza de pan rallado sin gluten

1 huevo batido

¼ de taza de parmesano rallado o alternativa de origen vegetal

1 cucharadita de condimento italiano

½ cucharadita de sal

¼ de cucharadita de pimienta

½ taza de salsa marinara

1 calabaza espagueti mediana, asada y vaciada con tenedor (haz una búsqueda online para ver cómo)

Instrucciones

1. Precalienta el horno a 200 ºC.

2. En un cuenco grande, incorpora el pavo picado, las migas, el huevo, el parmesano, el condimento italiano, la sal y la pimienta. Mezcla hasta obtener una masa homogénea.

3. Con las manos mojadas, forma con la mezcla de pavo albóndigas de 2,5 cm y colócalas en una bandeja de horno. Hornea entre 18 y 20 minutos.

4. Vuelca las albóndigas con la salsa marinara y sirve con calabaza espagueti.

Sabrosa carne de ternera con macarrones

PARA 1 RACIÓN

Calorías: 530

Carbohidratos: 66 gramos

Proteínas: 35 gramos

Grasas: 16 gramos

Un plato sustancioso ideal para una cena rápida y fácil entre semana. Está lleno de proteínas y fibra, es bajo en carbohidratos y no contiene gluten, así que es perfecto para personas con restricciones dietéticas.

Ingredientes

½ cebolla dulce troceada

3 cucharadas de aceite de oliva virgen extra

1 tomate troceado

1 diente de ajo picado

1 cucharadita de café finamente molido

1 cucharada de chile en polvo, y un poco más al gusto

½ cucharadita de clavo molido, y un poco más al gusto

1 cucharadita de sal, y un poco más al gusto

180 g de carne picada de ternera

2 cucharadas de tomate concentrado

1 cucharada de aminos de coco o salsa de soja (a ser posible tamari, la versión sin gluten)

½ limón

1 taza de macarrones sin gluten, cocidos

Instrucciones

1. En una cazuela grande, dora la cebolla en el aceite de oliva a fuego medio.

2. Añade el tomate y cocina hasta que esté blando.

3. Incorpora el ajo picado, el café, el chile en polvo, los clavos y la sal, y rehoga hasta que estén fragrantes.

4. Añade la carne picada y, con un tenedor o un pasapurés, deja que se cocine mientras majas la carne para evitar que se formen grumos hasta que se dore ligeramente.

5. Añade el tomate concentrado, la salsa de soja o aminos de coco y una taza de agua. Cuece a fuego medio 15 minutos.

6. Apaga el fuego y, si es necesario, añade más sal y especias al gusto.

7. Sirve con un chorrito de limón sobre los macarrones cocidos.

Albóndigas de cordero fáciles

PARA 4 RACIONES

Calorías: 60

Proteínas: 23 gramos

Carbohidratos: 2 gramos

Grasas: 17 gramos

Estas albóndigas de cordero tiernas y rebosantes de sabor están cargadas de proteínas y grasas saludables, lo que las hace una opción de comida satisfactoria y nutritiva. Con solo un puñado de ingredientes y un tiempo de preparación mínimo, puedes elaborar un plato delicioso perfecto para una cena rápida entre semana.

Ingredientes

½ kg de cordero picado

2 cucharadas de yogur griego natural o sin lactosa

2 dientes de ajo picados

1 cucharadita de sal marina

½ cucharadita de pimienta

1 cucharadita de cebolla en polvo

1 cucharadita de comino molido

1 cucharadita de canela molida

½ taza de perejil picado, y un poco más para servir

2 cucharadas de aceite de oliva virgen extra

1 limón en rodajas para servir

Instrucciones

1. Pon la rejilla del horno a media altura. Precaliéntalo a 190 °C.

2. En un bol grande, mezcla el cordero, el yogur, el ajo, la sal, la pimienta, la cebolla en polvo, el comino, la canela, el perejil y el aceite de oliva.

3. Con una cuchara para helados, forma porciones iguales de la mezcla y colócalas en un plato.

4. Con las manos húmedas, dales forma redondeada de albóndiga y colócalas en un papel para horno. Hornea de 15 a 18 minutos hasta que estén ligeramente doradas.

5. Sirve con rodajas recién cortadas de limón y más perejil.

Salmón con mantequilla de coco y verduras asadas
PARA 4 RACIONES

Calorías: 450

Proteínas: 40 gramos

Carbohidratos: 25 gramos

Grasas: 20 gramos

Esta receta no es solo rápida y fácil de hacer, también está llena de proteínas y grasas saludables y es una gran forma de obtener tu dosis diaria de verduras.

Ingredientes

1 cucharada de aceite de oliva virgen extra

1 cucharadita de sal

½ cucharadita de pimienta

½ cucharadita de zumo de limón recién exprimido

450 g de filete de salmón con piel

1 cucharada de mantequilla de coco

1 brócoli, cortado en arbolitos

2 zanahorias peladas y cortadas

1 calabacín cortado

Instrucciones

1. Precalienta el horno a 200 °C. Coloca papel para hornear en una bandeja.

2. En un cuenco pequeño, combina el aceite de oliva, la sal, la pimienta y el zumo de limón.

3. Frota la mezcla por todo el filete de salmón y colócalo en la bandeja. Desmenuza la mantequilla de coco de forma uniforme sobre el salmón y coloca el brócoli, las zanahorias y los calabacines alrededor.

4. Hornea durante 20 o 25 minutos, o hasta que el salmón esté cocinado y las verduras estén tiernas.

5. Sirve inmediatamente.

Salteado de pollo sin gluten

PARA 2 RACIONES

Calorías: 400
Proteínas: 30 gramos

Carbohidratos: 40 gramos
Grasas: 15 gramos

Esta receta es una gran forma de obtener tu dosis diaria de verduras y también constituye una buena fuente de proteínas.

Ingredientes

1 cucharada de aceite de oliva virgen extra
sal
450 g de pechugas de pollo deshuesadas sin piel cortadas en pedacitos
1 cebolla picada
2 zanahorias peladas y cortadas
1 brócoli cortado en arbolitos
1 cucharadita de jengibre picado
2 dientes de ajo picados
¼ de taza de aminos de coco
¼ de taza de caldo de pollo

Instrucciones

1. En una sartén grande o wok, calienta el aceite de oliva a fuego medio.
2. Sala ligeramente los trozos de pollo y añádelos a la sartén. Sofríe el pollo, removiendo de vez en cuando, hasta que quede dorado de manera uniforme.
3. Añade el ajo, la cebolla, las zanahorias, el brócoli y el jengibre, y cocina hasta que las verduras estén tiernas pero crujientes.
4. En un cuenco pequeño, bate el aminos de coco, el caldo de pollo y una cucharada de agua. Añade la mezcla a la sartén y cocina hasta que se espese.
5. Sirve inmediatamente sobre arroz.

Arroz con pollo en una sola cazuela

PARA 1 RACIÓN

Calorías: 490

Carbohidratos: 70 gramos

Proteínas: 25 gramos

Grasas: 12 gramos

Un plato fácil de cazuela de arroz con pollo preparado con especias sabrosas, cebollas y pimientos. Este plato es ideal para cocinar una buena cantidad y tener suficiente para unos días.

Ingredientes

4 dientes de ajo picados

½ cucharadita de pimentón

½ cucharadita de cilantro molido

¼ cucharadita de orégano seco

¼ de cucharadita de comino molido

¼ de cucharadita de sal marina

180 g de muslos de pollo deshuesados sin piel

1 cucharada de aceite de oliva virgen extra

1 cebolla dulce picada

1 pimiento verde picado

¼ de taza de arroz o quinoa

caldo (el que requiera el cereal elegido)

2 tomates cortados

pimienta negra y sal al gusto

2 cucharadas de cilantro picado para servir

1 lima en rodajas para servir

Instrucciones

1. En un cuenco mediano, incorpora el ajo, el pimentón, el cilantro, el orégano, el comino y la sal. Reserva la mitad de esta mezcla.

2. Corta el pollo en dados, échalos en el primer cuenco de especias y remueve para impregnarlos.

3. En una sartén grande, calienta el aceite de oliva a fuego medio. Agrega la cebolla y el pimiento y cocina hasta que estén ligeramente dorados.

4. Añade el arroz o la quinoa y las especias reservadas y remueve para que se integren bien durante unos 30 segundos. Incorpora el caldo y los tomates, mezclándolo muy bien.

5. Llévalo a hervor. Añade el pollo y reduce el fuego. Tapa y hierve a fuego lento durante unos 15 minutos o hasta que el arroz o la quinoa esté blando.

6. Retira del fuego y deja reposar durante 10 minutos.

7. Antes de servir, sazona con sal y pimienta y decora con el cilantro fresco y la lima.

Batido de chocolate y remolacha
PARA 1 RACIÓN

Calorías: 300   Carbohidratos: 40 gramos
Proteínas: 15 gramos   Grasas: 15 gramos

Este batido es ideal para antes de entrenar porque proporciona un equilibrio de grasas, proteínas y carbohidratos. La remolacha y el cacao en polvo también suman algunos beneficios para la salud, entre ellos un mejor flujo sanguíneo y una mayor resistencia.

Ingredientes
1 taza de plátano congelado troceado
¼ de taza de remolacha cocida en dados
1 cucharada de cacao en polvo
1 cucharada de semillas de chía
1 dátil sin semillas
½ taza de leche de almendras sin edulcorantes
1 cacito de proteína de chocolate en polvo (opcional)
30 ml de café fuerte (opcional, para obtener más energía)

Instrucciones
Incorpora todos los ingredientes en una batidora y bate hasta que la mezcla adquiera una textura homogénea.

Batido de recuperación de fresa y cereza
PARA 1 RACIÓN

Calorías: 300

Proteínas: 20 gramos

Carbohidratos: 40 gramos

Grasas: 10 gramos

Las cerezas tienen muchos compuestos polifenoles antioxidantes y antiinflamatorios que aceleran la recuperación de la fuerza tras el ejercicio. La proteína en polvo en este batido ayuda a construir y reparar el tejido muscular, mientras que los carbohidratos restauran la energía en el cuerpo.

Ingredientes
1 taza de fresas congeladas
1 taza de cerezas congeladas
½ taza de leche de almendras
   sin edulcorantes
1 cacito de proteína de
   vainilla en polvo
1 cucharada de semillas de
   lino
1 cucharada de semillas de
   chía
½ cucharadita de canela
   molida
hielo al gusto

Instrucciones
Combina todos los ingredientes en una batidora y mezcla hasta que quede una textura homogénea.

Barritas de muesli con nueces, cereza y pepitas de chocolate
PARA 6 O 7 BARRITAS

Calorías: 210

Carbohidratos: 31 gramos

Proteínas: 3 gramos

Grasas: 9 gramos

Con esta receta que solo usa ingredientes integrales sabrás qué contienen exactamente tus barritas de muesli de antes de entrenar.

Ingredientes

1 ¼ tazas de copos de avena
sin gluten

²/₃ de taza de nueces

½ taza de arándanos
deshidratados picados

½ taza de pipas de girasol
crudas

¼ de taza de pepitas de
chocolate semidulces

½ cucharadita de sal marina

½ cucharadita de canela
molida

2 cucharadas de mantequilla
de almendras

½ taza de dátiles
deshidratados, deshuesados
e hidratados en agua
caliente

Instrucciones

1. En un procesador de alimentos, tritura la avena, las nueces, los arándanos, las pipas de girasol, las pepitas de chocolate, la sal marina y la canela hasta que se mezclen y se rompan en pedacitos más pequeños.

2. Añade la mantequilla de almendras y los dátiles. Bate hasta que la mezcla forme una pasta y empiece a pegarse, posiblemente formando una bola.

3. Sobre papel vegetal, extiende la bola y córtala de manera uniforme para obtener unas 6 o 7 barritas.

4. Enfría para que adquiera consistencia y guarda las barritas en el frigorífico.

Magdalenas de arándanos

12 MAGDALENAS

AÑADE UN CACITO DE TU COLÁGENO EN POLVO FAVORITO PARA
DARLES UN BUEN CHUTE DE PROTEÍNAS EXTRAS.

Calorías: 190

Proteínas: 4 gramos

Carbohidratos: 25 gramos

Grasas: 5 gramos

Ingredientes

3 tazas de harina paleo para hornear

1 cucharada de canela en polvo

1 cucharadita de bicarbonato de sodio

½ cucharadita de sal

4 cacitos de proteína en polvo de tu elección

3 huevos

¾ de taza de aceite de coco derretido

½ taza de miel

¾ de taza de arándanos azules

cáscara de limón para decorar

Instrucciones

1. Precalienta el horno a 180 °C. Forra con moldes de papel una bandeja para 12 magdalenas.

2. En un cuenco mediano, incorpora la harina paleo para hornear, la canela, el bicarbonato de sodio, la sal, la proteína en polvo y cualquier ingrediente extra que quieras añadir; reserva.

3. En un cuenco grande, bate los huevos, el aceite de coco, la miel y ⅓ de taza de agua.

4. Añade la mezcla de harina a los huevos y mezcla a conciencia. Agrega los arándanos azules.

5. Reparte la mezcla en la bandeja de magdalenas preparada. Hornea entre 20 y 25 minutos. Haz la prueba del palillo: introduce uno en una magdalena y sácalo. Si sale limpio, están hechas.

6. Saca las magdalenas del horno y corona con la cáscara de limón.

7. Deja que las magdalenas se enfríen en la bandeja antes de disfrutarlas.

Hummus de garbanzo y anacardo
PARA 1 RACIÓN (2 CUCHARADAS)

Calorías: 80-100

Carbohidratos: 3 gramos

Proteínas: 2 gramos

Grasas: 5 gramos

¡Un giro a un clásico! Añadir anacardos proporciona a tu hummus una textura cremosa sublime que te va a encantar. Utiliza las recomendaciones de especias como punto de partida, pero diviértete jugando con las cantidades para encontrar tu combinación ganadora.

Ingredientes

1 taza de garbanzos cocidos, escurridos y enjuagados

½ taza de anacardos, en remojo durante 10 minutos y escurridos

⅓ de taza de tahini suave

2 cucharadas de aceite de oliva virgen extra

2 cucharadas de zumo de limón recién exprimido, y un poco más al gusto

1 diente de ajo

½ cucharadita de sal, y un poco más al gusto

¼ de cucharadita de comino, y un poco más al gusto

Instrucciones

Mezcla todos los ingredientes con 5 cucharadas de agua, añadiendo hasta 5 más, hasta que quede una textura cremosa y sedosa.Prueba y, de ser necesario, añade zumo de limón, sal y comino al gusto.

Sugerencias de presentación: acompaña el hummus con verduras frescas y proteínas en un día de bajo rendimiento y con más carbohidratos, como galletas saladas o pan de pita, en días de alto rendimiento.

Dátiles rellenos fáciles

PARA 1 DÁTIL RELLENO

Calorías: 112
Proteínas: 3 gramos

Carbohidratos: 12 gramos
Grasas: 10 gramos

No hace falta complicarse.

Ingredientes
1 dátil, abierto por la mitad
  y deshuesado
½ cucharada de mantequilla
  de almendras
1 almendra

Instrucciones
Rellena el dátil con la mantequilla de almendras y corona con la almendra para darle un toque crujiente.

SEGUNDA PARTE

MUÉVETE

7

Piensa en el futuro

¿La edad supone algún lastre para tu cuerpo? Hasta cierto punto, sí. Pero, independientemente de lo que pienses o lo que te hayan contado, que todos nos vengamos abajo a medida que pasa el tiempo no es inevitable. Si perdemos fuerza y movilidad y somos más propensos a las lesiones, no es solo culpa del Padre Tiempo.

Es culpa nuestra.

A medida que nos hacemos mayores, la mayoría nos volvemos menos activos y descuidamos el mantenimiento preventivo, y aun así esperamos que nuestro cuerpo rinda como hace décadas. Prácticamente nos instamos a nosotros mismos a sentir, movernos y actuar como si fuésemos mayores de lo que somos en realidad debido a tres errores fundamentales:

1. Nos extendemos un pagaré a nosotros mismos. En primer lugar, cuanto mayores nos hacemos, más responsabilidades adquirimos, y esa disminución de rendimiento que la mayoría de la gente ve a los treinta y los cuarenta tiende a producirse porque parte del tiempo que por norma invertiríamos en nosotros mismos se desvía hacia otras actividades importantes. La treintena y la cuarentena son nuestros años de mayores ingresos, así que sentimos la presión de aprovechar ese bloque de tiempo, arriesgarnos más, trabajar hasta tarde. Si eres progenitor, el tiempo que tienes para ti se divide aún más, pues haces malabares con las obligaciones parentales entre todo lo demás.

¿Cómo salimos adelante con todos estos deberes adicionales? Hacemos un trato con nosotros mismos, por el que sacrificamos nuestra salud ahora y prometemos volver a ser como antes más adelante.

No estoy diciendo que ninguna de esas prioridades sea un error. Tener una gran relación con tu pareja e hijos y saber que puedes jubilarte con comodidad son metas admirables. Pero para disfrutar ese «más adelante» de verdad, sigues teniendo que invertir en el ahora, en especial en lo que se refiere a movilidad.

2. Nos centramos en la M equivocada. Cuando estabas en la veintena y la treintena, ¿te paraste a pensar siquiera en la longevidad? ¿Hacías algún ejercicio extra pensando en la prevención de lesiones?

Por supuesto que no. La mayoría de nosotros, cuando somos jóvenes, damos por sentado nuestro cuerpo y lo que este es capaz de hacer. Probablemente calentabas o estirabas solo si hacía frío o cuando te lo decía un entrenador, porque en general siempre podías fiarte de que tu cuerpo rendiría al instante. Claro, las posibilidades de que sufrieras un tirón o te hicieras daño estaban ahí en todo momento, pero siempre merecía la pena no preocuparte por prevenir que ocurriera.

Al entrenar, la mayoría de la gente se concentra en los músculos, pese a que su primera prioridad debería ser la movilidad. En pocas palabras, prestan atención a la M equivocada. Si inviertes demasiado tiempo y esfuerzo únicamente en intentar forjar músculos más fuertes y magros, te arriesgas a crear desequilibrios musculares que incrementen tu posibilidad de lesión y reduzcan tu rango de movimiento.

Sin embargo, cuando te concentras en mejorar tu movilidad al incorporar ciertos estiramientos y ejercicios clave, puedes hacer retroceder el reloj hasta esos días en los que te sentías invencible. Este régimen mantendrá tus articulaciones, ligamentos y músculos de apoyo más flexibles y resistentes, previniendo las lesiones, y también les permitirá contribuir en otros ejercicios. Pondrá todos tus músculos en marcha, lo cual era su propósito —en sincronía—, y te hará no solo más flexible, sino también más fuerte y rápido.

3. Nunca hacemos evolucionar nuestro ejercicio. A menudo veo a personas que se aferran (o regresan) a rutinas de entrenamiento de cuando eran más jóvenes. Recuerdan lo que eran capaces de hacer y dan por sentado que lo que fuera que les funcionó años atrás les proporcionará ese mismo nivel de aptitud física funcional. Pero el caso es que nuestro cuerpo cambia, y cada pocos años debemos cambiar nuestra forma de hacer las cosas. Si ya no tienes veintiún años, debes dejar de hacer ejercicio exactamente como lo hacías a esa edad; solo entonces tendrás posibilidades de volver a sentirte como si acabaras de cumplir veintiuno.

LeBron no entrena igual que cuando tenía veinticinco años. Sí, hay algunos ejercicios de entrenamiento de fuerza que hemos utilizado siempre para mejorar diferentes aspectos de su juego, ciertos ejercicios que mantienen su fuerza y su resistencia para ayudarle a continuar siendo un jugador todoterreno. Pero, para mantenerlo en la cancha —para que su carrera prosiga el mayor tiempo posible—, hemos tenido que desarrollar su rutina con el fin de que se corresponda con su cuerpo. Ahora se centra más en la fluidez y la resistencia. Ahí es donde entra mi método de movilidad.

Qué pensar detenidamente... antes de empezar este programa

¿Qué aportas tú?

Lo que quiero decir es ¿cómo de activo eres en realidad? ¿Cuál es tu rutina diaria y hace cuánto que la llevas a cabo? ¿Y has practicado esa rutina diaria la última semana? ¿El último mes? ¿El último año?

A mí acuden clientes de distintos niveles, desde principiante hasta avanzado, desde profesionales del deporte que buscan una ventaja deportiva a otros de salud regular que solo buscan tener un cuerpo que se alimente y funcione mejor.

Con independencia del deporte o la actividad que ya practiques, cómo escojas hacer ejercicio normalmente o, demonios, tanto si eres activo como si no lo eres en absoluto, este programa te llevará a un nivel más alto de ese en el que estás ahora mismo, porque prepara tu cuerpo, cualquier cuerpo, para rendir y vivir de acuerdo con todo su potencial.

Si eres deportista o haces ejercicio de manera habitual. Tú y yo sabemos que eres el tipo de individuo que ya asume el dominio de su cuerpo, así que debes saber esto: mi rutina no tiene la intención de reemplazar lo que sea que hayas estado haciendo hasta ahora, está diseñada para complementarla. Voy a consolidar los cimientos de la casa que tú ya has construido para que nada te derribe.

Si te preocupa que incorporar mi rutina te lleve a sobreentrenar, entonces no temas. Todo el programa utiliza ejercicios de movimiento de bajo riesgo que pueden rebajarse si lo necesitas, pero el efecto combinado debería ser lo contrario del sobreentrenamiento. En lugar de eso, advertirás mejoras en la actividad que hayas elegido tanto a nivel de productividad como de energía.

Si en la actualidad estás inactivo. Incluso si no has pisado un gimnasio ni practicado un deporte en tu vida, te convertirás en un ser humano más eficiente biomecánicamente. En apenas unas sesiones, te sentirás y moverás mejor que nunca, pues ganarás fuerza y movilidad, y desarrollarás más resistencia en las partes más relevantes de tu cuerpo, entre ellas la columna, la zona lumbar, el core y otros músculos, articulaciones y ligamentos clave. Cada día obtendrás más beneficios de todos los movimientos que hagas desde que sale el sol hasta que se pone.

Dicho esto, limitarte a realizar mi programa —aunque tenga un impacto enorme en tu vida— no es la vida que te mereces. Por eso en el próximo capítulo voy a proponerte algunas formas de encontrar momentos a lo largo del día para moverte más.

¿De verdad estás listo para esto?

Si es la primera vez que pruebas mi programa funcional, entonces debes saber que hay una mentalidad que no puede faltar.

1. Prepárate para dedicarle tiempo. Algunos movimientos quizá te resulten familiares, pero sé que otros no lo serán. No te llevará demasiado familiarizarte con cada movimiento y fluir sin interrupciones de uno a otro, pero no va a ocurrir de la noche a la mañana. Así que ten paciencia, confía en el proceso y ten presente que ganarás velocidad con la práctica.

2. Prepárate para tener agujetas. Si bien muchos de los movimientos que te animo a hacer a diario son estiramientos, hay el mismo número de movimientos para desarrollar fuerza y/o resistencia, y lo acusarás al día siguiente. Y al siguiente. Pero ¡eso es bueno! Lo que estás experimentando se conoce como «dolor muscular de aparición tardía» (DOMS), una inflamación causada por rasgaduras diminutas, microscópicas, en los músculos que se producen cuando haces ejercicio, además de una acumulación de ácido láctico, los restos dejados en tus músculos después de descomponer el azúcar (la glucosa) para generar adenosín trifosfato (ATP) y obtener energía.

Es posible que sientas más agujetas en los abdominales y los músculos de la cadena posterior (los de la parte trasera del cuerpo, en especial los gemelos, los isquiotibiales, los glúteos, el músculo erector de la columna y la parte superior/inferior de la espalda). Dado que la mayoría de la gente se concentra en los «músculos espejo» (los que puede ver reflejados en el espejo), los músculos de la cadena posterior normalmente no perciben tanto volumen de esfuerzo como se merecen.

La buena noticia es que los DOMS son solo temporales. Y dado que algunos de los movimientos son estiramientos, puede que no sientas tantas agujetas a causa del ácido láctico como cabría esperar. Verás, siempre que estiras un músculo, tu cuerpo responde incrementando el flujo de sangre a esa zona. Con esa sangre, llega el oxígeno adicional, lo que ayuda a retirar el exceso de ácido láctico, disminuyendo las posibilidades de que tengas agujetas al día siguiente.

3. Es cuestión de centímetros…, no de kilómetros. Tener apenas un poco más de movilidad supondrá una enorme diferencia en tu rendimiento diario, pero no esperes ver enormes diferencias visuales. Ser capaz de llegar tan solo unos centímetros más lejos en un estiramiento en concreto o tener la resistencia para mantener una postura determinada durante unos segundos más puede suponer y supondrá una mejora significativa en lo bien que tu cuerpo funciona a lo largo de todo el día, incluso si esa progresión te parece leve al principio.

¿Qué hora te va bien de verdad?

De ser posible, quiero que mi régimen de movilidad sea lo primero que hagas por la mañana, porque creo que tu día debería empezar siempre con el proyecto número uno, y ese eres tú.

Cuando empieces el día invirtiendo en ti mismo, comenzarás a ver los frutos de inmediato. Si hace que te sientas egoísta, es importante que te recuerdes a ti mismo que cuidar de ti primero en realidad ayuda a todos los que te rodean porque serás más capaz físicamente de cuidar de ellos también. Contarás con más energía y flexibilidad a lo largo del día, además de que tu core estará más activo y mejorará tu postura. Eso deja tu cuerpo preparado y listo para cualquier cosa.

Además de los beneficios físicos, también estarás empezando el día sabiendo que ya has cumplido con una de las tareas más importantes que puedes hacer por tu cuerpo. Una vez que te has quitado eso de encima antes de que empiece siquiera tu día, te prepara psicológicamente, pues te recuerda de lo que eres capaz. Al instante se convierte en un ejemplo sobre el que puedes reflexionar a lo largo del día en momentos en los que quizá pienses que no tienes la capacidad de dedicar suficiente tiempo o energía a tu trabajo, a tu familia, a otras personas a tu alrededor o a ti mismo.

Sin embargo, cuando hagas el esfuerzo debes ponerle entusiasmo. Si no es posible porque simplemente no eres madrugador, no intentes forzarlo. Hablo con sinceridad. Preferiría que realizases esta rutina cuando te vaya bien si —y solo si— es lo que hace falta para mantenerte implicado al cien por cien. Si solo puedes hacerlo bien después de comer, una vez que los niños se hayan ido a la cama o a horas al azar cada día porque nunca estás seguro de cuándo tendrás un momento para ti, mientras me des —mientras te des a ti mismo— toda tu energía y concentración, adelante.

Otra razón por la que no tengo ningún problema con que cueles el programa cuando te vaya mejor para tu horario es esta: una vez que empieces a advertir sus efectos, cuando empieces a notar lo bien que se siente tu cuerpo después, puede que te veas despertándote unos minutos más temprano para hacerlo por la mañana porque quieres experimentar esa sensación todo el día.

¿Cuál es el peor día esta semana?

Por lo general, me reúno con LeBron a primera hora de la mañana porque es madrugador y viene con energía todas y cada una de las veces. Pero, a lo largo de los años que llevamos juntos, ha habido un puñado de ocasiones en las que no ha pronunciado una sola palabra, y yo sabía que había algo que le preocupaba. Lo que más me interesa esos días es hacer que se sienta mejor. Lo que he descubierto que funciona no es, como quizá pienses, disminuir el volumen de trabajo para facilitar las cosas, sino más bien empujarle a hacer las cosas lo más difíciles posible. Porque después, en todas y cada una de esas sesiones, se siente mucho mejor y se da cuenta de que tiene más energía, energía para abordar lo que sea que tuviera en mente antes de empezar.

Así pues, muchos están preparados para hacer lo que se requiera físicamente, pero pocos están preparados para hacer lo que se requiera mentalmente. ¿Ese podrías ser tú? Una forma rápida de averiguarlo es incomodarte bien temprano para empezar mi programa y ver cómo manejas la adversidad en lo que se refiere al ejercicio. No estoy pidiéndote que hagas nada extremo, estoy animándote a que intentes —si vas en serio acerca de realizar este programa a largo plazo— mirar con antelación tu semana, coger el día más ajetreado y asegurarte de que encuentras tiempo para llevar a cabo esta rutina. Estoy hablando del día que esperas tener que hacer malabares con un millón de cosas, y comprométete a empezar el día con este programa, sin excusas.

Quiero que lo hagas por varias razones: primero, porque te demuestra que **sí es** posible encontrar suficientes minutos para ti mismo y este programa, pese a las exigencias de ese día. Si el día más difícil de la semana has conseguido hacer la rutina, será imposible que te la saltes en días menos estresantes. Pero, lo que es más importante, es un recordatorio de lo que eres capaz de hacer, así que si surge algo inusual —si de pronto un día que debía ir viento en popa se vuelve caótico y no crees que puedas arreglártelas para colar este programa—, sabrás que puedes, porque tienes experiencia.

Otra razón por la que quiero que hagas esto es porque te ayudará a afrontar esa jornada estresante con más energía. Y, si hay algo que te preocupe o presione ese día, no te sorprendas si después sientes que ese problema no es tan grave, o tal vez veas la luz y acabes diciéndote: «¡Ah, ahora lo entiendo! ¡Lo arreglaré de tal manera!».

Son grandes promesas, lo sé. Aunque puedo pasarme todo el día predicando los beneficios de la rutina, hasta que la experimentes por ti mismo nunca estarás absolutamente seguro de que funciona. Pero comprometerte de manera intencionada a seguir el programa en tu peor día posible —no estoy diciendo que todas las semanas, sino de vez en cuando— refuerza el hecho de que hacerlo todos los días mejorará tu situación, con independencia de lo cansado o estresado que puedas estar. De esa forma, la próxima vez que te veas debatiendo si seguir el plan en pleno ajetreo, tendrás menos probabilidades de saltarte la sesión porque recordarás que después te sentirás y pensarás mucho mejor.

¿Tu vestimenta es una fuente de inspiración?

Este programa está diseñado para potenciar la movilidad. También quiero que registres de verdad cómo se siente tu cuerpo a lo largo de cada movimiento, lo cual a veces puede costar si lo que llevas puesto es tan constrictivo que te distrae. Por esa razón, la ropa debe permitirte doblarte, girar o estirarte con comodidad.

En cuanto al calzado, el primer movimiento requiere que te quites las zapatillas para estirar la fascia plantar (la franja de tejido que recorre desde los talones hasta los dedos de los pies). Después de eso, tu primer impulso quizá sea ponerte un par de zapatillas de entrenamiento o algún otro calzado para lograr estabilidad, pero si es posible, no lo hagas.

Lo ideal es que te quites las zapatillas durante el programa (no rompes ninguna norma al hacerlo); así no perderás una parte del beneficio propioceptivo del entrenamiento. Ir descalzo también mejora la comunicación entre lo que está por encima y por debajo de ti, pues tus pies transmiten información al cerebro referente a tu estabilidad, la fuerza que ejerces a través de cada pierna hasta el suelo y otros detalles vitales de conciencia corporal.

Qué pensar detenidamente...
antes de todas las sesiones de movilidad

¿Cómo te sientes en este momento?

Nunca sabrás cuánto has avanzado a menos que sepas dónde estabas, ¿verdad? Por eso, antes de que pruebes siquiera no solo esta rutina, sino cualquier actividad física, es importante que hagas un inventario sincero de ti mismo. Tienes que valorar cómo te sientes justo antes de lanzarte con la rutina y hacerte una revisión rápida, por dentro y por fuera; es lo que yo llamo «punto de partida corporal».

No te preocupes, no te dolerá. Lo único que quiero que hagas es responder a cinco preguntas sobre ti mismo, las mismas cinco preguntas que te formularía si fuese a guiarte por los pasos en persona. ¿Por qué necesitas hacer esto?

- Tendrás menos probabilidades de lesionarte, porque estarás escuchando a tu cuerpo antes de que se embarque en lo que sea que le pidas.
- También establecerás una conexión más fuerte con el programa, porque cuando respondas a estas mismas preguntas después, cuando llegue el momento de «analizarlo», no solo verás y sentirás que tu cuerpo se mueve con eficiencia, sino que también advertirás que las respuestas cambian de manera positiva. Cuanto más a menudo reconozcas la efectividad del programa, más probable será que lo sigas y veas resultados de por vida.

Este autodiagnóstico no tiene por qué ser perfecto. Si no estás del todo seguro de si sientes algún dolor muscular o no puedes decidir si tu energía está en el 5 o en el 7, no lo pienses demasiado. Solo sé sincero. Eso significa que nada de esconderte tras el orgullo.

Cuanto más te sinceres al responder estas preguntas, más te servirá este programa para crecer. Eso vale para cada vez que te pida una evaluación sincera en este libro. Ahora, empecemos:

Copia esta página para mayor comodidad (de hecho, haz varias copias, porque las necesitarás), luego rodea/escribe tus respuestas antes y cada vez que lleves a cabo mi programa de movilidad.

1. **¿Sientes agujetas en alguna de estas zonas (rodea todas las que correspondan)?**
   Pies. Tobillos. Gemelos/talón de Aquiles. Isquiotibiales. Cuádriceps. Cadera. Abdomen. Zona baja de la espalda. Zona alta de la espalda. Hombros. Brazos. Cuello.

2. **¿Te sientes tenso/rígido en alguna de estas zonas (rodea todas las que correspondan)?**
   Pies. Tobillos. Gemelos/talón de Aquiles. Isquiotibiales. Cuádriceps. Cadera. Abdomen. Zona baja de la espalda. Zona alta de la espalda. Hombros. Brazos. Cuello.

3. **¿Te sientes débil en alguna de estas zonas (rodea todas las que correspondan)?**
   Pies. Tobillos. Gemelos/talón de Aquiles. Isquiotibiales. Cuádriceps. Cadera. Abdomen. Zona baja de la espalda. Zona alta de la espalda. Hombros. Brazos. Cuello.

4. **¿Cómo puntuarías tu nivel de energía?**
   (1 = nada alerta; 10 = alerta al máximo):

   1   2   3   4   5   6   7   8   9   10

5. **¿Cómo puntuarías tu motivación?**
   (1 = «lo hago sin ganas»; 10 = «voy a tope»):

   1   2   3   4   5   6   7   8   9   10

¿No estás seguro de que todo esto merezca la pena?

Cada vez que completes mi programa, notarás una diferencia que perdurará a lo largo del día y mejorará todos los aspectos de tu vida. Pero si estás buscando un ejemplo más evidente que ilustre su efectividad —o alguna vez sientes alguna duda persistente—, quiero que hagas lo que yo llamo los **Cuatro Antes**.

Antes de poner en práctica mi programa de movilidad, intenta llevar a cabo cada uno de los cuatro movimientos siguientes varias veces. Presta atención a tu equilibrio y coordinación mientras los haces; de hecho, grábate con el móvil por si quieres revisarlo más adelante.

Luego, tras completar todo el programa de movilidad, ejecuta cada uno de estos movimientos una vez más. La diferencia entre el «antes» y el «después» puede parecer leve, pero debería detectarse con facilidad que te mueves de forma más fluida y eficiente.

1. **Postura de la cigüeña con una sola pierna:** Dobla la pierna derecha y levanta la rodilla delante de ti de forma que tu muslo derecho quede en paralelo con el suelo y te mantengas en equilibrio sobre la pierna izquierda. (Puedes apoyar las manos en las caderas). Aguanta todo el tiempo posible, luego cambia de posición de manera que mantengas el equilibrio sobre la pierna derecha el mayor tiempo posible.
2. **Talones elevados:** Ponte de pie con los pies juntos y los brazos a los costados. Levanta los talones todo lo que puedas y mantén el equilibrio sobre las puntas el máximo tiempo posible.
3. **Alcanzar y coger con una sola pierna:** Imagina que eres

un golfista a punto de sacar la pelota del hoyo. Mantente en equilibrio sobre una sola pierna y dóblate para alcanzar el suelo con la mano, dejando que la pierna contraria se extienda tras de ti. Cambia de posición para trabajar con la otra pierna.

4. **Sentadilla con peso corporal y mantenida:** Ponte erguido con los pies separados al ancho de las caderas y los brazos extendidos, rectos, por encima de la cabeza (los antebrazos a la altura de las orejas). Haz una sentadilla hasta que tus muslos estén casi en paralelo con el suelo y mantén el máximo tiempo posible.

Vale, dejemos de hablar... ¡y vamos a movernos!

8

Sigue hasta el final

Arranquemos la tirita de golpe.

No existe ningún programa apto para responder a las necesidades de todas las personas, o quizá debería decir de todos los cuerpos. No todo lo que le funciona a la perfección a uno de mis clientes te funcionará a la perfección a ti, y es normal.

Déjame decirlo de otro modo: ni siquiera los deportistas de talla mundial que forman parte del mismo equipo suelen seguir el mismo entrenamiento con exactitud. En lugar de eso, a menudo entrenan de un modo específico para mejorar un conjunto de destrezas o determinados grupos musculares que quizá necesiten más trabajo, o para rehabilitar otras zonas que requieran descansar un poco. Cuando me reúno con un cliente, valoro lo que necesita obtener de su cuerpo en ese momento en concreto y luego adapto mi plan a esas exigencias.

Pero tras cada programa que compongo existe una base de movimientos funcionales de fuerza y de flexibilidad. Este conjunto de ejercicios y estiramientos actúa como punto de partida, pues le ayuda a elevarse más alto y más rápido, independientemente de la dirección en la que se encamine.

Estoy a punto de compartir contigo esa base, los principales movimientos que realiza no solo LeBron, sino todos mis clientes que comparten el amplio objetivo de avanzar todo lo posible durante todo el tiempo posible. Se trata de un programa diseñado para ayudar a tu cuerpo a funcionar a un nivel mucho más alto de lo que lo hace en la actualidad combinando las formas más ingeniosas de movimiento. Esta serie de estiramientos y ejercicios preparará tu cuerpo para rendir a su máximo nivel posible al tiempo que minimiza tu riesgo de lesiones.

¿Por qué este plan?

Tu cuerpo es una máquina, diseñada específicamente para moverse de un modo preciso. Cuando se le permite operar de ese modo al que está destinado, tu cuerpo es capaz de cosas mucho más grandes de lo que nunca podrías imaginar. Pero cuando se le impide hacer su trabajo —cuando no le recordamos repetidamente a nuestro cuerpo cómo se supone que debe moverse—, adquiere una serie de malos hábitos que pueden impactar de manera negativa en todos los movimientos que haces.

Ahora mismo, tu cuerpo pasa la mayor parte del tiempo manteniendo posturas para las que nunca estuvo predestinado, como encorvado delante de un ordenador o un móvil. Cuanto menos centrada está tu columna debido a una mala postura, más difícil es que funciones lo mejor posible.

Siempre que veo a un golfista listo para jugar en cuanto rompe el alba, me río. Los verás estirando a las 6.30 de la mañana de un sábado porque tienen su ronda reservada a las siete. Pero luego llega el lunes y el mismo golfista sale de la cama sin más, se toma una taza de café y se va directo a trabajar en lugar de activar su cuerpo antes de abordar el día.

¿No debería importarte tu vida tanto como tu hándicap? ¿No merece la pena prepararte para cómo te mueves a lo largo del día, sin importar lo ordinarios que puedas creer que son esos movimientos durante las próximas dieciséis horas aproximadamente? Nos tomamos el tiempo de hacer ciertos movimientos funcionales para mejorar nuestro juego, nuestra puntuación, nuestras repeticiones y series, nuestro rendimiento, pero no nos tomamos el tiempo de hacer ciertos movimientos funcionales para mejorar nuestro día en general. En otras palabras, nos tomaremos el tiempo para preparar nuestro cuerpo para un acontecimiento o un deporte, pero no para la vida cotidiana. El problema de esa mentalidad es que la longevidad no va únicamente de ser más ágil como atleta en el momento, es cuestión de ser un individuo más ágil todo el día. Ahí es donde entra mi programa de movilización y estabilización del core en veintisiete movimientos; llamémoslo mi «régimen de movilidad» para abreviar.

Mi régimen de movilidad es un programa sencillo y excepcionalmente equilibrado que trabaja tu cuerpo de la cabeza a los pies desde un punto de vista de entrenamiento deportivo y una perspectiva de fisioterapia. Este programa no solo incrementa tu movilidad y fortalece tu core, te recuerda que tu cuerpo posee su propia mecánica.

Cuanto más lo practicas, más activarás y estirarás los músculos que la mayoría de la gente pasa por alto o ni tiene en cuenta (como la fascia plantar, los gemelos, los dedos de los pies y los flexores de la cadera), pero también volverás a enseñar a tu cuerpo cómo debería colocarse durante movimientos específicos. Tu cuerpo enseguida empezará a estabilizarse con más eficiencia de manera automática y a eliminar pasos innecesarios cuando te mueves, lo que te permitirá llevar a cabo cualquier tarea —ya sea en la sala de pesas, en los deportes o en la vida cotidiana— con la menor cantidad de esfuerzo y fatiga. Además:

- Esta rutina utiliza ciertos movimientos funcionales que enseñan a tu tren superior e inferior a utilizar mejor los músculos del core, lo que equivale a más velocidad, potencia y equilibro cuando te muevas en cualquier dirección.
- Crea un core más fuerte que ayuda a tu cuerpo a repartir la carga de manera uniforme, lo que lo hace más efectivo en la absorción del impacto.
- Mantiene tus articulaciones, ligamentos y músculos de apoyo secundarios fuertes y sanos, lo cual les permite contribuir más a todos los movimientos para que puedas levantar más peso con menos riesgo de lesiones.
- Mantiene tu columna alineada, evitando que unos músculos de la baja espalda tensos o un core débil la saquen de su alineamiento natural, un desequilibrio mecánico que puede crear problemas de cuello y espalda y hacer que tus músculos se fatiguen más rápido.
- Emplea tus músculos propioceptivos, una serie de estabilizadores neurológicos que alteran ligeramente tu postura a lo largo de todo el día para mantener tu cuerpo alineado.
- Por último, evita que los músculos que ves en el espejo te dejen fuera de juego. La mayoría de la gente suele tener los músculos anteriores más fuertes (los que tienes delante) que los posteriores (los que tienes detrás), una batalla de voluntades que puede hacerte más susceptible a pinzamientos, tendinitis y otras lesiones relacionadas con el movimiento. Esta rutina ayuda a prevenir que cualquier desequilibrio muscular causado por músculos excesivamente desarrollados que ejerzan presión en los más débiles impacte en tu rendimiento y te haga daño.

Las normas del régimen

Los veintisiete movimientos que quiero que hagas se incluyen en tres categorías:

- **La tabla de seis estiramientos**: Los primeros seis movimientos son todos estiramientos que harás desde una posición sentada o de pie.
- **Los catorce del core en el suelo**: Para los catorce movimientos siguientes, te llevo al suelo. Estarás tumbado, de rodillas o en una posición más próxima al suelo durante todos estos.
- **El colofón de siete firmes**: Para estos siete movimientos de fortalecimiento, volverás a una posición de pie antes de que nos despidamos.

(Por cierto, solo porque haya dividido esta rutina en tres secciones específicas no significa que debas parar entre ellas).

Algunos de estos movimientos quizá te resulten familiares, mientras que otros es probable que sean extraños para ti. Pero, en conjunto, crean un paquete completo de la cabeza a los pies con el objetivo de maximizar tu rendimiento general. Te ayudan a forjar un cuerpo más funcional que prolongará tu longevidad y te hará menos propenso a las lesiones, pero solo si los llevas a cabo como te indico.

Dónde realizarlo

Pese a que muchos de mis clientes tienen acceso a equipos de última generación, debido a sus calendarios de viaje a menudo se encuentran en situaciones en las que ese acceso no siempre es posible, lo que les dificulta aún más mantener la constancia. Por eso creo regímenes utilizando el equipamiento mínimo, de modo que te resulte fácil no aflojar independientemente de dónde te encuentres.

Este programa no requiere ningún equipamiento en absoluto. Puedes hacerlo en casa, en una habitación de hotel mientras viajas e incluso en la oficina si tienes algo de tiempo libre entre reuniones. Pero encuentra un lugar en el que te sientas cómodo. Si cómodo para ti es delante del televisor mientras ves las noticias de la mañana o en una habitación alejado de la familia, con velas encendidas y música suave, que así sea, siempre y cuando seas capaz de escuchar a tu cuerpo, seas consciente de todos los movimientos y conectes con cómo cada uno de ellos hace que se sienta y reaccione tu cuerpo.

Pero, en serio, es mejor un lugar con distracciones mínimas, porque este es tu momento, y tus movimientos son una inversión en ti mismo. Si intentas hacerlos durante una conferencia telefónica matinal o en cualquier situación en la que no puedas concentrarte en ellos, solo estarás engañándote a ti mismo.

Con qué frecuencia

A diferencia de numerosos programas que quizá esperen que entrenes cinco días seguidos (con los fines de semana libres) o tengas alguna clase de estructura rígida que tal vez no se sincronice con tu vida, mi rutina no requiere esa clase de enfoque en serie.

Si alguien me viene y me dice que ya entrena cinco días a la semana, tal vez le diga que lleve a cabo mi rutina tres veces a la semana (lunes, miércoles y viernes) o cada día que hace ejercicio (cinco en total), o si está activo y su agenda se lo permite, tal vez incluso le anime a realizar una versión abreviada de mi rutina el sábado o el domingo por la mañana además de esos cinco días. Realmente depende del individuo. Pero aquí tienes algunas recomendaciones a grandes rasgos:

Para los inactivos: Si te inicias en el ejercicio o eres sedentario en la actualidad, quiero que empieces con **dos días de rutina/un día libre**. Eso significa realizar el régimen dos días seguidos y luego tomarte el tercer día libre. (Por ejemplo, si vas a empezar a principios de semana, hazlo lunes y martes, y tómate el miércoles libre).

Después de eso, ve cómo te sientes. Cuando trabajo con gente que no está acostumbrada a esforzarse mental y físicamente, dos días seguidos suponen todo un triunfo, y luego a menudo necesitan un día libre para descansar (y celebrar la hazaña) antes de ponerse de nuevo.

Otra variación que puedes probar es **tres días de rutina/dos días libres**. De nuevo, si empiezas a principios de semana, por ejemplo, harás de lunes a miércoles, luego cogerás jueves y viernes libres (para empezar el siguiente ciclo de tres días el sábado).

Para los activos: Si en la actualidad practicas ejercicio (o ejerces un trabajo exigente a nivel físico) al menos tres días por semana, también tienes opciones. Podrías:

- Probar un programa de **tres días de rutina/un día libre**, y realizar mi régimen siempre que quieras (en días en los que estés activo o inactivo).
- **Hacer la rutina solo los días que estás activo** siempre que lo estés al menos cinco días a la semana. Si estás activo con menor frecuencia, cada semana podrías acabar haciendo el régimen menos de lo que pido a los principiantes.

Al margen de cuál sea tu nivel de actividad actual, en algún punto vas a saber cuándo puedes dar un paso adelante y probar un programa de:

- **Cuatro días de rutina/un día libre**
- **Cinco días de rutina/un día libre**
- **Seis días de rutina/un día libre**

Para los que rinden más de lo esperado: Si estás dispuesto a realizar el programa siete días a la semana, entonces eres toda una proeza, porque no les pido eso ni a mis clientes de alto rendimiento. En serio, espero que no me tengas en mente al menos un día a la semana porque no quiero que pienses nunca: «Vaya, hombre, hoy tengo que hacer el programa de Mike».

No es solo que no quiera que me odies, es que ese día extra no te hará progresar tanto. En cambio, permitirte un día de descanso del programa cada semana evitará que te quemes mentalmente, lo que en última instancia te llevará a seguir el programa de por vida.

Con todos los ejercicios y estiramientos

Ve por orden. Empezarás por el primer movimiento y realizarás los veintisiete en el orden exacto mostrado, uno detrás de otro sin descanso entremedias (descontando el tiempo que te lleva adoptar cada posición nueva). Sin embargo, cuando digo sin descanso, no quiero que aceleres el entrenamiento. Una vez que termines un movimiento, pasa al siguiente a un ritmo normal.

Respira con propósito. Eso significa que inhales por la nariz y exhales por la boca. Contener el aliento —o respirar de forma errática— durante ciertos movimientos de entrenamiento de fuerza solo privará a tus músculos de oxígeno, además de elevar potencialmente tu presión sanguínea.

No te preocupes por los números. Vas a notar que no te pido que hagas tantas repeticiones de cada movimiento. Es por varias razones: una, porque estás exponiendo a tu cuerpo a una variedad de movimientos en distintos ángulos, no hay razón para pasarse con las repeticiones. Y dos, más repeticiones solo hacen que la mayoría de la gente sienta que necesita quitárselo de encima —no quieren más que tachar la casilla que dice «hecho» a toda costa— y eso puede llevar a terminar la secuencia entera demasiado rápido. Se trata de hacer cada uno de estos veintisiete movimientos con calidad, no en cantidad. Conseguirás más haciendo menos repeticiones de una forma mejor que más repeticiones a toda prisa y sin cuidado.

Ten presente que un poquito también cuenta. Si no eres capaz de moverte con tanta libertad como te gustaría con ciertos movimientos, haz lo que puedas y no te desanimes. Quizá no tengas suficiente rango de movimiento o flexibilidad ahora mismo, pero no tardarán en llegar.

Entretanto, siempre que te encuentres con que no puedes moverte con tanta libertad como te gustaría, estirarte tanto como crees que deberías o te falte la fuerza o la resistencia para algún movimiento, ¡emociónate! Porque siempre que veo esa falta de habilidad en un cliente, yo también me emociono. Entonces sé que esa persona ha estado viviendo con un déficit durante quién sabe cuánto tiempo —es posible que toda su vida hasta ese momento—, lo que significa que está a punto de darse cuenta de su potencial sin explotar.

¿Y si un movimiento en concreto resulta demasiado fácil o difícil? Los veintisiete pueden modificarse para que sean más manejables o para incrementar su intensidad. Si te topas con algún problema mientras experimentas con el régimen por primera vez —o después, a medida que tu cuerpo empieza a adaptarse a él—, ve al capítulo 10 para aprender a adaptar cada uno a tu nivel de forma física actual.

Por último, son veintisiete movimientos, ni uno menos. Lo importante es que hagas todos y cada uno de ellos durante el tiempo asignado, sin excepciones ni sustituciones. Hay una razón detrás de todos estos movimientos y el tiempo (y la frecuencia) que deberías realizarlos.

Mira, sé que podrán parecer un montón de pasos, pero muchos de estos movimientos fluyen sin interrupciones, lo que reduce el intervalo entre uno y otro. También es un recordatorio de cómo deberías enfocar todo tu día, sin rehuir las situaciones exigentes solo porque te cuesten. Con la vida —como con esta rutina— debes aceptar lo bueno y lo malo, e intentar afrontar las partes difíciles si quieres crecer.

Preguntas que suelen hacerme los clientes

¿Voy a necesitar un montón de equipamiento? No. Todos los ejercicios del régimen son movimientos de peso corporal, así que por ahora no se requieren pesas ni equipamiento de entrenamiento de fuerza. Lo único que necesitarás para empezar eres tú mismo, una silla (o un lugar en el que sentarte), una pared en la que apoyarte (para algunos movimientos determinados) y una pelota de tenis (para el primer ejercicio). Sin embargo, una cosa en la que sí que recomiendo invertir es una esterilla de ejercicio o de yoga. Determinados estiramientos y ejercicios requerirán que te coloques en el suelo, así que contar con una superficie de apoyo más blanda hará más cómodos esos movimientos.

¿Cuánto tiempo llevará el régimen? La mayoría de los clientes terminan el régimen entero en torno a la marca de los veinte minutos. Quizá parezca mucho para algunas personas y, si es tu caso, recuerda que literalmente en ese lapso de tiempo estás preparando tu cuerpo en términos de rendimiento para todo el día. Si veinte minutos te parece mucho esfuerzo para cosechar todos los beneficios que LeBron y el resto de mis clientes han experimentado a lo largo de los años, deja de preguntarte «¿Por qué tiene que llevar tanto tiempo?», y en lugar de eso, pregúntate: «¿Vivir la mejor vida —ser capaz de moverme y funcionar al máximo nivel posible— no merece invertir unos minutos en mí mismo?».

¿Debería calentar el cuerpo antes? Eso es cosa tuya. La rutina en sí va a calentarte los músculos (de hecho, podría utilizarse como calentamiento antes de hacer cualquier ejercicio o actividad). Pero si quieres despertar los músculos antes de usarlos, siéntete libre de trotar en el sitio durante tres o cinco minutos.

¿Podría hacer esto dos veces al día? Si tienes tiempo, por supuesto. Podrías hacerlo por la mañana y repetirlo después del trabajo, cuando te relajes por la noche, o justo antes de acostarte. En mi opinión, si te planteas hacerlo dos veces al día —y si es posible para ti—, yo haría esa segunda sesión después de comer, justo en ese momento a media tarde en que la mayoría tenemos un momento de tranquilidad, porque si tu mente está en ese estado, tu cuerpo no se quedará atrás.

¿Podría utilizar el régimen de movilidad como calentamiento/relajación? Sí. Del mismo modo que la rutina completa te prepara para el día entero, es posible utilizar una versión abreviada de mi programa como calentamiento/relajación antes o justo después de un entrenamiento, partido o cualquier actividad física. De hecho, LeBron realiza una versión abreviada como calentamiento de rango de movimiento antes de llevar a cabo ciertas rutinas de construcción de fuerza, velocidad y músculo que también practica para mejorar su juego. No tengo que preocuparme por su forma o su técnica al realizar ningún ejercicio porque hacer esa versión más corta de mis rutinas prepara su cuerpo, en especial su core, para la actividad.

Entonces ¿cómo abreviarías esto? La forma más fácil consiste en ejecutar los veintisiete movimientos en el orden exacto dado, pero reducir los tiempos o repeticiones a un tercio o a la mitad del tiempo sugerido. Por ejemplo, si te digo que hagas un movimiento de seis a ocho repeticiones, hazlo solo tres o cuatro veces. Si te sugiero que mantengas una postura durante veinte segundos, mantenla diez.

Lo que no quiero es que elimines ningún movimiento, elijas tus favoritos o te detengas sin más a medio camino para abreviar. Los veintisiete te preparan el cuerpo desde cero y todos trabajan juntos para mejorar el rendimiento. Si alguna vez te planteas tomar esa ruta en lugar de lo que te he recomendado, por favor, primero recuerda el motivo por el que estás utilizando una rutina abreviada: estás intentando calentar el cuerpo para reducir el riesgo de lesiones y rendir al máximo. Cada movimiento que escoges saltarte deja algunos músculos más tensos y menos activados. ¿Por qué pondrías tu cuerpo en esa posición comprometida?

Ahora bien, ¿podrías utilizar también el programa entero como lo prescribo como calentamiento sin abreviarlo? Por ejemplo, si sueles correr al mediodía y quieres utilizar mi rutina para calentar antes de atarte los cordones y salir a la calle, si solo tienes tiempo para hacer ejercicio por la noche o si después del trabajo te juntas con tu equipo para jugar. La respuesta es sí, pero realmente depende de cuánto tiempo tengas y de qué sea capaz tu cuerpo. Mientras nunca sientas que le estás exigiendo demasiado a tu cuerpo hasta el punto en el que adviertas que tu rendimiento recibe un impacto negativo, adelante.

Espera... ¿no acabo de hacer este movimiento?

A lo largo de esta rutina, vas a ver lo que parecen ligeras variaciones de determinados ejercicios o estiramientos que literalmente has hecho apenas unos segundos antes. Es deliberado, porque con algunos movimientos es importante poner tu cuerpo al día antes de esperar grandes cosas de él.

Piénsalo así: si fueses a entrenar la fuerza en banca a pleno rendimiento, ¿empezarías levantando todo el peso posible o irías añadiéndolo? Si fueses a correr todo lo rápido posible, ¿saltarías a la pista nada más salir del vestuario y arrancarías, o calentarías los músculos primero?

Algunos de los movimientos de esta rutina requieren más coordinación, estabilidad, flexibilidad y fuerza que otros. Y, lo que es más importante, requieren una conexión mente-cuerpo más fuerte. Por eso notarás que algunos estiramientos o ejercicios se basan en otros. En muchos casos, sea cual sea el movimiento que acabas de hacer te ha preparado para el que estás a punto de realizar. Y el movimiento que estás a punto de ejecutar, bueno, va a prepararte para el que harás justo después.

Dolor: ¿temporal o problemático?

Que valores tu nivel de dolor puede parecer mucho pedir; quiero decir que no eres médico, ¿verdad? Bueno, yo tampoco, pero no me hace falta serlo para identificar señales de advertencia a las que deberías prestar atención.

Pese a que experimentar cierto dolor en los músculos durante o después de mi programa es completamente normal, si notas algún dolor lacerante o ardor, detén la rutina de inmediato y haz que te vea un médico para asegurarte. Con el doble de razón si ese dolor se centra en un hueso o una articulación.

Para que conste, ninguno de mis veintisiete movimientos debería ser la causa del dolor, pero incluso los más seguros a veces pueden revelar problemas subyacentes que hay que abordar.

La tabla de seis estiramientos

1. Estiramiento de fascia plantar

Qué trabaja [Relaja y activa la fascia plantar, el tejido conectivo de cada pie entre los dedos y el talón].

¿Preparado? Siéntate en una silla —o en el borde de la cama— y coloca una pelota de tenis en el suelo junto a tus pies. Písala con uno.

Listo... Ejerce presión hacia abajo con suavidad de modo que la pelota te empuje el pie hacia arriba.

¡Ya! Lentamente haz rodar la pelota adelante y atrás desde el talón hasta los dedos. (Si no experimentas ningún problema en los pies, hazlo durante 30 segundos. Pero si sufres fascitis plantar, haz rodar la pelota durante 60 segundos). Una vez que hayas acabado, cambia la pelota al otro pie y repite.

Lo que marca la diferencia

- No te limites a hacer rodar la pelota adelante y atrás por la misma zona. Intenta pasarla a derecha e izquierda para trabajar toda la planta del pie.

Por qué es esencial: Comienzo este programa —y todos los programas— despertando los pies. Parecen intrascendentes, pero son dos jugadores cruciales, responsables no solo de soportar tu peso, sino también de determinar la eficiencia con la que estás de pie, caminas, saltas y corres.

La estabilidad empieza por los pies y cómo responden al suelo. Si tus pies no se hallan en armonía con el resto del cuerpo, automáticamente estás algo descentrado y desequilibrado. Por eso necesitas estirar los músculos y despertar los sensores neuronales que albergan.

2. Estiramiento de pie contra pared

Qué trabaja [Relaja los gemelos y el tendón de Aquiles].

¿Preparado? Plántate delante de una pared firme y apoya las palmas de las manos en ella. Adelanta la pierna izquierda, con el pie unos palmos por delante del derecho y los dedos hacia el frente.

Listo... Asegúrate de tener los pies bien afianzados en el suelo, desde el talón hasta los dedos.

¡Ya! Flexiona la rodilla izquierda hasta que sientas que los músculos inferiores de la pierna derecha se estiran, luego vuelve a la posición de Listo. Haz de 10 a 12 repeticiones del movimiento; a continuación, cambia de posición —colocando el pie derecho unos palmos por delante del izquierdo— y repite el estiramiento con la pierna izquierda.

Lo que marca la diferencia

• No te limites a mantener el talón en el suelo durante este estiramiento, intenta ejercer presión contra el suelo de manera activa.

• Resiste el impulso de arquear la espalda. Mantenla todo lo recta posible.

Por qué es esencial: El desgarro de los gemelos es una de las lesiones más comunes que sufren los deportistas (desde aficionados hasta de élite), motivo por el cual resulta tan importante mimar tus piernas con este estiramiento. Pero otra razón es que también calienta el tendón de Aquiles de cada pierna, el más fuerte de tu cuerpo, que conecta el hueso del talón con el gemelo e interviene cada vez que te pones de puntillas. Mantener más flexible este tendón de manera regular puede ayudarte a evitar que se inflame, lo que es posible que derive en tendinitis de Aquiles, la causa de la mayor parte de los dolores de pie y tobillo.

3. Estiramiento de isquiotibiales y alivio del nervio de pie

Qué trabaja [Relaja los isquiotibiales —los músculos de la parte superior de la pierna, situados detrás de los muslos— y alivia el nervio ciático].

¿Preparado? De pie, separa las piernas, rectas, con el pie izquierdo unos palmos por delante del derecho y los dedos hacia el frente.

Listo... Levanta los brazos por encima de la cabeza, con las palmas una enfrente de la otra, como se ve en la foto.

¡Ya! Una vez que encuentres el equilibrio, dóblate lentamente hacia delante por las caderas —no la espalda— al tiempo que llevas los brazos hacia abajo y levantas los dedos del pie izquierdo del suelo. Vuelve a la posición de Listo y haz de 6 a 8 repeticiones. Cambia posiciones —esta vez colocando el pie derecho unos palmos por delante del izquierdo— y repite.

Lo que marca la diferencia

- Trata de no encorvar la espalda, debería permanecer lo más recta posible todo el tiempo. No es cuestión de cuánto desciendes con el movimiento, sino de sentir que se te estiran los isquiotibiales.
- Involucra el core contrayendo los abdominales. Este truco también hace más difícil encorvar la espalda.

Por qué es esencial: La mayoría de la gente va por ahí con tensión en los isquiotibiales, lo que convierte este estiramiento en un punto fundamental de mi programa. Sin embargo, muchas personas también van por ahí con hernias discales asintomáticas. (Es tan común que no bromeo cuando digo que podrías ser tú ahora mismo). De ahí que sea tan importante estirar ese nervio que literalmente controla el dolor, la incomodidad y el entumecimiento de la zona lumbar y las piernas.

Incluso si notas la espalda bien ahora mismo, cabe la posibilidad de que tengas problemas subyacentes de nervios que pueden reavivarse en cualquier momento. Y, lo que es peor, nunca sabes en qué clase de postura vas a estar cuando aparezcan. ¿Ocurrirá cuando levantes algo pesado? ¿Podría ocurrir en un momento en el que quizá incremente el riesgo de lesionarte otras partes del cuerpo al mismo tiempo? Al añadir este sencillo estiramiento, no solo mantendrás los isquiotibiales relajados, sino que minimizarás las posibilidades de experimentar problemas con el nervio ciático con el tiempo.

4. Estiramiento de cuádriceps alterno

Qué trabaja [Relaja los cuádriceps, los músculos de la parte superior de la pierna situados en la parte delantera de los muslos. También te enseña a involucrar el core para mantener el equilibrio].

¿Preparado? Ponte de pie con los brazos a los costados.

Listo… Flexiona la rodilla izquierda y levanta el pie izquierdo hacia los glúteos. Lleva la mano izquierda atrás para agarrarlo. Finalmente, extiende el brazo derecho hacia arriba.

¡Ya! Tira con suavidad del pie izquierdo hasta el glúteo, aguanta durante 2 segundos, luego suelta y deja que el pie regrese al suelo. A continuación, repite el movimiento flexionando la rodilla derecha y levantando el pie derecho. Atrápalo con la mano derecha, extiende el brazo izquierdo, atrae el talón derecho hacia el glúteo, aguanta durante 2 segundos y suéltalo. Continúa alternando de izquierda a derecha durante un total de 10 repeticiones (5 para cada pierna).

Lo que marca la diferencia

- Intenta no agarrarte a nada. Este estiramiento desafía tus músculos propioceptivos y mejora tu equilibro, pero solo si evitas apoyarte en algo.
- Quítate las zapatillas si es posible. Al realizar este ejercicio descalzo, también trabajas todos los pequeños músculos intrínsecos del pie que las zapatillas con refuerzo suelen desactivar.

Por qué es esencial: Unos cuádriceps tensos crean desequilibrios musculares que pueden hacerte más susceptible al dolor lumbar y de rodilla, además de a lesiones en otras partes del cuerpo. De ahí que mantenerlos lo más relajados posible sea fundamental para el rendimiento.

La razón por la que prefiero esta forma de estirar los cuádriceps es que siempre estás en movimiento en lugar de limitarte a quedarte ahí plantado, lo que simultáneamente mejora tus reflejos cuando no tienes estabilidad. De manera indirecta, también estás fortaleciendo los cuádriceps y los músculos de los glúteos de la pierna sobre la que mantienes el equilibrio para apoyar el peso.

La buena noticia es que, aunque pierdas el equilibrio y tengas que agarrarte a algo ocasionalmente, eso no supone un fracaso. Lo que estás haciendo de manera indirecta es entrenar los reflejos, pues enseñas a tu cuerpo a reaccionar lo más rápido posible cuando está inestable, una reacción que se transfiere a la vida real y puede ayudarte a reducir las probabilidades de lesionarte mientras practicas deportes, en el trabajo, en casa, etcétera. (Así pues, como ya te machacas bastante con los ejercicios, ¡no te machaques también si pierdes el equilibrio!).

5. Estiramiento pectoral con un solo brazo

Qué trabaja [Relaja los músculos del pecho (tanto el pectoral menor como el mayor), los hombros (sobre todo el deltoides anterior) y el cuello].

¿Preparado? Ponte de pie delante de una puerta abierta como si fueses a franquearla. Adopta una posición con el pie izquierdo delante y el derecho detrás, y colócate de manera que tus hombros queden alineados con el vano.

Listo... Dobla el brazo izquierdo en un ángulo de 90 grados aproximadamente, levántalo hacia el costado (con los dedos hacia arriba y la parte superior del brazo en paralelo al suelo) y coloca la palma de la mano en el lado izquierdo del vano. Tu antebrazo, desde los dedos hasta el codo, debería descansar a lo largo del vano.

¡Ya! Manteniendo el brazo izquierdo apoyado en la pared, inclínate hacia delante todo lo que puedas con comodidad hasta que notes un ligero estiramiento a lo largo de la parte externa del pecho. A medida que lo haces, vuelve la cabeza hacia la derecha hasta que notes el estiramiento y baja la vista.

Aguanta de 3 a 5 segundos, luego cambia posiciones para realizar el estiramiento con el brazo derecho. (Esta vez, sitúa el pie derecho delante, el izquierdo atrás y vuelve la cabeza a la izquierda antes de bajar la vista). Alterna de izquierda a derecha 8 veces (4 repeticiones por brazo).

Lo que marca la diferencia

- Respira tan hondo como puedas mientras mantienes el estiramiento para abrir de verdad los músculos pectorales.

Por qué es esencial: Muy rara vez encuentras a alguien con una gran postura y el pecho abierto, en especial porque la mayoría de nosotros sufrimos problemas posturales provocados por el uso excesivo de las tecnologías. Pasamos una cantidad desproporcionada de tiempo encorvados mirando el móvil o el ordenador, lo que nos lleva a adoptar malas posturas que afectan de manera negativa a los músculos del pecho. Por eso todo el mundo puede beneficiarse de esta versión ligeramente modificada de un estiramiento de pecho clásico.

El uso constante de la tecnología también le pasa factura a tu cuello. Cuando mantienes la cabeza gacha, tu trapecio —el músculo largo y de forma triangular que une la base del cráneo y conecta con la parte posterior de la clavícula y los omóplatos— permanece en tensión en lugar de estar flexible y relajado. Además, muy pocas personas realizan abundantes movimientos de estiramiento de rotación (mirar a un lado y al otro) a lo largo del día, de modo que este estiramiento ayuda a relajar los músculos del cuello y el trapecio para incrementar tu rango de movimiento y minimizar el dolor.

6. Estiramiento del ángel

Qué trabaja [Relaja los dorsales anchos, los pectorales, los hombros y los músculos posturales].

¿Preparado? De pie, de espaldas a una pared, separa los pies al ancho de las caderas. Levanta los brazos como si acabasen de gritarte «¡Manos arriba!». Deberías tener los brazos doblados por los codos con las manos aproximadamente en línea con la cabeza y las palmas hacia delante.

Listo… Pégate a la pared de modo que la toques con la cabeza, la parte superior de la espalda, los codos, el dorso de las manos, los glúteos y los talones. Ninguno de ellos debería apartarse de la pared en todo el ejercicio.

¡Ya! Desliza lentamente los brazos hacia arriba hasta que queden rectos y en un ángulo de 45 grados con respecto a tu cuerpo; si lo has hecho bien, deberías semejar la letra Y. Desliza de nuevo los brazos hasta la posición inicial y haz 8 repeticiones.

Lo que marca la diferencia

- De ser posible, tarda de 3 a 5 segundos en levantar los brazos y de 3 a 5 segundos en bajarlos.
- Mientras lo haces, activa los músculos de la parte superior de la espalda (contráelos).
- Si en algún momento notas que tu cuerpo no toca la pared en las zonas que he mencionado, eso significa que tu postura no es tan recta como debería, así que ajústala de inmediato. Cuando adoptas una mejor postura, todas esas partes del cuerpo permanecen en contacto con la pared con menos esfuerzo y requieren menos concentración.

Por qué es esencial: Este ejercicio no solo te abre la caja torácica y te expande los pulmones, sino que simultáneamente trabaja y endereza tus músculos posturales.

Los catorce del core en el suelo

Ahora pasaremos al suelo, así que coge tu esterilla de yoga/ejercicio y túmbate para los siguientes movimientos.

7. Marcha en el suelo

Qué trabaja [Fortalece los músculos del core y los flexores de las caderas].

¿Preparado? Túmbate con la espalda pegada al suelo y los brazos rectos a lo largo de los costados. Flexiona las rodillas de forma que tus piernas queden dobladas en un ángulo de 90 grados.

Listo... Cierra los puños y vuelve las palmas hacia ti. Tensa los músculos del core y prepárate para mantenerlos activos durante todo el movimiento.

¡Ya! Sin despegar la cabeza del suelo, dobla poco a poco la pierna izquierda y eleva la rodilla al tiempo que flexionas el brazo derecho y lo haces oscilar hacia arriba. En lo alto del movimiento, tu pierna debería estar doblada en un ángulo de 90 grados aproximadamente (con el muslo en perpendicular al suelo).

Vuelve a la posición de Listo y repite el movimiento, esta

vez doblando despacio la pierna derecha y elevando la rodilla al tiempo que flexionas el brazo izquierdo y lo llevas hacia arriba. Realiza 20 repeticiones en total (10 por cada lado).

Lo que marca la diferencia

- Que la palabra «marcha» no te lleve a hacer este ejercicio a toda prisa. Ir demasiado rápido solo genera un impulso que puede trastocar un alineamiento correcto y privarte de los beneficios del movimiento. Quiero que te muevas a un ritmo muy lento y controlado que te mantenga conectado con tu respiración.
- Piensa en una percusión moderada, luego sigue ese compás. Un buen ritmo para empezar: antes de que hagas el movimiento, cuenta elefantes y ve dándote palmadas en la pierna a medida que pronuncias cada número (UN elefante, DOS elefantes, TRES elefantes, etcétera). Se tarda un segundo en pronunciar cada elefante, así que el ritmo que estás marcando es perfecto para empezar.
- Evita mirar cómo trabajan tus rodillas. Sentir curiosidad por lo que está ocurriendo ahí abajo solo compromete tu respiración. En lugar de eso, quiero que levantes la barbilla para mirar directamente al techo.

Por qué es esencial: Tener un core fuerte, una buena postura y el alineamiento correcto de la columna es fundamental para todo. Este sencillo ejercicio trabaja de manera efectiva en las tres cosas, de ahí que me guste llamarlo «la abeja reina de la colmena».

Con esto, no solo estás fortaleciendo músculos posturales

específicos. También convierte tu tronco en un cilindro tonificado que hace otros movimientos mucho más eficientes y menos propensos a las lesiones, ya sea en los deportes o en la actividad cotidiana. Literalmente enseña a tu core a estabilizarse durante el movimiento para que después, a lo largo del día, tanto si levantas pesas como si tan solo coges a tus hijos, tu columna esté siempre protegida.

8. Cien de pilates en el suelo

Qué trabaja [Fortalece los músculos del core inferior, los hombros, los flexores de la cadera y los músculos dorsales anchos].

¿**Preparado?** Túmbate boca arriba con los brazos rectos a los costados y las palmas hacia abajo. Flexiona las rodillas de manera que tus piernas queden en un ángulo de 90 grados.

Listo... A continuación, levanta la cabeza y el cuello del suelo. Eleva los brazos de modo que tus manos queden a unos quince centímetros del suelo.

¡Ya! Manteniendo la cabeza levantada y las rodillas flexionadas, empieza a subir y bajar los brazos en 50 repeticiones. Descansa durante 30 segundos, luego realiza otra serie de 50 repeticiones.

Lo que marca la diferencia

- Concéntrate en no mover nada salvo los brazos.
- Intenta no tocar el suelo con las manos, pero acércate todo lo posible.
- No contengas el aliento mientras lo haces. Inhala por la nariz contando de 3 a 4 segundos, luego exhala con los labios fruncidos (como si apagases una vela de un soplido) durante de 3 a 4 segundos.

Por qué es esencial: Lo que me encanta de este movimiento es que nunca pone nada en riesgo. Un montón de ejercicios abdominales requieren que flexiones la columna, lo cual, si no se hace del modo correcto, puede producirte una contractura en la zona lumbar. Este es un movimiento de core muy funcional que involucra al cuerpo entero sin poner tu columna en una postura comprometedora.

9. Puente de glúteos

Qué trabaja [Fortalece los músculos de los glúteos —principalmente el glúteo mayor—, además de los isquiotibiales (los músculos de la parte posterior de los muslos) y el transverso abdominal, una fina capa de músculo abdominal esencial para estabilizar el core y la columna].

¿Preparado? Túmbate en el suelo boca arriba, con las rodillas flexionadas y los pies apoyados en el suelo, separados al ancho de la cadera. Pon los brazos a los costados, con las palmas hacia abajo.

Listo... Mete tripa, contrae los músculos del core con suavidad y mantén esta postura a lo largo de todo el movimiento.

¡Ya! Contrae los glúteos y eleva las caderas hasta que tu cuerpo forme una línea recta desde las rodillas hasta los hombros. Haz una pausa de 3 segundos, luego vuelve a bajar hasta la posición de Listo. Repite el movimiento de 10 a 12 veces.

Lo que marca la diferencia

- Concéntrate en pegar los talones al suelo antes de elevarte y mientras lo haces.
- Resiste el impulso de inclinar el cuello para ver cómo se eleva tu cuerpo. En lugar de eso, mantén la cabeza pegada al suelo todo el tiempo.
- No dejes caer el trasero al suelo sin más. Mantén el control y resiste la gravedad mientras desciende.
- No desestimes la parte de «contrae los glúteos» del ejercicio y pienses que limitarte a elevar las caderas del suelo es igual de bueno. Al hacerlo, maximizarás la activación de los glúteos al tiempo que minimizas el riesgo de molestias en la zona lumbar y/o tirones en los isquiotibiales.

Por qué es esencial: El puente de glúteos no es solo una forma fantástica de endurecer los glúteos sin necesidad de equipamiento, sino que es fácilmente uno de los movimientos más vitales a menudo pasados por alto en la mayoría de los programas de mantenimiento y fuerza. Fomenta una postura y un equilibrio mejores, reduce el dolor de espalda e incrementa la fuerza del core, pero también eleva tu rendimiento deportivo al ayudarte a estabilizar la cadena posterior, lo que te permite ganar fuerza y estabilidad en las piernas, además de fuerza general al ejecutar movimientos enérgicos.

Volvamos a tu trasero un segundo. Este movimiento es el primero de otros de mi rutina enfocados en tu glúteo mayor (uno de los músculos más grandes y fuertes del cuerpo), el glúteo medio y el glúteo mínimo, los tres grupos musculares que componen los glúteos. Cada vez que caminas, corres, te doblas, te giras, das una zancada o te pones en cuclillas, tus glúteos entran en juego, motivo por el cual en última instancia determinan hasta qué punto puedes mejorar la postura, el equilibrio y fuerza general durante cualquier actividad. Considerado uno de los grupos musculares más importantes de la condición física total, desempeñan numerosos papeles en lo que se refiere al movimiento, desde producir y reducir la fuerza de las caderas, estabilizar el cuerpo al cambiar de dirección (en especial durante los movimientos de lado a lado) y generar fuerza de rotación cada vez que te balanceas o lanzas, solo por citar algunos.

10. Flexión

Qué trabaja [Te fortalece el pecho, los hombros y los tríceps, además de los músculos del core].

> **¿Preparado?** De rodillas, pega las manos al suelo (separadas al ancho de los hombros), manteniendo los brazos rectos con los codos cerca del cuerpo. Estira las piernas detrás de ti y mantén el peso del cuerpo en los dedos de los pies (o el pulpejo de los pies).

Listo… Alinéate de manera que las manos te queden directamente debajo de los hombros; los brazos deberían hallarse en perpendicular al suelo. Por último, mete tripa y contrae los músculos del core.

¡Ya! Despacio, flexiona los codos y baja hasta que la parte superior de los brazos esté en paralelo al suelo. Vuelve a impulsarte hacia arriba hasta poner los brazos rectos, con los codos estirados. Ejecuta de 8 a 15 repeticiones.

Lo que marca la diferencia

- Mantén los brazos (y los codos) lo más cerca posible de los costados; si sobresalen, estás sometiendo tus codos a una tensión innecesaria.
- No precipites el movimiento. Tómate 2 segundos para descender y 2 segundos para volver a ascender.
- Mira al suelo de frente y resiste el impulso de volver la cabeza a un lado o bajarla para verte los pies. La cabeza y el cuello deben permanecer alineados con la columna en todo momento.
- Mantén los músculos del core contraídos todo el tiempo. Esto evita que desciendan tus caderas y te ayuda a colocar el cuerpo en línea recta desde la cabeza hasta los talones.

Por qué es esencial: La flexión, por supuesto, es un clásico. Este movimiento multimuscular resulta extraordinario para desencadenar la liberación natural de la hormona del crecimiento humano y se conoce ante todo como un ejercicio completo del tren superior, que lo es. Pero también es una herramienta increíble para enseñar a tu core a trabajar con los músculos superiores.

Verás, se necesita una correcta iniciación al core para elevarte desde el suelo durante una flexión. Esto se debe a que un core fuerte ayuda a mantener tu cuerpo alineado, permitiendo que tu pecho, hombros y tríceps trabajen juntos de manera más eficiente para impulsarte hacia arriba y hacerte descender. Pero cuando tu core no es lo bastante fuerte para mantener la postura, los músculos del pecho deben intervenir para ayudar. El problema es que están diseñados para empujar (no para estabilizar tu centro), así que acaban perdiendo energía que podrían estar utilizando para ayudar a impulsarte hacia arriba, lejos del suelo. Al mezclar este movimiento clásico con otros ejercicios del core —en lugar de limitarte a hacerlo durante un entrenamiento normal—, recuerda a tus músculos que están diseñados para actuar juntos con el fin de realizar el trabajo.

11. Plancha lateral con rodillas flexionadas

Qué trabaja [Fortalece los glúteos, las caderas y los músculos del core].

¿Preparado? Acuéstate sobre el costado derecho con las piernas rectas e incorpórate sobre el codo derecho; deberías tenerlo flexionado en un ángulo de 90 grados con el puño señalando directamente al frente. Puedes apoyar la mano izquierda en la cadera izquierda. Por último, manteniendo las rodillas pegadas, flexiona las piernas 90 grados de modo que los pies te queden detrás.

Listo... Para evitar cualquier compresión adicional en el hombro, asegúrate de que tu codo derecho se encuentra siempre directamente debajo del hombro derecho. Evita bajar la vista a las rodillas y, en lugar de eso, mira al frente.

¡Ya! Impúlsate con el codo y eleva las caderas hasta que tu cuerpo forme una línea recta de la cabeza a las rodillas. Haz una pausa de 5 segundos, baja las caderas y repite 5 veces. A continuación, cambia de posición: recuéstate sobre el lado izquierdo y repite el ejercicio.

Lo que marca la diferencia

- Tensa los músculos del core y mantenlos contraídos a lo largo de todo el movimiento.
- Contrae los glúteos y mantenlos contraídos a lo largo de todo el movimiento. Esto mantendrá tu pelvis adelantada, lo que evita que las caderas se flexionen al elevarte.

Por qué es esencial: Cuando lo haces bien, estás fortaleciendo los glúteos (para una mayor fuerza en las piernas) y acondiciona tus oblicuos (los michelines) y tus músculos del core. En conjunto, todos estos músculos trabajan para proteger la zona lumbar de las lesiones.

12. Plancha lateral con elevación de pierna

Qué trabaja [Fortalece los glúteos, las caderas y los músculos del core, además de los aductores].

¿Preparado? Para esta variación, adoptarás la misma posición que en la plancha lateral con rodillas flexionadas. Acuéstate sobre el costado derecho con las piernas rectas e incorpórate sobre el codo derecho; deberías tener el brazo derecho doblado en un ángulo de 90 grados con el puño apuntando directamente al frente. Puedes apoyar la mano izquierda en la cadera izquierda. Por último, manteniendo las rodillas pegadas, flexiona las piernas 90 grados de manera que los pies te queden detrás.

Listo... Despacio, impúlsate con el codo y eleva las caderas hasta que tu cuerpo forme una línea recta desde la cabeza hasta las rodillas.

¡Ya! Manteniendo esta posición, eleva la pierna izquierda todo lo que puedas con comodidad, luego vuelve a bajarla (si es posible, no dejes que tus rodillas se toquen). Haz de 8 a 12 repeticiones, luego cambia de pierna para hacer de 8 a 12 repeticiones más.

- Muévete a un ritmo cómodo, pero no lo bastante rápido como para perder el equilibrio. Debes mantener el control del ejercicio en todo momento. De ser posible, eleva durante 3 segundos y baja durante 3 segundos.
- No dejes que la gravedad haga el trabajo por ti. Mantén el control de la pierna de arriba mientras la bajas.
- Como estás moviendo la pierna de arriba, es fácil que olvides que es igual de importante que mantengas el cuerpo en una línea recta para no dejar caer la cadera.

Por qué es esencial: Cuando realizas una plancha lateral tradicional, el glúteo de abajo es el que se encarga de la mayor parte del trabajo al sostenerte. Pero añadir una elevación de pierna fuerza a ambos lados a activarse al mismo tiempo además de los aductores (una serie de músculos en el muslo interno que te permiten juntar las piernas). Pese a que estos músculos, pequeños pero muy importantes, a menudo son difíciles de entrenar, resultan cruciales para alcanzar la máxima movilidad y fuerza de las caderas.

13. Marcha de plancha lateral

Qué trabaja [Fortalece los glúteos, las caderas, los oblicuos y los músculos del core].

¿Preparado? Acuéstate sobre el costado derecho con las piernas rectas e incorpórate sobre el codo derecho; deberías tener el brazo derecho doblado en un ángulo de 90 grados con el puño apuntando directamente al frente. Flexiona la pierna derecha 90 grados de modo que tu pie derecho quede ligeramente por detrás de ti, con la rodilla derecha ligeramente adelantada.

Listo... Coloca la pierna izquierda (con la rodilla doblada) detrás de ti y eleva el brazo por delante. Visto desde arriba, debería parecer que casi estás en posición de correr.

¡Ya! Poco a poco impúlsate con el codo y eleva las caderas hasta que tu cuerpo forme una línea recta desde la cabeza hasta las rodillas. A medida que te apartas del suelo, adelanta de forma simultánea la pierna izquierda (manteniendo la rodilla flexionada) y lleva el brazo izquierdo atrás. Revierte el movimiento bajando las caderas hasta el suelo al tiempo que llevas la pierna izquierda detrás de ti y el brazo izquierdo delante.

Repite de 8 a 10 veces, luego cambia de lado para ejercitar la pierna derecha de 8 a 10 repeticiones más.

Lo que marca la diferencia

- De nuevo, muévete a un ritmo cómodo que no te haga perder el equilibrio. Pero en este caso puedes adoptar un ritmo ligeramente más rápido que en la plancha lateral con elevación de pierna, calcula 2 segundos arriba y 2 segundos abajo.

Por qué es esencial: Este es el remate que une las dos últimas versiones de la plancha lateral, de modo que se trabajan la parte superior del cuerpo, la parte inferior y el core al unísono. También mejorará la estabilización general de los hombros y la parte inferior de las rodillas. Este movimiento es más dinámico que la plancha lateral con elevación de pierna, así que, pese a trabajar los mismos músculos, te resultará un poco más difícil.

14. Plancha tradicional

Qué trabaja [Fortalece los músculos del core, en especial el recto abdominal (los músculos de la tableta) y el músculo transverso del abdomen, además de —hasta cierto grado— la zona lumbar, el trapecio, el romboide, el pecho, el cuádriceps, los glúteos y los gemelos].

¿Preparado? En el suelo, adopta la posición de flexión, coloca las manos separadas aproximadamente al ancho de la cadera y las piernas extendidas detrás de ti, con los pies juntos. A continuación, dobla los brazos y descansa sobre los antebrazos con las palmas pegadas al suelo. (Deberías tener los codos justo debajo de los hombros). Finalmente, alinea el cuello con la columna; tus ojos deberían apuntar hacia abajo, al suelo, en lugar de al frente o a un lado.

Listo… Mete tripa, luego contrae los músculos del core y mantenlos así todo el tiempo. Imagina que tienes que tensar el estómago como si fuesen a asestarte un puñetazo. Tu cuerpo debería forma una línea recta desde los talones hasta la cabeza.

¡Ya! Mantén esta posición de 15 a 20 segundos.

Lo que marca la diferencia

- Para ayudarte a mantener el torso aún más recto, bloquea los omóplatos presionando con suavidad los codos hacia abajo en el suelo al tiempo que impulsas la parte superior de la espalda hacia arriba y tiras de los hombros hacia los pies.
- Para evitar dejar caer las caderas, contrae los glúteos.
- Vigila tu base. Colocar los brazos o los pies a una distancia

superior al ancho de las caderas solo te facilitará mantener el equilibrio y te privará de los resultados.

Por qué es esencial: Colocar este movimiento universal en el punto medio de la rutina digamos que reinicia la tabla. Es un toque de atención a tu core para que permanezca activo, de modo que esté preparado y listo para estabilizarte para los movimientos que están por venir.

15. Superman

Qué trabaja [Fortalece la zona lumbar, los isquiotibiales, los glúteos, la zona superior de la espalda, los hombros y los abdominales].

¿Preparado? Túmbate boca abajo sobre una esterilla (o cualquier superficie lo bastante blanda para amortiguar la pelvis) y extiende los brazos y las piernas. Tu cuerpo debería formar una línea recta desde las puntas de los dedos hasta los pies.

Listo... Vuelve las manos de manera que tus palmas queden de cara al suelo, luego mueve los dedos de los pies hacia dentro, hacia las rodillas, de modo que descanses sobre los dedos (no la parte superior de los pies). Finalmente, alinea la cabeza y el cuello con la parte superior de la espalda, ya sea descansando la frente o la barbilla en el suelo.

¡Ya! Poco a poco eleva ambos brazos y piernas —manteniéndolos rectos todo el tiempo— a unos centímetros del suelo (o todo lo que puedas con comodidad). Aguanta de 3 a 4 segundos en alto, luego baja los brazos y las piernas de nuevo. Haz 8 repeticiones.

Lo que marca la diferencia

- Mientras elevas las extremidades, imagina que estás intentando poner los brazos y las piernas aún más rectos.
- No arquees la espalda pensando que cuanto más puedas elevar los brazos y las piernas, mejor.
- Recuerda que no es una carrera. Cuanto más rápido vayas, más probabilidades hay de que dependas del impulso en lugar de los músculos. La velocidad también puede ejercer una presión añadida en la parte baja de la espalda.
- Exhala por la boca mientras elevas los brazos y las piernas, luego inhala por la nariz mientras vuelves a bajarlos al suelo.
- Finalmente, no subas de golpe. Quiero que recuperes la posición subiendo con suavidad.

Por qué es esencial: Este movimiento concentra numerosos músculos importantes para la función y el rendimiento en general, en especial en la zona lumbar. Esta es una de las formas más fáciles de fortalecer y proteger esos músculos importantes del core. Además, el movimiento involucra los músculos espinales dorsales, los que sustentan la columna, que son cruciales para la extensión de la espalda.

16. Elevación de brazo/pierna alterna

Qué trabaja [Fortalece los músculos del core (en especial la zona lumbar), el músculo erector de la columna y los glúteos].

¿Preparado? Ponte a cuatro patas con las manos y las rodillas separadas en torno a la distancia de la cadera. Deberías tener las manos justo debajo de los hombros y las rodillas justo debajo de las caderas.

Listo... Mete tripa y tensa los músculos del core de modo que tu torso esté recto. Une las escápulas.

¡Ya! Manteniendo esta postura, extiende poco a poco el brazo izquierdo recto alineado con el torso al tiempo que extiendes la pierna derecha recta tras de ti. Aguanta en alto durante 1 o 2 segundos, revierte lentamente el movimiento de modo que regreses a la posición de Listo y luego repite el ejercicio, esta vez extendiendo el brazo derecho y la pierna izquierda. Continúa alternando adelante y atrás un total de 12 repeticiones (6 por cada lado).

Lo que marca la diferencia

- No mires hacia donde estás señalando. Tu cabeza y tu cuello deberían permanecer siempre alineados con tu espalda, con la vista clavada en el suelo.
- Si es posible, cuando extiendas los brazos, ladea las manos de modo que los pulgares apunten hacia arriba.

Por qué es esencial: Este movimiento no solo es increíblemente efectivo para acondicionar tu core, sino que añade un componente propioceptivo que supone un reto para tu estabilidad y entrena tus músculos para trabajar de manera sinérgica con el fin de mantener el equilibrio.

17. Bisagra de cadera de rodillas

Qué trabaja [Fortalece los flexores de la cadera y los músculos del core, además de estirar los cuádriceps].

¿Preparado? Arrodíllate en el suelo (con las rodillas flexionadas y los pies detrás de ti). Dobla los brazos y apoya las manos sobre las caderas con suavidad.

Listo... Mirando al frente, colócate de manera que tu postura sea perfecta. (La cabeza, la espalda y los muslos deberían formar una línea recta).

¡Ya! Sin encorvar la espalda, inclina lentamente las caderas de nuevo hacia los talones todo lo que puedas con comodidad. Mientras lo haces, dobla con suavidad la cintura hasta que tu torso quede en un ángulo de 45 grados con el suelo. Revierte el movimiento hasta que estés de nuevo en la posición de Listo y luego haz de 8 a 10 repeticiones.

Lo que marca la diferencia

- Tu torso debería permanecer pegado al suelo todo el tiempo, no lo encorves hacia delante.

Por qué es esencial: Siempre que te agaches para levantar algo del suelo, no solo deberías flexionar las rodillas, sino que deberías inclinar las caderas en lugar de encorvar la espalda, pero eso no es lo que hacen la mayoría de las personas. En lugar de eso, ejercen una presión innecesaria en la zona lumbar y los discos, lo cual puede llevar perfectamente a lesiones. Este movimiento es fundamental porque, además de fortalecer el core y otros músculos, enseña y recuerda a tu cuerpo cómo y dónde agacharse de forma correcta para evitar la presión intrínseca en la columna.

18. Bisagra de cadera con una sola pierna

Qué trabaja [Fortalece los músculos del core, estira los cuádriceps y estira/fortalece las caderas y las ingles].

¿Preparado? Empieza adoptando la misma posición que en bisagra de cadera de rodillas arrodillado en el suelo, con las piernas dobladas y los pies hacia atrás.

Listo... Manteniendo la rodilla izquierda en el suelo, extiende la pierna derecha a un lado hasta que quede recta. (Intenta colocar el pie derecho tan pegado al suelo como sea posible para no perder el equilibrio) A continuación, dobla los brazos y junta las manos delante del pecho. Por último, mira hacia delante y colócate para que tu postura sea perfecta. (Tu cabeza, espalda y muslo derecho deberían formar una línea recta).

¡Ya! Sin encorvar la espalda, inclina poco a poco las caderas de nuevo hacia el talón izquierdo tan lejos como te sea posible con comodidad. Mientras lo haces, dóblate suavemente a la altura de la cintura hasta que tu torso se encuentre a unos 45 grados del suelo. Poco a poco, revierte el movimiento hasta que vuelvas a la posición de Listo y haz de 6 a 8 repeticiones.

Acaba el ejercicio cambiando de lado —esta vez mantén la rodilla derecha en el suelo y extiende la pierna izquierda a un lado— de 6 a 8 repeticiones más.

Lo que marca la diferencia

- Resiste el impulso de doblar la pierna que esté recta mientras realizas el ejercicio. Puede que de manera inconsciente quieras flexionarla para mantener el equilibrio con más facilidad, pero eso solo anula el componente de desafío para la estabilidad del movimiento.

Por qué es esencial: Al ejecutar el ejercicio anterior a este en el programa (la bisagra de cadera de rodillas), sigues obteniendo los mismos beneficios, pero este excelente movimiento sube un poco más el nivel e involucra tus músculos abdominales inferiores, además de trabajar para mejorar tu propiocepción debido a la inestabilidad implicada.

Mejor aún, simultáneamente estira y fortalece los músculos de tu ingle de forma excéntrica, lo que constituye un componente importantísimo en la prevención de lesiones. Lo que estás haciendo es volver tus caderas más flexibles al abrirlas con este movimiento.

19. Perro boca abajo tocando tobillo

Qué trabaja [Estira los isquiotibiales, la zona lumbar, los gemelos y las muñecas, además de fortalecer los hombros, los brazos, el core y las muñecas].

¿Preparado? Ponte a cuatro patas con las manos y las rodillas separadas en torno al ancho de las caderas. Deberías tener las manos justo debajo de tus hombros y las rodillas justo encima de las caderas.

Listo... Mete tripa y tensa los músculos del core de manera que tu torso quede recto por completo. A continuación, ejerce presión con las manos al levantar las rodillas y elevar las caderas hacia el techo. Estira lentamente las piernas mientras presionas con los talones hacia abajo tan cerca del suelo como puedas con comodidad; deberías acabar como una V invertida.

¡Ya! Sin alterar la postura, mantén el equilibrio mientras llevas la mano izquierda atrás y te tocas el tobillo derecho. Regresa a la posición de Listo, luego repite el ejercicio llevando la mano derecha atrás y tocándote el tobillo izquierdo. Alterna adelante y atrás durante un total de 8 a 10 repeticiones (de 4 a 5 cada una).

Lo que marca la diferencia

- No dejes que el movimiento te haga alterar la postura, en especial con la parte superior del cuerpo (los brazos, la cabeza y el torso deberían formar una línea recta y permanecer así).

Por qué es esencial: Esta modificación de una posición de yoga clásica —que yo llamo «estiramiento de movilidad activa de la cadena posterior en perro boca abajo» (intenta decir eso cinco veces rápido)— no solo acondiciona los músculos de la cadena posterior, sino que también ayuda a mejorar la movilidad de rotación de la columna. Esa combinación enfoca muchos de los grupos musculares que la mayoría de la gente fuerza o tensa cuando carece de flexibilidad en esas zonas.

20. Estiramiento Spider-Man

Qué trabaja [Relaja y abre las caderas, estirando tanto los aductores como los isquiotibiales].

¿Preparado? Adopta una posición de flexión clásica con las palmas de las manos apoyadas en el suelo (separadas al ancho de los hombros), los brazos y las piernas estirados detrás de ti con el peso en los dedos de los pies (o el pulpejo de los pies).

Listo... Mete tripa y contrae los músculos del core.

¡Ya! Sin apartar las manos del suelo, levanta el pie izquierdo y da un paso adelante con esa pierna. Planta el pie por fuera de la mano izquierda y adelanta las caderas todo lo que puedas. Vuelve a la posición de Listo y repite el estiramiento, esta vez dando un paso adelante con la pierna derecha y el pie por fuera de la mano derecha. Alterna durante un total de 8 a 10 repeticiones (4 o 5 en cada lado).

- No te limites a tocar con el talón en el suelo en cada paso adelante. Intenta poner el pie tan plano como puedas.
- Todo el mundo es distinto en lo que se refiere a la movilidad de la cadera, así que es posible que el pie no te llegue del todo a la mano, y no pasa nada. Sin embargo, no te acerques los pies demasiado a la caja torácica. Puede ejercer una presión innecesaria en la parte baja de la espalda.
- Muévete a tu propio ritmo, pero si lo haces demasiado rápido, corres el riesgo de sufrir un leve pinzamiento en la espalda.

Por qué es esencial: Este estiramiento se traslada con facilidad a la vida cotidiana. Fomenta la movilidad y la flexión de la cadera, de modo que cuanto más lo practiques, más probable es que te levantes utilizando las piernas y no la espalda.

El colofón de siete firmes

Ha llegado el momento de volver a ponerte en pie y acabar fuerte con estos siete movimientos finales. Pero, escucha…, solo porque casi hayas terminado no significa que puedas pasar por la parte final sin esfuerzo. ¡Ponle empeño en dedicar a estos últimos la misma cantidad de concentración y energía que a los del principio!

21. Inclinación de pelvis de pie

Qué trabaja [Relaja las caderas, estira el músculo erector de la columna y los isquiotibiales (además de fortalecerte las nalgas excéntricamente) y fomenta la movilidad espinal].

¿Preparado? Ponte derecho con los pies separados al ancho de los hombros y las rodillas ligeramente flexionadas. Cruza los brazos sobre el pecho y llévate las manos a los hombros.

Listo… Desde la cintura, inclínate de manera leve hacia delante (de dos a cinco centímetros, apenas) como si te cernieses sobre la pelota de golf en el *tee*. Mete tripa y tensa el abdomen para involucrar a los músculos del core.

¡Ya! Manteniendo esta posición, inclina con sutileza las caderas hacia delante y aguanta un segundo. A continuación, inclina las caderas poco a poco hacia atrás y aguanta otro segundo. (Ir atrás y adelante cuenta como 1 repetición). Continúa inclinando las caderas adelante y atrás durante un total de 8 a 10 repeticiones.

Lo que marca la diferencia

- El movimiento debería limitarse a tus caderas. Si hay algo más que se dobla u oscila, no estás centrado en la forma y/o estás yendo demasiado rápido.

Por qué es esencial: Quizá se trate del ejercicio más fácil de este programa, y aun así resulta absolutamente esencial para crear tanto la consciencia espinal como la movilidad dentro de la columna lumbar.

A menudo muchas personas se hacen daño en la espalda —incluso al levantar las cantidades más leves de peso— porque tienen el cuerpo demasiado rígido. Este movimiento, fácil de hacer, es un punto de inflexión para reducir lesiones, porque te enseña a involucrar el core al tiempo que mueves las caderas, lo que te garantiza más flexibilidad en la zona lumbar. También te proporciona consciencia de la parte baja de la espalda y de cómo moverla de manera eficiente.

22. Rotación de vértebras torácicas

Qué trabaja [Aísla y relaja las vértebras torácicas para una movilidad y un control mayores en la parte superior y media de la espalda].

¿Preparado? Para este movimiento, adoptarás la misma posición que en la inclinación de pelvis de pie. Ponte recto con los pies separados al ancho de los hombros y las rodillas ligeramente flexionadas. Cruza los brazos sobre el pecho y llévate las manos a los hombros.

Listo... Desde la cintura, inclínate de forma leve hacia delante (entre dos y cinco centímetros) como si te colocases para utilizar un palo del golf. Mete tripa y tensa el abdomen para involucrar los músculos del core.

¡Ya! Manteniendo esta posición, haz rotar los hombros a la izquierda todo lo que puedas con comodidad y luego rota los hombros hacia el lado derecho. (Eso es 1 repetición). Continúa rotando de izquierda a derecha durante un total de 10 repeticiones.

Lo que marca la diferencia

- Solo debería moverse la parte superior de la espalda; la cabeza y el cuello deberían permanecer rectos, y la columna lumbar y las piernas deberían mantenerse bloqueadas y tan rígidas como una tabla. Si doblas algo de lo que acabo de mencionar (en especial las rodillas), significa que estás tratando de obtener un mayor rango de movimiento, pero lo único que estás haciendo es reducir su eficiencia.
- Imagina que tu objetivo es colocar el hombro justo por debajo de la barbilla, pero no lo fuerces. Si aún no eres tan flexible, con el tiempo llegará.

Por qué es esencial: Este ejercicio de activación rotacional acompaña a la inclinación de pelvis de pie para entrenar tu cuerpo con el fin de que se mueva de un modo que proteja tu columna lumbar y evite que sufras hernias discales y dolor lumbar.

Mientras rotas los hombros, estás movilizando las vértebras torácicas, la sección de la columna que empieza en la base del cuello y se detiene en la parte baja de la caja torácica. Estos doce discos (de la T1 a la T12) son los que determinan el rango de movimiento de la columna, de modo que, al mejorar la movilidad en esta zona, estás reduciendo el riesgo de lesionarte la columna y la zona lumbar.

23. Balanceo en equilibrio sobre una sola pierna

Qué trabaja [Acondiciona los músculos del core inferior, además de las caderas, la zona lumbar, los glúteos, las ingles y los aductores].

¿Preparado? De pie, ponte recto con las manos juntas delante del pecho, mirando al frente con la barbilla alta.

Listo... Levanta el pie izquierdo lo justo para despegarlo de manera que tu pierna izquierda quede ligeramente extendida a un lado. Contrae el abdomen de forma que tu core esté tenso.

¡Ya! Manteniendo la postura, mueve la pierna izquierda hacia dentro y hacia fuera de lado a lado todo lo rápido que puedas sin perder el equilibrio. (Un movimiento de izquierda a derecha cuenta como 1 repetición). Haz 25 repeticiones con cada pierna.

Lo que marca la diferencia

- Lo único que debería moverse es tu pierna. Si lo estás haciendo bien, te arderán los músculos del core y los glúteos de la pierna de apoyo.
- Mantén la vista al frente y resiste el impulso de bajarla; no te preocupes, ese pie no va a ninguna parte.

Por qué es esencial: Entrenar el core inferior y los aductores/ingles es algo que suele descuidarse, razón por la cual tantas personas sufren tensión en esas zonas, incluso cuando estiran a menudo e intentan tener cuidado. Sin embargo, además de acondicionar esos grupos musculares, este movimiento, simple pero efectivo, también añade un componente neuronal al poner a prueba tus músculos propioceptivos. Tu cuerpo debe mantener constantemente el equilibrio mientras realizas el movimiento, de modo que le enseñas a ser reactivo de un modo que resulta beneficioso en los deportes, las actividades y la vida cotidiana.

24. Sentadilla lateral de sumo

Qué trabaja [Fortalece los glúteos, los cuádriceps, los isquiotibiales, los gemelos y los músculos del core].

¿Preparado? Ponte recto, de pie, con los pies a una distancia superior al ancho de los hombros y apuntando ligeramente a los lados. Junta las manos —con las palmas una contra otra, como si rezases— delante de ti.

Listo... Contrae los abdominales de manera que se involucren los músculos del core. Mantén la cabeza y el cuello alineados con la espalda y la cara hacia delante.

¡Ya! Baja el cuerpo doblando únicamente la rodilla izquierda —la pierna derecha permanecerá recta— hasta que tu muslo izquierdo esté paralelo al suelo. Deberías tener la cabeza y el torso erguidos y mirando al frente, no inclinados hacia la pierna doblada. Mantén esta posición durante 1 o 2 segundos, impúlsate de vuelta a la posición de Listo y repite, pero esta vez flexiona la rodilla derecha y mantén la pierna izquierda recta hasta que tu muslo derecho se encuentre casi en paralelo con el suelo. Haz de 8 a 10 repeticiones en total (de 4 a 5 repeticiones por cada pierna).

Lo que marca la diferencia

- Mantén los ojos al frente todo el tiempo. Resiste el impulso de bajar la vista a las piernas.
- Por raro que parezca, quiero que imagines que estás a punto de sentarte en una silla que no tiene espacio más que para un glúteo, el de la pierna que sea que está doblada. Cuando utilizas este truco, te ayuda a aislar ese único grupo muscular en lugar de recurrir a ambos glúteos.

Por qué es esencial: Lo que me encanta de este movimiento es que mejora el equilibrio muscular unilateral al enseñar al cuerpo a sostenerse sobre una sola pierna. También es un ejercicio esencial para mejorar la estabilidad en las rodillas y los tobillos, además de acondicionar las piernas de un modo que te protege las rodillas de lesiones. Otro beneficio es que se trata de un estiramiento dinámico que mejora simultáneamente tu rango de movimiento y flexibilidad al tiempo que fortalece los músculos.

25. Sentadilla isométrica en pared con pie adelantado

Qué trabaja [Fortalece los glúteos, los cuádriceps y los músculos del core].

¿Preparado? Encuentra una pared firme y plántate a 30 centímetros de distancia como mínimo. Dobla la pierna derecha y apoya el pie derecho en la pared. Levanta las manos delante del pecho y cierra los puños.

Listo… Asegúrate de que tu postura es perfecta. Deberías tener la barbilla alzada y el core involucrado.

¡Ya! Dobla la pierna izquierda poco a poco y agáchate todo lo que puedas con comodidad. Mantén esta posición durante 20 segundos, luego repite el movimiento, pero esta vez sitúa el pie izquierdo en la pared y agáchate utilizando la pierna derecha.

- Cuanto más puedas bajar, mejor, pero detente una vez que el muslo de la pierna que trabaja esté paralelo al suelo.
- Algunos consideran este movimiento más exigente que otros (dependiendo de la longitud de sus piernas), así que mantén la mente alejada de los músculos que están trabajando, concéntrate en la respiración en lugar del ardor.

Por qué es esencial: Esta variación ingrávida de una sentadilla con peso corporal te permite cargar isométricamente tus cuádriceps primero en una pierna y luego en la otra. Para realizar este ejercicio, todos los tendones y músculos que sostienen la rodilla deben arder, lo que fortalece cada rodilla de manera individual con el equipamiento mínimo y la carga mínima (de modo que es una forma increíblemente segura de acondicionarlos).

26. Peso muerto rumano a una pierna

Qué trabaja [Fortalece los isquiotibiales, los glúteos, el músculo erector de la columna, los gemelos y el core, básicamente todos los músculos de la cadena posterior].

¿Preparado? Ponte en pie con los pies separados en torno al ancho de los hombros y las manos en las caderas. Deberías tener las rodillas desbloqueadas.

Listo... Contrae los músculos del core al levantar el pie derecho tras de ti apenas unos centímetros del suelo, manteniendo el equilibrio sobre el pie izquierdo.

¡Ya! Con el core involucrado, empuja las caderas hacia atrás y dóblate por la cintura para bajar el torso hacia el suelo. Al mismo tiempo, extiende la pierna derecha hacia atrás. Detente cuando tu torso se encuentre casi en paralelo con el suelo (o si notas tensión en los isquiotibiales y los glúteos), luego aprieta los glúteos para revertir el movimiento hasta que vuelvas a la posición de Listo.

Repite el ejercicio en equilibrio sobre la pierna izquierda y haz de 6 a 10 repeticiones, luego cambia de lado para trabajar la pierna contraria (esta vez manteniendo el equilibrio sobre el pie derecho y extendiendo la pierna izquierda hacia atrás).

Lo que marca la diferencia

- No dejes que tu torso caiga sin más. A medida que te agachas, controla el ritmo y no dejes que la gravedad se encargue del trabajo.

Por qué es esencial: El peso muerto rumano a una pierna no solo emplea y fortalece todos los músculos de la cadena posterior, sino que este movimiento bisagra también mejora la movilidad (en especial en los isquiotibiales) y enseña el funcionamiento correcto a las caderas, además de ayudarte a desarrollar una mejor estabilidad sobre una sola pierna.

27. Cohete espacial

Qué trabaja [Fortalece los músculos del core, los cuádriceps, los isquiotibiales, los glúteos y los gemelos].

¿Preparado? Ponte en pie, erguido, con los pies a una distancia ligeramente superior al ancho de los hombros y los brazos rectos a los costados. Deberías tener las piernas rectas con las rodillas estiradas.

Listo... Primero, involucra el core tensando los abdominales. Luego empuja poco a poco el trasero hacia atrás al tiempo que extiendes los brazos por delante de ti, con las palmas hacia abajo. Por último, levanta despacio los dedos de los pies de manera que mantengas el equilibrio sobre los talones. (Toma nota: puede que te lleve un par de segundos —o incluso un par de intentos— adoptar esta posición de inicio, pero no pasa nada. Mejorará con el tiempo).

¡Ya! Una vez que mantengas el equilibrio, adelanta las caderas y ponte de puntillas, haciendo oscilar los brazos hacia atrás. Aguanta en lo alto durante 2 o 3 segundos, luego revierte el movimiento hasta la posición inicial y repite de 8 a 10 veces.

Lo que marca la diferencia

- No te limites a ponerte de puntillas. En lugar de eso, deberías balancearte de los talones a los dedos de los pies, luego revertir el movimiento y rodar de los dedos de los pies a los talones.
- En lo alto del movimiento, levanta el pecho todo lo que puedas.
- Cada vez que vuelvas a bajar, inclina las caderas hacia atrás como si fueses a sentarte en una silla.

Por qué es esencial: Me gusta acabar con este movimiento por dos razones. Primero, lo conecta todo. El programa empieza y acaba con los pies, pero este movimiento te obliga a integrar lo que has trabajado en el resto del programa, activando toda tu base de cadera para abajo.

Segundo, lo encuentro inspirador. Durante esas últimas repeticiones, quizá te tiemblen los tobillos y es posible que sientas que te arden los abdominales, pero una vez que lo lleves a cabo, estarás listo para atacar el día. El movimiento en sí da la impresión de que cargas con confianza hacia delante, como un esquiador que se lanza por un desnivel o un superhéroe que vuela desde un edificio, preparados y sin miedo. Ya lo tienes y, ahora, debido al tiempo que acabas de invertir en ti mismo, tu cuerpo también.

Ya está: ¡has acabado!

Todo está involucrado y estabilizado, en especial tu core y tu postura. Tu consciencia física y mental se ha puesto en marcha y deberías sentirte de inmediato con más energía, más seguro, más flexible, más consciente de tu cuerpo y, en especial, más funcional.

Hoy no vas a limitarte a seguir los movimientos, sino que sentirás que los controlas. Todos y cada uno de los movimientos que haces desde este momento en adelante tendrán fuerza, velocidad y coordinación, independientemente de en qué dirección se mueva tu cuerpo o qué actividad decidas emprender.

Ahora ve. Prepara a los niños para la escuela. A triunfar en esa reunión de la junta. ¡Cómete el día!

Para consultar material adicional de Mike Mancias, visita el siguiente enlace:

9

Analiza tus actos

Pongámonos serios.

¿Por qué has escogido este libro? Lo estás leyendo porque quieres algo más de la vida. Ya sea lograr por fin el estilo de vida más saludable que nunca has sido capaz de alcanzar, aumentar el rendimiento en tu deporte favorito o sentirte todo lo joven posible el mayor tiempo posible, estás buscando algo más de ti mismo. Pero, con independencia de lo que hayas estado haciendo hasta ahora, no has pasado de actuar por inercia e ir tirando.

Si no te sientes del todo satisfecho o feliz con la dirección que ha tomado tu cuerpo hasta este momento —su aspecto, las sensaciones que te produce y su rendimiento—, la única forma de cambiar esa dirección es ser brutalmente sincero cada vez que ejecutes mi régimen de movilidad. Te debes a ti mismo hacer inventario del esfuerzo que inviertes en ello, ya sea tu primera vez haciendo mi programa o la número mil. Te debes a ti mismo determinar lo bien que has sido capaz de seguirlo hasta el final, además de valorar cómo te ha hecho sentir —y funcionar— el resto del día.

Verás, mucha gente se limita a hacer las cosas sin estar convencida en lo que se refiere al ejercicio, hacen lo que tienen que hacer y, si consiguen hacer algo de actividad ese día, ya lo consideran un éxito. Pero solo porque hayas concluido mi régimen de movilidad no significa necesariamente que hayas empezado a construir un cuerpo mejor. Tu cuerpo es una máquina con una capacidad increíble de adaptación, capaz de transformarse en algo más allá de lo que te creías capaz siquiera. Pero también es testarudo; solo cambia cuando siente que debe. Sigue los movimientos solo para poder decir que has hecho ejercicio, y tu cuerpo lo sabrá. Esa clase de «buena forma física sin ganas» es el motivo por el que la mayoría de la gente nunca evoluciona hasta aquello en lo que debería convertirse. De ahí que siempre les diga a mis clientes que, una vez que el trabajo está hecho, ahí es cuando empiezan el trabajo y el cambio de verdad.

Este capítulo pretende que evalúes seriamente lo que ha ido bien y lo que ha ido mal. ¿Ha habido distracciones que te impidieran centrarte de forma adecuada? ¿Una situación que te ha obligado a acelerar el régimen en lugar de tomarte tu tiempo con él? No te preocupes si ahora mismo no estás seguro, porque pronto lo estarás. Ya es hora de analizar lo que has hecho en realidad para buscar lo que podría haber saboteado tu éxito en silencio (para que podamos ponerle fin) o averiguar qué te ha empujado a ser lo mejor posible (para que podamos mantener esa magia).

Si te topas con problemas con cualquiera de los veintisiete movimientos —porque hayan sido demasiado difíciles o fáciles—, el próximo capítulo te mostrará cómo modificar cada uno para adaptarlo a tu forma física actual. Pero por ahora quiero que te plantees estas tres preguntas:

1. ¿Cómo te sientes ahora en comparación con antes?

Ha llegado el momento de que cojas ese «punto de partida corporal» —las cinco preguntas sobre ti que te pedí que respondieras antes de la rutina— para ver si ha cambiado algo.

1. **¿Sientes agujetas en alguna de estas zonas (rodea todas las que correspondan)?**
Pies. Tobillos. Gemelos/talón de Aquiles. Isquiotibiales. Cuádriceps. Cadera. Abdomen. Zona baja de la espalda. Zona alta de la espalda. Hombros. Brazos. Cuello.

2. **¿Te sientes tenso/rígido en alguna de estas zonas (rodea todas las que correspondan)?**
Pies. Tobillos. Gemelos/talón de Aquiles. Isquiotibiales. Cuádriceps. Cadera. Abdomen. Zona baja de la espalda. Zona alta de la espalda. Hombros. Brazos. Cuello.

3. **¿Te sientes débil en alguna de estas zonas (rodea todas las que correspondan)?**
Pies. Tobillos. Gemelos/talón de Aquiles. Isquiotibiales. Cuádriceps. Cadera. Abdomen. Zona baja de la espalda. Zona alta de la espalda. Hombros. Brazos. Cuello.

4. **¿Cómo puntuarías tu nivel de energía?**
(1 = nada alerta; 10 = alerta al máximo):
1   2   3   4   5   6   7   8   9   10

5. **¿Cómo puntuarías tu motivación?**
(1 = «lo hago sin ganas»; 10 = «voy a tope»):
1   2   3   4   5   6   7   8   9   10

Ahora, déjame que te lo diga desde ya: no esperes que todas las áreas experimenten una mejoría, aunque sin duda es posible dependiendo del día. En lugar de eso, limítate a buscar diferencias. Algunas puede que sean innegables, otras sutiles, mientras que unas pocas quizá resulten incluso indetectables al principio hasta que sigues con tu día y adviertes una mejora.

No te saltes este paso. Te llevará literalmente dos minutos de tu tiempo, y podrían ser los dos minutos más importantes de tu día. Una de las mayores razones de que a la gente le cuesta ser constante con una rutina es que sus expectativas están ligadas a objetivos a largo plazo: llegar a un número específico en la báscula, levantar una cantidad determinada de peso un número determinado de veces, arañar segundos a su récord personal de los 5 km. Siguen un programa que puede que requiera meses para alcanzar sus objetivos. Pero, como no ven resultados instantáneos, les cuesta no aflojar.

La razón por la que insisto en hacer esto con los clientes es que quiero que presten atención de verdad a lo que está ocurriendo con su cuerpo justo después, algo que muy pocas personas se molestan en hacer tras entrenar. Quizá creas que no es tu caso, y lo entiendo. Si normalmente eres activo, estoy seguro de que después de un entrenamiento ya eres consciente de lo evidente. Tal vez hayas notado la caña que te ha dado o cómo se te han resentido los músculos a continuación, pero ese tipo de comprensión de superficie solo puede llevarte hasta cierto punto si lo que buscas es constancia.

Reconsiderar tu punto de partida corporal justo después de llevar a cabo mi rutina te obliga a revisar tu cuerpo de arriba abajo para ver si la notas menos dolorida, rígida o débil. Te lleva a reconocer que tienes más energía, aunque técnicamente deberías sentirte algo cansado porque, después de todo, acabas de concluir una sesión de entrenamiento.

Por último, controla si te alejas de la rutina al sentirte más o menos motivado que cuando empezaste. Reexaminar rápido los cinco factores del «punto de partida» te proporciona esa gratificación instantánea de que lo que esperabas conseguir se está consiguiendo, y eso hará que vuelvas mañana y todos los mañanas que vengan después.

2. ¿Qué lo ha llevado al siguiente nivel?

Algo ha hecho que te exijas más, que te sientas más realizado o que esta vez estés deseando ponerte con el programa, así que ¿qué ha sido exactamente? A veces se trata de una combinación de factores, mientras que otras podría ser solo uno. Sea como fuere para ti hoy —cuando hagas mi programa de movilidad o durante cualquier actividad física que haya supuesto un reto para tu cuerpo—, si quieres experimentar esa sensación de nuevo, entonces tienes que averiguar qué es lo que la causó en primer lugar.

Ambiente: lo más probable es que el lugar que has escogido para hacer mi rutina —ya sea en casa o en el gimnasio— sea donde la harás mañana y al día siguiente. Así que, si había algo en ese entorno que ha hecho más fácil que completes este programa —cualquier cosa que creas que podría haberte motivado más, aunque solo fuera un poco—, entonces reconócelo.

Por ejemplo, ¿ha sido la luz, la hora del día o el tiempo? ¿Has visto una imagen de alguien que te importa? ¿Has oído una canción de fondo en particular? ¿Oliste el café desde la cocina o las flores del jardín? ¿Estabas disfrutando de la ventaja de hacerlo desde casa? No quiero que pienses demasiado en ello, sino que reflexiones un momento e intentes conectar con al menos una cosa que haya llevado a la experiencia. De ese modo, puedes dar pasos adicionales para tenerla presente la próxima vez o intentar recrearla en alguna otra parte mientras viajas o cada vez que te encuentres fuera de tu elemento natural.

Inspiración exterior: La motivación puede proceder de cualquier dirección. Podría ser un halago de otros, querer estar más sano para tu familia, algo que has oído o leído, o incluso recordar que necesitas estar en mejor forma para un evento concreto. No sé qué podría haberte decidido más a sacar el máximo de una sesión de entrenamiento esta vez, así que ¿qué ha sido?

¿Te han reconocido el mérito por algo en el trabajo? ¿Ha sido ese artículo sobre los efectos positivos del ejercicio que te has encontrado por casualidad en el móvil o algún mantra que has visto en un póster? ¿Ha sido algo que ha dicho o hecho alguien a quien admiras? ¿Has notado que eras capaz de hacer algo físicamente con menos esfuerzo —o quizá por primera vez— debido al programa? ¿Hay alguna situación próxima para la que quieres estar seguro de estar preparado, como unas vacaciones, una reunión de antiguos alumnos o un acontecimiento padre-hijo en la escuela?

Organización: A veces, sentir que lo tienes todo en orden en una parcela de tu vida puede hacer otras áreas más manejables. Este programa está diseñado para que no exija demasiada planificación o reflexión, pero aun así requiere esfuerzo, y si manejar mejor el resto del día te ha quitado parte de la presión al hacer mi rutina, entonces debes reconocerlo.

Aceptación: Como he mencionado antes en este capítulo, es importante que reconozcas la importancia de lo que estás haciendo y cómo afecta de manera positiva a tu vida en el momento. Muchas personas simplemente se mueven por inercia y hacen lo que se les dice. Se apresuran a ejecutar todos los ejercicios o estiramientos como si se tratase del Twister, ponen los brazos y las piernas donde dicte la ruleta y hacen la rutina de entrenamiento que se les diga. Nunca piensan dos veces en por qué se mueven de un modo determinado. Pero cuando le das a cada movimiento su mérito al reconocerlo —cuando estás presente y pensando realmente en los beneficios que obtiene tu cuerpo de cada acción a medida que la llevas a cabo—, eso puede añadir combustible a tu depósito cuando más lo necesitas.

3. ¿Qué te ha impedido alcanzar el éxito?

Primero, deja de lado cualquier culpa si, por alguna razón, no has invertido tanto esfuerzo en la rutina como podrías. No estás solo en absoluto. Todos mis clientes se enfrentan a obstáculos que a veces les impiden estar concentrados al cien por cien en cada sesión, y no pasa nada. Algo siempre es mejor que nada. Sin embargo, es necesario profundizar en lo que podría estar impidiéndote darlo todo, en especial si se trata de algo que ocurre constantemente. Si no llegas al fondo de lo que te está conteniendo, nunca llegarás a lo más alto. Por eso les pido a mis clientes que piensen en qué se ha interpuesto en su camino para que podamos armar un enfoque mejor para evitar que la próxima vez se produzcan esos problemas.

Impaciencia: ¿Te has apresurado en la sesión de entrenamiento? Incluso si no estás seguro, hay una forma fácil de decirlo: cronométrate desde el momento en que empiezas hasta el momento en que terminas. De media, toda la rutina como está prescrita debería llevarte alrededor de veinte minutos (teniendo en cuenta lo que lleva de media adoptar cada posición). Si tu número es inferior a ese periodo de tiempo —y no te ha distraído nada más—, entonces es probable que hayas hecho algunos movimientos durante menos tiempo o menos repeticiones de lo recomendado.

¿Ese eres tú? De ser así, pregúntate: «¿Por qué he rebajado esos segundos?». Si tenías que hacer algo o estar en alguna parte, lo entiendo…, así es la vida. Pero si recortar el tiempo ocurre con demasiada frecuencia, entonces piensa en el hecho de que poner el 90 por ciento del esfuerzo significa recibir el 90 por ciento de los resultados si tienes suerte. ¿Esos minutos que te ahorras merecen perderte el otro 10 por ciento? Creo que conoces la respuesta.

Y piensa esto: cuanto más completes el programa, más te familiarizarás con él y más rápido irá. Tanto si eres principiante como avanzado, espero por completo que tardes un poco más en entrar en cada movimiento y recurras al libro para asegurarte de que estás haciéndolo bien. Todos esos inicios y pausas se acumulan en una sesión ligeramente más larga, pero es tiempo adicional que te ayuda a comprobar lo que haces, y eso es importante. No te preocupes…, no se tarda mucho en dominar cada movimiento.

Prioridades: Nunca he conocido a nadie —con independencia de su nivel de éxito profesional— que no creyera que está ocupado. Desde artistas y deportistas hasta obreros y oficinistas, desde alumnos de instituto hasta amas de casa, todos tenemos muchas cosas que hacer porque así es como funciona la vida.

¿Ese eres tú? Entonces pregúntate: «¿Por qué es tan importante para mí eso que me ha impedido darlo todo con el programa?». Obviamente, siempre habrá ciertos asuntos urgentes que tienen que ponerse en lo alto de la lista de tareas pendientes, pero si notas que está convirtiéndose en un problema frecuente que se interpone en tu camino, entonces piensa esto: ¿te devuelve algo igual de beneficioso? Si no, entonces no dejes que se interponga en tu camino. Si es importante, entonces ¿es algo que deberías programar a una hora distinta que no interfiera con la rutina y si no, puedes encontrar un momento mejor para hacer la rutina, de manera que no entren en conflicto?

Pero aquí viene lo peor: «Si te hubieses ceñido al programa como estaba prescrito..., ¿es posible que hubieses podido ser aún «más» efectivo con lo que quiera que fuese esa prioridad?». Por ejemplo, quizá lo has hecho sin ganas porque has tenido que ayudar a un amigo con la mudanza o entrenar al equipo de fútbol de tu hija. Si lo que tenías que hacer era algo físico, es un hecho que habrías sido capaz de llevar a cabo esa tarea de manera más efectiva si te hubieses ceñido al programa. Y aunque no fuese nada físico, ¿te habría ayudado afrontar esa prioridad con más seguridad?

Personal: No pasa nada si dejas vagar la mente mientras ejecutas algunos de los movimientos de mi programa de movilidad, mientras no te impida centrarte en ellos y mantener la forma perfecta. Sin embargo, si estás pasando por algo (ya sea en el trabajo, en casa o en otra parte) que te resulta tan abrumador que no puedes concentrarte y dar a la rutina el cien por cien del esfuerzo, ese es un problema que abordar.

¿Ese eres tú? Todo el mundo es distinto, de modo que no puedo predecir los problemas personales que podrías traer a la sesión, pero esto lo sé: hacer una valoración rápida para ver si lo que te preocupa es algo que importa más que hacer el entrenamiento de movilidad resulta bastante fácil. Lo único que hace falta es mirar lo que ha ocupado espacio en tu mente ese día y responder a lo siguiente:

¿Drama o aprieto? En otras palabras, ¿lo que te preocupa es algo por lo que otros negarían con la cabeza o se preocuparían de verdad? En gran medida, conocemos la diferencia entre lo que es importante y lo que no merece más que un gesto de exasperación.

¿Urgente o aplazable? Fuera cual fuera la catástrofe que no podías olvidar, ¿era algo de lo que debías encargarte lo antes posible o podía haber esperado al menos otros treinta minutos hasta que hubieses acabado?

Por último, he tenido algunos clientes que no eran capaces de concentrarse porque hacer ejercicio cuanto estaban pasando por una crisis les parecía egoísta, en especial si lo que tenían en la cabeza era a otra persona y problemas por los que esta podía estar pasando. Eso tiene todo el sentido, pero si es tu caso, piensa que al invertir unos minutos al día en cuidarte, estarás colocándote en una posición mejor para cuidar de otros. No es egoísta permitirte unos momentos para mejorar de modo que nada se interponga en tu camino para estar ahí para ellos cuando te necesitan.

Orgullo: Lo que te estoy pidiendo no es distinto de lo que les pido a mis clientes, muchos de los cuales son deportistas profesionales. Pero a veces he visto a personas con las que he trabajado pasar de 100 a 0 kilómetros por hora porque cometieron un error a medio camino. Tal vez se encontraran algo débiles o tensos esa mañana en un movimiento específico, o tal vez no pudieran mantener una postura determinada o estirar tanto como solían. Luego pasan el resto de la sesión flagelándose por ello.

¿Ese eres tú? De ser así, debes saber esto: siempre y cuando te ciñas a mi programa de movilidad y lleves a cabo los veintisiete movimientos, nadie te va a juzgar por lo bien que los hagas. Si estuviese delante de ti, corregiría tu postura cuando haces algo incorrectamente y te animaría a trabajar con todo tu potencial, pero juzgar a alguien por lo que es capaz o incapaz de hacer no es propio de mí, y no quiero que sea propio de ti. No espero perfección, aunque sí persistencia. De modo que si tu autoestima mina tu esfuerzo, para de inmediato. Recuerda lo que te dije al principio del libro: puede que pierdas la batalla con determinados movimientos en determinados días, pero si te mantienes firme y te esfuerzas al máximo, nunca fracasarás.

Dolor: Pese a que todos tenemos distintos umbrales del dolor, los movimientos de mi programa no deberían doler, a menos que estés realizándolos de forma incorrecta, excediéndote o tengas otros problemas en el plano físico. En lo que respecta a la movilidad y la fuerza del core, todos los movimientos del programa son movimientos de gran capacidad que proporcionan resultados al tiempo que minimizan el riesgo de lesiones.

Por eso es importante reconocer la diferencia entre el dolor real y la incomodidad/malestar, como he mencionado antes. Si antes de empezar este programa has llevado una vida más bien sedentaria, entonces cabe esperar que sientas cierta molestia muscular y que se prolongue al menos varias semanas a medida que tu cuerpo se acostumbra al programa. Recuerda: le estás pidiendo a tu cuerpo que haga movimientos que no ha hecho en una temporada (o quizá nunca). El malestar en las articulaciones, tendones y músculos es un efecto colateral natural pero temporal que significa que el programa funciona, ¡así que sigue así!

¿Ese eres tú? Evidentemente, si en algún momento notas un chasquido, un crujido o un tirón cuando llevas a cabo algún movimiento, entonces para de inmediato y haz que te examinen, porque ahí tienes un problema distinto que debes abordar. Si no, escucha a tu cuerpo. ¿Se trata de un dolor que ha empezado recientemente o llevas tiempo sintiéndolo y un movimiento concreto del programa hace que te llame la atención? ¿Es posible que otras actividades que estés realizando además del programa —entrenar, participar en deportes, hacer tareas domésticas o un trabajo físico, etcétera— sean la causa de la tensión que sientes en esa zona en particular?

Como he dicho, ninguno de los veintisiete movimientos debería doler a menos que estés haciéndolo mal —de hecho, están pensados para reducir los dolores y achaques diarios—, así que cíñete al régimen e intenta reducir las actividades extracurriculares que podrían exigir a algunas partes de tu cuerpo demasiado y con demasiada frecuencia. Si al cabo de una semana sigues sintiendo incomodidad o dolor a causa de un movimiento en particular, podría haber un problema subyacente sobre el que quizá deberías consultar al médico.

Reventado: Aunque mi rutina te desafía de distintas maneras en términos de estabilidad, resistencia y fuerza, no es un entrenamiento agotador. De hecho, cuando lo haces bien, te sentirás con más energía y listo para comerte el mundo después. Así que si estás demasiado cansado en algún punto durante mi rutina, no debería ser porque es demasiado intenso. El problema más probable está vinculado con alguna otra cosa que estés haciendo.

¿Ese eres tú? Existe una variedad de razones por las que podrías estar decayendo, algunas de las cuales deberían corregirse a medida que adoptas y sigues el resto de las partes del libro (Come y Repara):

Quizá estés sobreentrenando. El ejercicio, los deportes y cualquier actividad que imponga una exigencia física a tu cuerpo —cuando se hace demasiado— pueden llevar a un entrenamiento excesivo, así que si estás realizando otras actividades además de mi programa, quizá les estén pasando una factura excesiva a tus músculos y a tu sistema nervioso central. En la sección Repara, te mostraré una forma fácil de comprobarlo y lo que puedes hacer al respecto.

Quizá tengas hambre. En primer lugar, no deberías. Aunque yo prefiero que lleves a cabo mi rutina de movilidad a primera hora de la mañana, como ya he mencionado previamente, comer algo ligero justo después de levantarte evita que tu cuerpo descomponga tejido muscular magro ganado con esfuerzo en busca de energía, de modo que tu estómago ya debería estar saciado. Sin embargo, si no eres de comer antes de practicar ejercicio, empieza poco a poco y plantéate comer una pieza de fruta, como un plátano o un puñado de frutos del bosque. O puedes dividir el desayuno y comerte una parte pequeña antes de empezar (y acabarte el resto después). Por último, podrías tomar un batido a sorbos durante los movimientos menos intensos si te va mejor. Lo que no quiero es que tengas el estómago lleno antes o durante la rutina, puesto que puede que estés hinchado y tal vez impacte en tu nivel de movilidad y comodidad al realizar algunos movimientos.

Quizá estés deshidratado. En la parte «Come» del libro, he hablado de la importancia de la hidratación y cómo quiero que bebas precisamente a lo largo del día, así que sé sincero contigo mismo. ¿Tus niveles de hidratación estaban como es debido antes de emprender la rutina del día? Si no —o si ni siquiera te acuerdas de cuánto habías bebido—, es probable que estar ligeramente deshidratado haya afectado a tu energía.

Quizá te falte sueño. Si no te sientes identificado con nada de lo que acabo de mencionar (y no estás enfermo, pillando algo ni tienes un problema de salud subyacente que pudiera estar atacando tu energía), lo más probable es que la causa sea la falta de sueño o de sueño profundo. En la parte «Repara» de este libro, hablaré de la importancia del sueño y de cómo puedes conseguir no solo un mejor descanso nocturno, sino el mejor descanso posible.

10

Reconstrúyelo mejor

Mi régimen de movilidad está diseñado para que puedas hacerlo en cualquier parte. Los veintisiete movimientos también se adaptan con facilidad, lo que te permite modificarlos sin esfuerzo para hacerlos o más accesibles o más complejos, dependiendo de dónde estés en tu viaje de acondicionamiento físico.

Dicho esto, lo que quiero que tengas en mente es que, aunque este capítulo ofrece formas de intensificar el régimen, eso no significa que quiera que te apresures a hacerlo. Algunos de los movimientos requieren tiempo para tener efecto de verdad, pero cuanto más los realices, más supondrán una diferencia en tu movilidad. Sigue el programa como está prescrito durante al menos dos o tres semanas antes de plantearte formas de intensificar algunos de los movimientos. Sin embargo, si un ejercicio en particular te da problemas en el acto, entonces deberías recurrir a esta sección de inmediato.

Cómo modificar los movimientos de movilidad

Reconstruir cada uno de los veintisiete movimientos —ya sea para hacerlos ligeramente más fáciles hasta que los domines o para acentuarlos de manera que veas más resultados— no requiere una ingeniería. En la mayoría de los casos, solo se necesita:

- **jugar con los números** (aumentando las repeticiones o los segundos);
- **añadir más peso** (incorporando pesas al movimiento);
- **alterar el ritmo** (haciendo un movimiento o más lento o más rápido);
- o **cambiar la superficie en la que te encuentras para modificar tu estabilidad** (utilizando un disco de equilibrio o cualquier cosa que desafíe tu equilibrio o tu sistema nervioso central).

Dicho esto, la parte siguiente te enseñará cómo modificar cada uno de los veintisiete movimientos para ajustarlos a tus habilidades actuales.

¡Las herramientas que intensifican!

Para aumentar determinados movimientos, necesitarás invertir en un par de elementos de equipamiento específicos pero baratos para ayudar a crear una superficie más inestable. Independientemente de cuál utilices, cada uno de esos añadidos te permitirá emplear aún más fibras musculares a lo largo de los glúteos, el core y otros grupos musculares para que te ayuden a estabilizarte:

Dos rodillos de espuma (corto y largo): Estos tubos cilíndricos vienen en todas las formas y tamaños, pero contar con dos (uno que mida menos de 30 centímetros, además de uno largo de alrededor de 90) te saldrá por menos de veinte euros cada uno.

Un disco de equilibrio hinchable: También conocido como «cojín de equilibrio», es un disco lleno de aire que también puedes encontrar por algo menos de veinte euros. Consejo: invertir en dos te proporcionará más opciones cuando tengas un nivel más avanzado. Personalmente, prefiero el disco de equilibrio hinchable WAFF sobre otros. Creo que este modelo es el más fácil de transportar y duradero del mercado, lo que te da la flexibilidad de llevártelo a donde sea (con lo cual es a prueba de excusas) sin tener que preocuparte por desinflarlo cuando estés de viaje.

Una pelota de ejercicio: Estas pelotas hinchables extragrandes no dejan a tu cuerpo mucha más alternativa que involucrar los músculos del core para mantener el equilibrio sobre ellas, tanto si las usas para sentarte como para apoyar los pies o sujetarte.

[Nota: Al viajar, también podrías utilizar una pequeña almohada o una toalla enrollada en lugar de estos elementos de equipamiento dondequiera que te sugiera que los utilices. Las almohadas y toallas no crearán una superficie tan inestable, pero al menos contarás con opciones cuando no tengas acceso a estos otros objetos].

1. Estiramiento de fascia plantar

Hazlo más manejable:
- **Probando con una herramienta distinta.** Puedes usar cualquier tipo de pelota, de modo que siéntete libre de experimentar si una pelota de tenis te resulta demasiado suave (dos opciones que a muchos atletas les gusta incluir son una bola de lacrosse o incluso una pelota de golf). También puedes probar con un rodillo de amasar o una botella de agua helada para relajar la fascia plantar, la cuestión es encontrar qué les sienta mejor a tus pies.

Incrementa la intensidad:
- **Agarrando la pelota.** Cada vez que la pelota llega a la parte delantera de tu pie, cógela con los dedos y estrújala durante un segundo, luego suéltala.
- **Bombeando con el talón.** Cada vez que la pelota llega a la parte posterior de tu pie, mantenla bajo el talón y pisa y suelta varias veces.

2. Estiramiento de pie contra pared

Hazlo más manejable:
- **Reajustando la postura.** Si tienes los gemelos y el tendón de Aquiles tan tensos que bajar el talón al suelo te resulta imposible, intenta acercar la pierna de atrás unos centímetros a la pared.

Incrementa la intensidad:
- **Prolongando el movimiento un poco más.** Cada vez que

doblas la pierna de delante y notas el estiramiento en la de atrás, haz una pausa de unos segundos.

- **Añadiendo algo de oscilación.** En lugar de mantener el pie de atrás en el suelo todo el tiempo, prueba esto después de cada repetición: levanta inmediatamente la rodilla de la pierna de atrás hacia delante hasta que el muslo quede en paralelo al suelo, luego revierte el movimiento para volver a la posición de Listo.

3. Estiramiento de isquiotibiales y alivio del nervio de pie

Hazlo más manejable:
- **Agarrándote a algo.** De ser posible, quiero que muevas los dos brazos al mismo tiempo. Pero si te resulta imposible hacer el movimiento sin usar una silla, mesa o cualquier objeto sólido cercano para apoyarte con un brazo, hasta que le cojas el truco no pasa nada.

Incrementa la intensidad:
- **Añadiendo inestabilidad.** Coloca una superficie inestable (almohada, toalla enrollada o disco de equilibrio) debajo del pie de la pierna que tienes detrás.

4. Estiramiento de cuádriceps alterno

Hazlo más manejable:
- **Agarrándote a algo.** Igual que con el estiramiento de isquiotibiales y alivio del nervio de pie, prefiero que no utilices ninguna forma de apoyo. Si no puedes hacer el ejerci-

cio sin ayuda de ninguna manera, entonces utiliza una pared o el borde de una mesa, pero trabaja en utilizar cada vez menos esos apoyos.

Incrementa la intensidad:

- **Añadiendo inestabilidad.** Plántate con ambos pies en una superficie inestable (almohada, toalla enrollada o dos discos de equilibrio).
- **Cerrando un ojo.** Tu cuerpo tiene que trabajar aún más para equilibrarse cuando apliques este truco, lo que puedes hacer de varias formas. Podrías probar a cerrar un ojo durante la mitad de las repeticiones, luego a cerrar el otro durante las repeticiones que quedan. O cerrar el ojo del mismo lado del pie que estás levantando atrás (o el ojo contrario: ojo izquierdo/pie derecho u ojo derecho/pie izquierdo).

5. Estiramiento pectoral con un solo brazo

Hazlo más manejable:

- **Bajando el brazo ligeramente.** Si sientes algún dolor en el codo al realizar este movimiento, bajar el codo de 2 a 4 centímetros puede reducir la molestia.

Incrementa la intensidad:

- **Prolongando el estiramiento un poco más.** En lugar de estirar de 3 a 5 segundos, prolonga el estiramiento de 6 a 10 segundos para ofrecer a tu pecho, hombros y cuello más atención.

6. Estiramiento del ángel

Hazlo más manejable:

- **Trabajando con tu cuerpo.** Si eres curvilíneo, es posible que el trasero te cause problemas para que todo toque la pared (cabeza, parte superior de la espalda, codos, dorso de las manos y talones). Si es el caso, prueba a inclinar la pelvis hacia delante y mantenla en esa posición.
- **Cogiendo algunas toallas.** Si eso sigue sin solucionar el problema (o te falta movilidad en las caderas por el momento), colócate unas cuantas toallas enrolladas detrás de la cabeza y la parte superior de la espalda de modo que tengas algún contacto con la pared. Es posible que tus talones y tus codos no la toquen, pero no los fuerces. Mientras tus uñas toquen la pared, por ahora está bien.
- **Sin desalentarte.** La buena noticia es que cuanto más hagas el programa, más mejorarán tu cadera y la zona lumbar. Esa flexibilidad adicional te hará más fácil inclinar la pelvis hacia delante y hacia atrás, lo que te permitirá adaptarte de manera más eficiente para que puedas tocarlo todo sin problemas.

Incrementa la intensidad:

- **Abriendo el estiramiento.** Coloca un rodillo de espuma grande detrás de ti (en perpendicular al suelo), de manera que todo, desde la cabeza hasta el coxis, se apoye en él. Una vez más, no estarás en pleno contacto con la pared (en concreto, tus codos y talones), pero esta variación te abre todavía más el pecho y los hombros.

7. Marcha en el suelo

Hazlo más manejable:

- **Acortando el movimiento.** En lugar de pasar los brazos hasta atrás y subir las rodillas hasta que el muslo quede en perpendicular al suelo, intenta moverlos la mitad de la distancia.
- **Sin ser duro contigo mismo.** Mira, esto requiere algo de coordinación, lo que significa que, incluso si cuentas con una base física decente, quizá tengas dificultades con este movimiento porque requiere sincronicidad. Sé paciente y con el tiempo llegará.

Incrementa la intensidad:

- **Añadiendo inestabilidad.** Algo que hago todos los días con LeBron es que practique este movimiento acostado sobre un rodillo de espuma largo (pasándolo desde la cabeza, por la espalda, hasta el coxis). Tendrás que doblar las piernas ligeramente (en lugar de mantenerlas rectas por completo), pero más allá de eso, realizarás el movimiento como está prescrito.

8. Cien de pilates en el suelo

Hazlo más manejable:

- **Ralentizándolo.** Intenta ajustar el ritmo hasta que encuentres uno que encaje con tu forma física actual.

Incrementa la intensidad:

- **Levantando las piernas.** Mantén las rodillas flexionadas, eleva las piernas de manera que tus muslos queden en perpendicular al suelo y mantenlos ahí lo que dura el movimiento.

- **Añadiendo patadas.** Cada 5 rebotes, haz una pausa, extiende la pierna izquierda, vuelve a ponerla en el suelo, extiende la pierna derecha y vuelve a ponerla en el suelo sin mover la cabeza, el tren superior ni los brazos.

9. Puente de glúteos

Hazlo más manejable:

- **Sin subir tanto.** Si levantar las caderas hasta que el cuerpo forme una línea recta es demasiado exigente (por ahora), intenta elevarte hasta la mitad, o aunque sea a unos centímetros del suelo. Incluso el movimiento más leve te fortalecerá los músculos, lo que te permitirá que los movimientos sean más eficientes con el tiempo.

Incrementa la intensidad:

- **Con rebotes en lo alto.** Tras una pausa de 3 segundos en lo alto, añade unos leves rebotes extra entre cada repetición dejando caer las caderas unos centímetros, y luego levantándolas unas cuantas veces (2 o 3 está bien) antes de volver a bajar al suelo.
- **Probando cada vez con una pierna.** En lugar de mantener ambos pies en el suelo, prueba un «puente de glúteos con una sola pierna» empezando con ambos pies pegados al suelo y extendiendo luego una pierna recta —manteniendo los muslos en paralelo— antes de empezar el ejercicio. Haz el mismo número de repeticiones con cada pierna.

10. Flexión

Hazlo más manejable:

- **Descansando sobre las rodillas.** Si no puedes hacer una flexión tradicional, puedes ponerte de rodillas.
- **Sin bajar tanto.** En lugar de doblar los codos y bajar el cuerpo hasta que los brazos te queden en paralelo con el suelo, intenta bajar de un tercio a la mitad de la distancia y luego vuelve a empujarte poco a poco hacia arriba.
- **Siendo negativo… en el buen sentido.** En lugar de impulsarte poco a poco hacia arriba y bajar, concéntrate únicamente en la parte que desciende. Una vez que hayas llegado al suelo, en lugar de impulsarte de vuelta arriba, regresa a la posición haciendo lo que necesites. Confía en mí, sigues trabajando tu cuerpo al utilizar lo que se conoce como entrenamiento excéntrico (o negativo), que te permitirá construir fuerza y resistencia de manera que acabes pudiendo realizar el ejercicio como se describe.

Incrementa la intensidad:

- **Haciendo una pausa en el punto medio.** Cada vez que bajas o subes a medio camino, haz una pausa de un segundo o dos. Todos tus músculos —en especial tu core— pondrán el grito en el cielo.
- **Ralentizando las cosas aún más.** Si puedes realizar más de 15 repeticiones, no añadas más. En lugar de eso, trata de ralentizar el movimiento. Encuentra un ritmo que te permita hacer solo entre 8 y 15 repeticiones antes de que tus músculos estén demasiado cansados para continuar.
- **Añadiendo inestabilidad.** Coloca la parte superior de los pies sobre un disco de equilibrio o coloca cada mano sobre

un disco en lugar de en el suelo. Cada variación te hará más difícil mantener el equilibrio.

- **Acercando más las manos.** Juntar las puntas de los dedos (de manera que adopten la forma de un rombo) no solo pone más énfasis en tus tríceps, sino que requiere más esfuerzo de los músculos del core y propioceptivos para mantener el equilibrio.
- **Levantando una pierna.** Cada vez que LeBron desciende al suelo, levanta un pie hacia el techo, manteniendo la pierna estirada al hacerlo. Al impulsarse de nuevo hacia arriba, vuelve a bajar el pie al suelo (alternando adelante y atrás de la pierna izquierda a la derecha con cada flexión). Esta variación comporta una mayor activación del core posterior y los glúteos.

11. Plancha lateral con rodillas flexionadas

Hazlo más manejable:

- **Aguantando el movimiento menos tiempo.** En lugar de hacer una pausa de 5 segundos en lo alto, experimenta con menos —bajando a incluso 1 segundo si es necesario— y sube hasta 5.
- **Saltándote la pausa por completo.** Si te cuesta ser capaz de aguantar en lo alto incluso 1 segundo, entonces limítate a hacer el movimiento arriba y abajo a un rimo controlado (¡no rápido!). Enseguida construirás fuerza y resistencia al ceñirte al programa, lo que con el tiempo te permitirá aguantar en lo alto con mucha más facilidad.

Incrementa la intensidad:

- **Añadiendo inestabilidad.** Puedes cambiar la superficie colocando una toalla enrollada o un disco de ejercicio debajo del codo o la rodilla (¡o ambos!) en el suelo.
- **Cargando con algo de peso.** Si ya llevas al menos 6 meses de ejercicio —y cuentas con alguien que pueda ayudarte—, entonces podrías pedirles que te pusieran (y sujetaran) un peso directamente encima de la cadera.

[**NOTA**: Algunos entrenadores quizá te hagan estirar la pierna de abajo, la que está más cerca del suelo, que es algo que yo no defiendo. ¿Hace eso el movimiento más difícil? Sí, pero por el motivo equivocado, pues compromete la parte baja de la espalda al ejercer una presión innecesaria sobre ella. LeBron tiene uno de los cores más fuertes que cualquier atleta al que he visto nunca, y él solo hace este ejercicio con la pierna de abajo flexionada].

12. Plancha lateral con elevación de pierna

Hazlo más manejable:

- **Bajando la plancha.** Si te está costando en cuanto a fuerza o resistencia, sáltate la plancha y acuéstate de lado, luego lleva a cabo la elevación de pierna sin más.
- **Descansando el pie.** El pie de la pierna que estás subiendo y bajando no debería tocar el suelo, porque eso crea un «microdescanso» para tus músculos en lugar de mantenerlos involucrados en todo momento. Sin embargo, si necesitas ese descanso para completar el movimiento, entonces

utilízalo (pero intenta reducir la frecuencia con la que tocas el suelo a medida que progresas).

Eleva la intensidad:

- **Ralentizando un poco las cosas.** En lugar de moverte a un ritmo de 3 segundos arriba/3 segundos abajo, experimenta con subir y bajar la pierna a una velocidad muy inferior.
- **Añadiendo inestabilidad.** Puedes cambiar la superficie colocándote una toalla enrollada o un disco de ejercicios debajo del codo o la rodilla (¡o ambos!) en el suelo.
- **Ajustando algo de peso.** Algunos clientes que sobrepasan las expectativas (¡mis guerreros!) se preguntan si añadir peso a los tobillos sería de ayuda. ¿Puedes hacerlo? Sí. Pero yo considero que las sugerencias de arriba son igual de efectivas y mucho más seguras. Acoplar un peso al tobillo solo servirá para sobrecargar tu cuerpo con peso lejos de tu core, y en mi opinión no es práctico, en especial porque incrementa el riesgo de lesión. Pero si sientes que estás listo y decides hacerlo, cíñete a un peso inferior a los 2,5 kilos.

13. Marcha de plancha lateral

Hazlo más manejable:

- **Recortando el rango de movimiento.** No balancees la pierna y el brazo lo más lejos posible. Esto reducirá parte del movimiento que podría estar haciéndote más difícil mantenerte equilibrado o coordinado.

Incrementa la intensidad:

- **Añadiendo inestabilidad.** De nuevo, puedes cambiar la superficie colocando una toalla enrollada o un disco de ejercicio debajo del codo o la rodilla (¡o ambas cosas!) en el suelo.
- **Ajustando algo de peso.** Si llevas al menos 6 meses entrenando, puedes añadir un peso de tobillo a la pierna, pero no excedas el kilo de peso.

14. Plancha tradicional

Hazlo más manejable:

- **Haciendo planchas durante menos tiempo.** En lugar de esforzarte de 15 a 20 segundos, limítate a mantener la postura todo el tiempo que seas capaz.
- **Cambiando tu base ligeramente.** En lugar de poner los pies juntos, sepáralos más, lo que te hará más fácil mantener el equilibrio.

Incrementa la intensidad:

- **Viendo cuánto tiempo aguantas.** Podrías superar el tiempo que te recomiendo (de 15 a 20 segundos), pero no sobrepases los 2 minutos. No obtendrás ningún beneficio adicional al hacerlo. Además, así solo alargarías el entrenamiento y podrías sentirte tentado de correr demasiado en la segunda parte.
- **Ajustando algo de peso.** Puedes hacer que alguien te coloque un peso con suavidad en la zona lumbar o el trasero, siempre que no comprometa tu estabilidad o la técnica.

15. Superman

Hazlo manejable:

- **Haciendo una pausa menor.** En lugar de aguantar arriba entre 3 y 5 segundos, hazlo durante solo 1 o 2 segundos, o sáltate la pausa completamente y limítate a subir y bajar.
- **Dejando las piernas abajo.** En lugar de levantar los brazos y las piernas juntos, levanta solo el tren superior del suelo.
- **Flexiona los brazos en un ángulo de 90 grados.** Cuanto más extiendas los brazos lejos del cuerpo, mayor será el desafío que supone el movimiento para tus músculos. Al doblar los brazos, estás creando un ángulo que reduce la resistencia ligeramente.

Incrementa la intensidad:

- **Prolongando la pausa en lo alto.** Si buscas un reto mayor, intenta mantener la posición unos segundos más.
- **Levantando un brazo y una pierna al mismo tiempo.** Esta variación requiere cierta coordinación, pero intenta levantar (y luego bajar) el brazo izquierdo y la pierna derecha, luego cambia brazos y piernas. El movimiento debería darte la impresión de que estás nadando. Esta modificación hace que tu cuerpo se balancee más adelante y atrás, lo que obliga a tus músculos propioceptivos a trabajar aún más para mantener el equilibrio.

16. Elevación de brazo/pierna alterna

Hazlo más manejable:

- **Apoyando el torso.** Si encuentras un reposapiés, una silla, un banco o algún objeto sólido que te permita colocarte encima de manera que puedas apoyar el pecho en él —pero aún te permita tocar el suelo con las manos y las rodillas—, pruébalo.

- **Saltándote la pausa.** En lugar de sostener el movimiento en lo alto, sube y baja a un ritmo controlado.

Incrementa la intensidad:

- **Tumbándote sobre una pelota de equilibrio.** Técnicamente, estás haciendo lo mismo —apoyar el torso— al envolver la pelota de equilibrio con tu cuerpo. Pero su forma te hace más difícil mantener el equilibrio.
- **Cerrando los dos ojos o solo uno.** De las dos maneras se añade otro nivel de dificultad al movimiento.
- **En equilibrio sobre los dedos de los pies.** En lugar de mantener las palmas de las manos y las rodillas en el suelo, eleva las rodillas justo por encima del suelo de manera que te apoyes únicamente en los dedos de los pies, luego recoloca las manos de forma que quedes apoyado con las puntas de los dedos.

17. Bisagra de cadera de rodillas

Hazlo más manejable:

- **Sin bajar tanto.** En lugar de inclinar las caderas hasta abajo de forma que te toques los talones con el trasero, inclínalas la mitad.
- **Sin doblarte tanto.** En lugar de doblarte por la cintura hasta que tu torso adopte un ángulo de 45 grados, intenta acortar la distancia a la que te inclinas a la mitad.

Incrementa la intensidad:

- **Ampliando el rango.** Si puedes hacerlo sin caerte ni comprometer la zona lumbar, desciende más de 45 grados.
- **Estirando los brazos.** Levanta los brazos, estirados, por encima de la cabeza y mantenlos alineados con el torso en todo momento.
- **Elevándote más.** Colócate sobre un banco de pesas —o pon dos sillas firmes y del mismo tamaño una junto a la otra y arrodíllate encima (con una rodilla en cada silla)— para añadir un componente de inestabilidad al movimiento.

18. Bisagra de cadera con una sola pierna

Hazlo más manejable:

- **Bajando menos.** En lugar de inclinar las caderas hacia atrás al máximo de modo que te toques los talones con el trasero, inclina las caderas solo la mitad.
- **Doblándote menos.** En lugar de doblarte por la cintura hasta que tu torso adopte un ángulo de 45 grados, intenta acortar a la mitad la distancia a la que te inclinas.

Incrementa la intensidad:

- **Añadiendo inestabilidad.** Colócate un disco de equilibrio o un rodillo de espuma debajo de la rodilla.
- **Dejándote caer aún más.** Si puedes hacerlo sin perder el equilibrio o forzar la zona lumbar, desciende más de 45 grados.
- **Estirando los brazos.** Levanta los brazos, estirados, por encima de la cabeza y mantenlos alineados con el torso en todo momento.

19. Perro boca abajo tocando tobillo

Hazlo más manejable:

- **Sin retroceder tanto.** Pese a que el objetivo es llegar hasta los tobillos, tocarte las rótulas —o únicamente retroceder todo lo que puedas con comodidad— también funcionará hasta que con el tiempo mejoren tu movilidad y tu equilibrio.

Incrementa la intensidad:

- **Juntando un poco más los pies.** Cuanto más reduzcas la distancia entre los pies, más difícil te resultará mantener el equilibrio.

20. Estiramiento Spider-Man

Hazlo más manejable:

- **Sintiéndote cómodo con el rango.** Si no puedes subir el pie hasta la mano, quédate con la mitad de la distancia por ahora.
- **Elévate.** En lugar de apoyar las manos en el suelo en posición de flexión, colócalas en el asiento de una silla firme. Esta alteración elimina gran parte del esfuerzo del tren superior y lo convierte más en un ejercicio del tren inferior.

Incrementa la intensidad:

- **Doblando los brazos ligeramente.** Mantener los codos parcialmente flexionados a lo largo del movimiento obliga al pecho, los hombros, los tríceps y los músculos del core a permanecer contraídos para mantenerte recto.
- **Haciendo flexiones entremedias.** Después de plantar los

pies dos veces (pie izquierdo, luego pie derecho), intenta hacer 1 o 2 flexiones, luego repite.

21. Inclinación de pelvis de pie y 22. Rotación de vértebras torácicas

Estos dos movimientos encajan bien porque es probable que sean los más fáciles de hacer, de modo que no requieren modificaciones para facilitarlos. Tus caderas y tus vértebras torácicas solo van a moverse mientras tengas movilidad, y exigirles más de lo que puedes hacer con comodidad solo las perjudicaría. Dicho esto, se trata de movimientos mínimos que pueden tener un impacto importante en tu rendimiento general si te los tomas ambos en serio.

Por otro lado, son movimientos que nunca animo a intensificar de ninguna manera, aunque fuera posible. ¿Podrías hacer más repeticiones? En teoría, sí, pero son dos piezas de un puzle mucho más grande, una serie de movimientos con la intención de preparar tu cuerpo de la cabeza a los pies. Excederte inclinando la pelvis y rotando cada hombro cien veces no va a llevar nada a otro nivel, así que quiero que te ahorres ese tiempo y entusiasmo para el resto del programa.

23. Balanceo en equilibrio sobre una sola pierna

Hazlo más manejable:

- **Apoyándote en algo.** Puedes sujetarte a una pared, al borde de una mesa, una silla firme o cualquier objeto que no se mueva con tu peso.

Incrementa la intensidad:

- **Añadiendo inestabilidad.** Puedes cambiar la superficie poniéndote de pie encima de una toalla enrollada o un disco de ejercicio.
- **Ajustando peso.** Si llevas al menos 6 meses entrenando, puedes añadir un peso de tobillo a la pierna estirada, pero no superes el kilo.

24. Sentadilla lateral de sumo

Hazlo manejable:

- **Plantándote a unos centímetros de una pared.** Al acercar la espalda todo lo posible a una pared firme, si pierdes el equilibrio, entonces inclínate con suavidad contra ella y sujétate.
- **Utilizando los brazos para compensar.** En lugar de mantener las manos delante del pecho, empieza con los brazos colgando por delante del cuerpo (no a los costados, para que no interfieran con el ejercicio). Cuando hagas la sentadilla, llévalos hacia delante para que te ayuden a estabilizarte, luego bájalos cuando te impulses hacia arriba de nuevo.

Incrementa la intensidad:

- **Cerrando un ojo o los dos.** Podrías probar cerrando un ojo durante la mitad de las repeticiones y luego cerrando el otro durante el resto. O cierra el ojo que esté en el mismo lado de la pierna que doblas (o el ojo contrario: ojo izquierdo/pierna derecha u ojo derecho/pierna izquierda).
- **Añadiendo peso.** Intenta sostener una mancuerna o un peso con ambas manos delante del pecho o coge una man-

cuerna con cada mano y deja que los brazos te cuelguen rectos a los costados.

25. Sentadilla isométrica en pared con pie adelantado

Hazlo manejable:
- **Mantén la posición durante menos tiempo.** En lugar de 20 segundos, mantén la postura todo el tiempo que puedas.
- **No desciendas tanto.** De ser posible, deberías esforzarte por bajar hasta que tu muslo quede en paralelo al suelo. Pero si de momento solo puedes bajar unos centímetros, acepta el logro y desafíate a ti mismo a bajar un par de centímetros más la próxima vez.

Incrementa la intensidad:
- **Manteniendo la posición durante más tiempo.** Puedes superar los 20 segundos y mantener el movimiento hasta 1 minuto, pero no lo sobrepases.
- **Añadiendo inestabilidad.** Puedes cambiar la superficie en la que te encuentras por una toalla enrollada o un disco de ejercicio. O pon una pelota de equilibrio detrás de ti y mantenla en su sitio contra la pared con el pie que normalmente se hallaría pegado a la pared.

26. Peso muerto rumano a una pierna

Hazlo más manejable:
- **Sin bajar tanto.** Este movimiento requiere equilibrio, así

que, si no puedes realizarlo como está descrito, desciende el torso hasta donde te sientas cómodo.

- **Cerrando los ojos.** Esto hace el movimiento aún más difícil, pues desafía tu propiocepción.
- **Añadiendo peso.** Solo después de que hayas dominado el movimiento te recomendaría sostener o una mancuerna (en una mano) o un par de mancuernas (una en cada mano). Mientras realizas el movimiento, deja que los brazos cuelguen rectos hacia el suelo.

27. Cohete espacial

Hazlo más manejable:

- **Manteniendo la posición durante menos tiempo.** Si 2 o 3 segundos te resulta demasiado difícil, mantén la posición solo el tiempo que puedas.
- **Agarrándote a algo.** Si te está costando adoptar la posición, puedes utilizar una mano para agarrarte a una silla, mesa o cualquier objeto firme cercano para apoyarte.

Incrementa la intensidad:

- **Añadiendo inestabilidad.** Puedes cambiar la superficie poniéndote en pie sobre una toalla enrollada, dos discos de equilibrio o unos cojines.
- **Cerrando los ojos.** Aunque prefiero que alces la vista al cielo o al techo porque este último movimiento es muy empoderador, no puedo discutir que hacerlo con los ojos cerrados sin duda pone a prueba tu equilibrio, ¡así que pruébalo!

Siéntate menos, camina más

Espera…, aún no has acabado. Si acudes a este régimen como alguien que no es superactivo, es posible que necesites introducir muchas de estas modificaciones al principio para hacer ciertos ejercicios y estiramientos más manejables. No obstante, no te preocupes, tu cuerpo no tardará en adaptarse y se volverá más competente con la rutina, pero también hay otra cosa que puedes hacer para acelerar esa transición, y es supersencilla: ¡moverte!

Como he dicho, mi rutina de movilidad puede añadirse a todo lo demás:

- Funciona junto con cualquier programa de entrenamiento del que quieras obtener más beneficios, ya sea entrenamiento en circuito, entrenamiento de fuerza, levantamiento de potencia, musculación… En realidad, no importa cuáles sean tus objetivos individuales.
- Funciona junto con cualquier deporte o actividad que estés practicando en la actualidad.
- Funciona de manera independiente, ayudándote a realizar incluso las tareas más mundanas con eficiencia a lo largo del día. Pero, si es tu caso, entonces necesito que hagas algo por mí. En realidad, deja que lo reformule: necesito que hagas algo por ti mismo.

Mi programa está diseñado para obtener más de tu cuerpo durante todo el tiempo posible. Pero si en la actualidad no estás haciendo nada por él —en especial desde el punto de vista cardiovascular—, entonces no puedo prometerte que alcances tu máximo rendimiento al mismo nivel que esperas. Si ahora mismo no estás haciendo ejercicio ni practicando un deporte de manera regular —al menos tres veces por semana durante veinte minutos como mínimo—, entonces necesito que te muevas.

Siéntate menos y camina más. Literalmente dos cosas que cualquiera puede hacer para lograr un impacto colectivo en su salud de maneras por las que puede que no se otorgue reconocimiento. Sí, yo trabajo con deportistas de alta capacidad, pero también trabajo con famosos y otras personas que sinceramente no tienen tiempo de hacer mucho más que mi programa de movilidad. Y cuando veo todo lo que tienen planeado en un día, la verdad es que los entiendo. Pero en esos casos —igual que ahora mismo contigo— de inmediato señalo que no importa qué tipo de día ajetreado estén teniendo:

- Tienen el poder de quedarse de pie en lugar de sentarse.
- Tienen el poder de moverse en lugar de quedarse de pie.

Levántate, ¡hazlo por ti!

Sinceramente, no hay que ser muy listo para saber que cuanto menos tiempo pases sentado, mayor será la frecuencia a la que tu cuerpo queme algunas calorías más (0,15 más por minuto de pie que sentado)[1] y reduce el riesgo de padecer problemas de salud, entre ellos cardiopatías, cáncer y diabetes. Y lo que es igual de importante: estar más tiempo sentado puede causar problemas posturales que quizá tengan un impacto en tu movilidad y tu rendimiento, además de incrementar el riesgo de lesionarte. Y aun así, el estadounidense medio se pasa sentado seis horas y media al día,[2] y de ese grupo, uno de cuatro adultos aparca el trasero más de ocho horas al día.

Hablando claro, estar sentado es malo para ti. ¿Necesitas algunos ejemplos? ¿Qué hay del hecho de que sentarte más de dos horas al día para ver la televisión incremente la probabilidad de sufrir cáncer colorrectal prematuro en un 70 por ciento,[3] o el hecho de que se haya demostrado que estar sentado reduce partes de tu cerebro vinculadas a la memoria?[4] Según algunas investigaciones, sentarte más de diez horas al día puede afectarte incluso a nivel celular, haciendo que algunas células sean biológicamente ocho años mayores que tu edad real.[5]

Revertir esos riesgos es literalmente tan fácil como ponerte en vertical tan a menudo como sea posible a lo largo del día. Sí, a veces sentarte es inevitable, en especial a la hora de la comida, mientras viajas o en otros momentos en los que resulta incómodo o imposible no apoltronarte en un asiento. Pero, en general, tienes elección. Al escoger estar de pie en lugar de sentado, no estás pasando por la vida sin esfuerzo, la estás conquistando.

Cómo erradicarlo sin dolor

Primero, reconoce la inactividad. Al menos una vez a la semana, saca el móvil y abre el cronómetro. Dale a Iniciar cada vez que te sientes y a Detener cada vez que te levantas. Necesitamos ese punto de partida de con qué frecuencia estás sentado a diario. Cada semana, repite este ejercicio, pero intenta recortar unos minutos del tiempo anterior.

Ponte un recordatorio a la vista. En realidad no es culpa tuya que te sientes tan a menudo. Muchas de las actividades que hacemos sentados —cambiar de canal, trabajar en un escritorio, ver un partido— están diseñadas para captar nuestra atención. Poner cerca algo que te recuerda que te levantes —algo visible que no puedas evitar ver al menos una vez cada minuto— puede constituir un punto de inflexión. De hecho, se ha demostrado que utilizar alguna forma de aviso para recordarte que te levantes es sumamente efectivo para cambiar el comportamiento sedentario.[6]

Cualquier cosa funcionará —pósits (incluso un pedazo de cinta de pintor) en el ordenador, el sofá, la silla de la cocina— dondequiera que pases tiempo sentado. Ponte una foto de tus hijos de pie como fondo de pantalla del móvil o pon el móvil en vibración y haz que salte el cronómetro cada pocos minutos. Si te sientes cohibido por hacerlo tan evidente, limítate a ponerte una tirita en el dedo de manera que cada vez que la veas o la sientas, recordarás que tienes que ponerte en pie.

Este recordatorio no tiene ni por qué ser tangible; puede estar conectado con una actividad. ¿Escribes mensajes o e-mails cada cinco minutos? Entonces convierte en una norma no sentarte nunca cuando respondas a alguien. ¿Ves mucha tele o You-Tube? Levántate con cada pausa publicitaria o siéntate mientras buscas pero ponte en pie una vez que le das al play. ¿Siempre mirando las redes, la hora o las actualizaciones del tiempo en el móvil? No lo hagas a menos que estés de pie; a continuación, pon empeño en permanecer así de 3 a 5 minutos como mínimo.

Todos tenemos malos hábitos, cosas que nos vemos haciendo con mucha mayor frecuencia de la que deberíamos. Utilizar estos trucos puede convertirlos en oportunidades saludables.

Camina para que se te pase

Si en la actualidad no haces ejercicio, necesito que hagas un mínimo de 150 minutos de ejercicio cardiovascular a la semana. Es el número mágico que décadas de ciencia han demostrado que puede ayudarte a extender tu longevidad al reducir el riesgo de numerosas enfermedades crónicas y problemas médicos, como el cáncer, la diabetes y la hipertensión. Esa cantidad exacta de actividad desempeña un papel en el fortalecimiento del corazón, el control de peso y en el mantenimiento de la presión sanguínea estable, y evita que corras el riesgo del síndrome metabólico,[7] un grupo de factores de riesgo que puede hacerte más susceptible a la enfermedad cardiovascular, entre otras cosas. De hecho, se ha mostrado que al menos 150 minutos de actividad de intensidad moderada cada semana podría incrementar la esperanza de vida hasta cinco años.[8]

Ahora bien, ¿podrías llegar a esos 150 minutos montando en bici, nadando en una piscina o saltando sobre una máquina de remo? Sí, podrías, pero si no lo estás haciendo ya, lo más probable es que estas formas de sudar no te interesen o no las tengas disponibles.

Ahí es donde entra caminar. Esta sencilla actividad, que empezamos haciendo siendo unas criaturas y en la que ni siquiera pensamos como tal, tiene muchas ventajas:

- Es a prueba de excusas. No requiere equipamiento especial y puede hacerse en cualquier parte.
- Trabaja los mismos músculos que correr (los cuádriceps, los isquiotibiales, los glúteos, los gemelos, los abdominales y la zona lumbar), pero con menos estrés en las articulaciones.
- Se ha demostrado que es efectivo para mejorar la capacidad de tu cuerpo de consumir oxígeno al elevar el colesterol de lipoproteínas de alta densidad (HDL) y bajar la presión sanguínea[9] y el colesterol de lipoproteínas de baja densidad (LDL). De hecho, se ha demostrado que cuando nos

movemos, tendemos a sentirnos mejor mentalmente y menos estresados.[10]

- Es una de las pocas versiones de cardio que puedes hacer a la inversa. Al caminar hacia atrás (ya sea en el exterior, en la cinta de correr o incluso escaleras arriba) a un ritmo más lento de lo habitual (por razones de seguridad), no solo estás haciendo más interesantes las cosas. Esta modificación sutil hace trabajar más a tus cuádriceps y reduce la fuerza sobre las rótulas (lo que te ayuda a fortalecer las rodillas y a hacerlas más resistentes a las lesiones), además de estimular el sistema nervioso central y mejorar la coordinación y el equilibrio.
- Por último, es una de las formas más versátiles de ejercicio cardiovascular. Puedes aumentar o disminuir la intensidad cambiando el ritmo o añadiendo resistencia extra, como llevar botas o una mochila, caminar entre la hierba alta o con el agua a la altura de la cintura, o simplemente sujetar una mancuerna ligera en cada mano. Puedes cambiar el ángulo de la superficie sobre la que caminas (recta, cuesta arriba o cuesta abajo) o incluso cambiar la superficie en sí (macadán, pistas forestales, colinas, arena, etcétera).

Cómo lograrlo sin demasiado esfuerzo

Para esto, tienes elección: puedes concentrarte en caminar a una intensidad moderada por semana (dividido en sesiones de treinta minutos). O puedes seguir con tu día sin más (y no preocuparte por buscar tiempo para cinco sesiones de caminata). Sin embargo, debes dar al menos 10.000 pasos al día.

Si escoges la primera opción: necesito que camines a un ritmo que eleve tu frecuencia cardiaca de un 50 a un 70 por ciento de tu frecuencia cardiaca máxima (o FCM) y la mantenga a ese nivel todo el tiempo. ¿Cuál es tu frecuencia cardiaca máxima? Solo resta tu edad a 220. Por ejemplo, si tienes cuarenta años, entonces tu FCM sería 180 (220 − 40 = 180).

Utilizar un monitor de frecuencia cardiaca te ayudará a permanecer en ese margen, pero otra forma de saber si estás haciendo ejercicio a una intensidad moderada es abrir la boca e intentar mantener una conversación:

- Si puedes pronunciar frases largas sin sentirte sin aliento, probablemente te encuentres en un ritmo que tiene tu pulso por debajo del 50 por ciento del FCM, así que redobla esfuerzos.
- Si puedes hablar pero cantar sería imposible, lo más probable es que tu pulso se halle entre el 50 y el 70 por ciento de tu FCM. Caminar a un ritmo de entre 110 y 120 pasos por minuto es lo bastante rápido para la mayoría de la gente.
- Si no eres capaz de hablar y caminar, te estás esforzando demasiado y es probable que tu pulso esté por encima del 70 por ciento de tu FCM, así que aminora.

Si eliges la segunda opción: entonces vas a necesitar algunas cosas.

1. Un **podómetro resistente al agua** (o monitores de actividad) para controlar tus pasos. ¿Puedes utilizar el del móvil? Sí, pero incluso si eres de los que lo lleva encima todo el tiempo, podría haber momentos en los que no, y prefiero que des cuenta de todos los pasos. Si lo que buscas es un seguimiento de alta tecnología, te recomiendo encarecidamente el monitor de frecuencia WHOOP.

2. Si no tienes **auriculares inalámbricos**, invierte en unos. Lo que no quiero es que tengas algo que te evite moverte de un lado a otro. A menos que vivas en Minnesota y sea pleno invierno, literalmente no hay excusa para que no puedas caminar alrededor del aparcamiento o en el exterior de tu casa cuando aceptes una llamada de teléfono.

Ahora que ya hemos dado los pasos necesarios para mantenerte en movimiento, ha llegado el momento de asentar las bases sobre cómo ayudar a tu cuerpo a sanar aún más rápido y eficientemente que nunca.

TERCERA PARTE

REPARA

11

Piensa en el futuro

Cuando empiezo a trabajar con un cliente nuevo y evalúo de qué punto partimos, observo un montón de cosas. A veces, aunque se está esforzando en lo que se refiere a ejercicio y dieta, advierto que hay algo que no va bien.

Mi programa está diseñado para facilitar la recuperación, así que cuando un cliente no parece estar recuperándose rápida o eficientemente, empiezo a sondear para ver si lo que está ocurriendo detrás del telón está afectando de manera negativa a su rendimiento en el escenario de la vida. Juntos, reexaminamos tanto los aspectos obvios como ocultos del día (y la noche) para buscar los problemas potenciales. Aprendí esta lección a principios de mi carrera y he hecho de ella mi mantra: **«La recuperación nunca se detiene, a menos que tú lo decidas»**.

Pero ¿qué es exactamente la recuperación? El término se ha convertido en algo que todo el mundo usa pero nadie acaba de entender. La mayoría lo etiqueta bajo «descanso», descanso tras el ejercicio, descanso tras un largo día de trabajo o criando a los niños o descanso tras una lesión o una enfermedad. Otros lo vinculan a prácticas que pueden ayudar a sanar, como los masajes, la crioterapia y otras técnicas terapéuticas. Sin embargo, muy pocos comprenden por completo hasta dónde llega en realidad la recuperación.

La recuperación no va solo acerca de coger una almohadilla térmica. En cambio, va de preguntarte a ti mismo: «¿Cómo de rápido puedo recuperarme para alcanzar el mismo nivel de rendimiento que logré ayer y quizá incluso un poco mejor?».

En realidad no importa lo que haces para ganarte la vida o cuáles son tus objetivos. Ya seas deportista de élite o un quarterback como un armario, un corredor de bolsa estresado o un progenitor que se queda en casa, va de dar los pasos necesarios que te permitan regenerarte mientras sigues manteniendo un alto nivel de rendimiento por parte de tu cuerpo. Va de rebobinar hoy centrándote en descansar la mente y el cuerpo, además de liberarlos a ambos del estrés, de manera que mañana puedas pulsar el botón de adelanto rápido. La recuperación es crucial, pero a menudo no recibe la atención que merece por varias razones:

Si dejamos de movernos, creemos que nos estamos quedando atrás. Vivimos en una sociedad que admira y recompensa el trabajo duro, lo que dificulta abrazar la noción de que tomarnos tiempo para relajarnos —aunque solo sean unos minutos— podría ser algo bueno en realidad. Es importante estar motivado, y trabajo con algunas de las personas más decididas del planeta. Pero lo que las ha llevado a donde están no es solo su fuerza de voluntad, sino también su comprensión de que, para tener éxito continuamente, debes recordarte a ti mismo que esto ocurre solo si también te tomas tiempo para parar y relajarte de vez en cuando.

A veces puede dar la sensación de que resulta contraproducente permitirte un respiro, en especial cuando estás en medio de algo sumamente importante. Puede parecer un enorme error poner determinadas cosas en pausa para darte tiempo para sanar. La buena noticia es que si ese eres tú, he descubierto que la gente que encaja en esta categoría —los que se ven forzados a sacrificarse por el éxito— suele dejar de sentirse así una vez que aprende a través de la experiencia lo valioso que puede ser un respiro. Comprende que descansar y recuperarse le permite conseguir aún más porque, si buscas cruzar esa línea de meta como ganador, entonces darle a tu cuerpo tiempo para sanar es la única forma de posibilitar esa victoria.

Nos sentimos egoístas por darnos un respiro. No sé qué está ocurriendo en nuestro mundo ahora mismo, pero estoy seguro de que están pasando muchas cosas. ¿Conoces a alguien que no esté ocupado? Yo no, aunque no creo que sea porque mi trabajo consiste en entrenar a individuos de alto rendimiento, es solo porque así es como funciona la vida. Puede resultarnos difícil pensar en nosotros mismos cuando estamos ocupados cuidando de otros. Tal vez seas un progenitor que intenta conciliar un trabajo a tiempo completo con una familia, o una persona responsable de tantas cosas que la idea de alejarte de esas obligaciones aunque sea un momento es absurda, no necesariamente porque no tengas tiempo en el día para hacerlo, sino porque no te sentirías bien haciéndolo.

Yo mismo soy culpable de pensar así. Como padre y marido, uno que pasa mucho tiempo en la carretera por trabajo, cualquier tiempo libre que tengo cuando no estoy trabajando va dirigido a mi familia porque siempre son mi mayor prioridad. Necesito recordarme a mí mismo de forma perpetua la importancia de la recuperación, en especial de las técnicas de rejuvenecimiento que requieren un poco de «tiempo para mí». Sé que algunos pasos que puede parecer que me roban tiempo con la familia en realidad mejoran ese tiempo, pues me capacitan para tener energía y estar presente cuando estoy con ellos.

Nos enorgullecemos del sufrimiento. Hay una sensación

de vergüenza innecesaria que a veces se interpone en el camino del descanso y la recuperación. A muchos de nosotros nos han enseñado a no reconocer ciertas cosas porque, si lo hacemos, de algún modo somos más débiles. Nos enseñan a actuar como soldados y no víctimas.

Por ejemplo, ¿cuándo fue la última vez que estabas agotado —tanto física como mentalmente— pero no quisiste reconocerlo porque pensante que te haría parecer viejo? ¿O la última vez que te exigiste un poco demasiado a ti mismo cuando hacías ejercicio o practicabas un deporte, pero al día siguiente fuiste a trabajar fingiendo que no te dolía horrores la espalda, todo porque no querías quedar como un flojo?

En algún momento, todos hemos dejado de lado el dolor y el cansancio, no solo porque quisiéramos evitar parecer débiles, sino también porque nos hacía sentir aún más fuertes. Aquí es donde se complica. Verás, yo nunca te diría que no superes obstáculos, porque así es como puedes avanzar. Sin embargo, es importante que prestes atención a lo que tu cuerpo está intentando decirte.

Qué pensar detenidamente... antes de empezar este programa

¿Te sentirás cómodo poniéndote cómodo?

Hagamos un trato: el caso es que necesito que te encuentres en el estado mental adecuado antes de que implementes ninguna de estas recomendaciones de recuperación. Así que si las palabras «baño», «masaje» o «siesta» te parecen pasivas, perezosas o ridículas, tienes que deshacerte de esos pensamientos de inmediato o nunca llegarás a aquello de lo que eres completamente capaz.

Con el fin de motivarte para que sigas en el buen camino, podría continuar y decirte cuánto vales, cuánto mereces mimarte y otras cosas similares, y todas serían ciertas. Pero, en lugar de eso, preferiría recordarte que estos métodos de reparación no solo son componentes increíblemente importantes de mi programa, sino que también los utilizan mis clientes y muchas personas de alto rendimiento de manera regular.

Tienes que entrar en este programa comprendiendo que lo que podría resultar autocomplaciente o tonto es lo que sostiene el rendimiento máximo. En otras palabras, no olvides que el hecho de que sienten bien es lo que demuestra que funcionan porque ayudan a tu cuerpo a sanar y recuperarse.

¿Te sentirás cómodo incomodándote?

Mira, no todo lo que compartiré contigo en los próximos capítulos va a ser un paseo por el parque. Habrá propuestas a las que te llevará cierto tiempo acostumbrarte, y algunas que podrían parecer sacrificios importantes: irte a la cama antes de lo habitual, controlar el consumo de alcohol o nicotina o alejarte de ciertas cosas antes de la hora de acostarte. Habrá otras (a quién le apetece un baño de hielo...) que sean absolutamente brutales. Pero debes saber esto: nada de lo que te sugiera sería parte de mi programa si no diera buenos resultados.

Debes preguntarte a ti mismo cuánto vale para ti tu propia longevidad. ¿Ser capaz de rendir al máximo posible durante el mayor tiempo posible vale la pena una pequeña molestia o incomodidad?

Los que están en la cima de sus carreras ya conocen la respuesta a esa pregunta, porque comprenden que permanecer en lo alto va de tener la fuerza de voluntad y las agallas para hacer lo que haga falta con objeto de mantener su cuerpo en un estado constante de sanación. Es posible que no entiendan todos los entresijos necesarios para alcanzarlo, pero en un momento tú sí que tendrás ese conocimiento. Entonces ¿tienes lo que hace falta para mantener tu cuerpo en un estado constante de sanación?

Qué pensar detenidamente... antes de una sesión de reparación

Como he mencionado antes, para crear un entorno que te permita sanar de un modo más rápido y eficiente, necesitas ser más listo en lo que se refiere a cómo descansas y relajas tanto el cuerpo como la mente. Pero, antes de que utilices ninguna de las tácticas que voy a sugerirte, necesitarás hacer otro autodiagnóstico similar a los cuestionarios rápidos que te he recomendado en las partes de Come y Muévete.

¿Cómo te sientes en este preciso momento?

Una hora antes de acostarte. Deberías tener un punto de partida sobre algunas cuestiones clave:

1. **¿Cuánto te has esforzado físicamente hoy?**
   (1 = nada en absoluto; 10 = hasta el borde de la extenuación):

   1   2   3   4   5   6   7   8   9   10

2. **¿Cuánto te has esforzado mentalmente hoy?**
   (1 = nada en absoluto; 10 = hasta el extremo absoluto):

   1   2   3   4   5   6   7   8   9   10

3. ¿Cómo puntuarías tu nivel de estrés?

(1 = completamente relajado; 10 = profundamente angustiado):

| 1 | 2 | 3 | 4 | 5 | 6 | 7 | 8 | 9 | 10 |

4. Por último, ¿cómo de cansado te sientes ahora mismo?

(1 = nada en absoluto; 10 = me mantengo despierto a duras penas):

| 1 | 2 | 3 | 4 | 5 | 6 | 7 | 8 | 9 | 10 |

Bueno, ¿por qué te pido que respondas a estas preguntas una hora antes de acostarte en lugar de esperar a que apoyes la cabeza en la almohada? A veces plantearte estas preguntas puede hacer que tu mente se active un poco. Pensar en estas preguntas una hora antes (más o menos, no tiene que ser exacto) no afectará a tus respuestas para nada, pero puede evitar que sabotees accidentalmente tu sueño.

Antes de ninguna otra táctica en el próximo capítulo. Aunque las sugerencias que te haré pueden ser distintas unas de otras, seguirás siendo capaz de valorar su efectividad general considerando las preguntas siguientes antes de aplicar cualquiera de ellas:

1. ¿Cómo puntuarías tu nivel de energía?

(1 = nada despierto; 10 = extremadamente despierto):

| 1 | 2 | 3 | 4 | 5 | 6 | 7 | 8 | 9 | 10 |

2. ¿Cómo de tranquilo te sientes ahora mismo?

(1 = nada en absoluto; 10 = lo más relajado posible):

| 1 | 2 | 3 | 4 | 5 | 6 | 7 | 8 | 9 | 10 |

3. ¿Cómo puntuarías lo dolorido/tenso que te sientes en general (de la cabeza a los pies)?
(1 = nada en absoluto; 10 = con dolor severo):

1   2   3   4   5   6   7   8   9   10

Ahora que has tenido unas cuantas cosas en cuenta, ha llegado el momento de controlar cómo de rápido y en qué grado te recuperas, ¡así que prepárate para recargar!

12

Sigue hasta el final

La recuperación va de la mano de la nutrición y el ejercicio, y juntos son los tres jugadores cruciales que te ayudan a permanecer en el juego más tiempo. En otras palabras, cómo comes y cómo te mueves también afectan a lo bien que te recuperas. Determinados nutrientes proporcionan a tu cuerpo lo que necesita para repararse mientras que determinados movimientos mejoran la circulación sanguínea para asegurar que esos nutrientes llegan a donde más se los necesita, lo que te ayuda a sanar. Pero la sanación no se detiene ahí.

Creo firmemente que la recuperación no debería empezar después de la actividad, sino durante esta. En los partidos, permanezco en la banda, sentado justo detrás de la silla de LeBron, de modo que cada vez que sale de la cancha estoy ahí preparado, para que nos comuniquemos de forma tanto verbal como no acerca de cómo actúa y se siente; no es distinto de cómo un ingeniero de carreras de F1 está en contacto constante con su piloto durante una carrera. Así que, por ejemplo, en mi mente estoy empezando la recuperación en el tercer cuarto, maximizando los tiempos de descanso y haciendo cositas en el banquillo que sé que le aliviarán las articulaciones y prepararán su cuerpo para darle un empujón al final del partido. Luego, cuando llega el último cuarto, ¡pam! Es capaz de soltarse y bordarlo. Y una vez que el partido ha terminado, esa noche estamos ocupados implementando todo lo necesario para que se recupere de modo que sea capaz de alcanzar el mismo nivel de rendimiento al día siguiente.

Ahora es tu turno de considerar algunas elecciones que aceleran la recuperación y extenderán tu longevidad ayudando a fomentar el proceso de sanación, tanto de día como de noche.

Las normas del régimen

Esto va a sonar simple al principio, y es justo lo que espero: que reconozcas lo fácil que es permanecer en un estado constante de sanación y que no se requiere mucho para mantener la pelota en juego y en movimiento. De hecho, podría ser porque parece tan fácil que un montón de gente no se molesta en hacerlo, porque lo que es fácil y sienta bien no puede ser efectivo, ¿no? Ese no va a ser tu caso. En cambio, vas a intentar adherirte al siguiente plan de acción todos y cada uno de los días.

- Obtén entre siete y ocho horas de sueño de alta calidad.
- Alivia los músculos y/o la mente con al menos una forma de terapia de recuperación.
- Respira hondo varias veces al menos una vez cada hora.

No parece tan difícil, ¿verdad? Pero si lo piensas bien, ¿cuándo fue la última vez que hiciste las tres cosas el mismo día? Lo diré otra vez: ¿cuándo fue la última vez que dormiste lo suficiente, te tomaste el tiempo para concentrarte en tu respiración y disfrutaste de alguna forma de tratamiento terapéutico que trajo alivio a todo tu cuerpo, todo el mismo día?

Exacto.

Estoy dispuesto a apostar a que hay un montón de lectores de este libro —y quizá tú seas uno de ellos— que nunca han hecho las tres cosas en un solo día. E incluso si eres de esos pocos que han realizado este truco de magia en el pasado, estoy dispuesto a apostar a que no repetiste la trifecta al día siguiente, a pesar de que hizo que te sintieras mucho mejor. Quizá no has apreciado por completo cómo trabajaban cada uno de estos motivadores de reparación entre bastidores para hacerte sentir genial.

Así que entremos en cómo y por qué son tan importantes estas tres cosas.

Obtén entre siete y ocho horas de sueño de alta calidad

Hay un motivo por el cual te sientes genial tras una buena noche de sueño. Mientras descansabas, algunas partes de ti trabajaban duro para asegurarse de que hoy volvías lo más fuerte posible.

Durante el sueño, tu sistema inmune por fin cuenta con el tiempo para centrarse en sus numerosas tareas, lo que incluye eliminar virus y otros patógenos. También provoca la liberación de ciertos elementos como los linfocitos T (glóbulos blancos),[1] además de hormonas del crecimiento para prevenir las infecciones. Lo mismo se aplica a los músculos, los cuales utilizan ese tiempo ininterrumpido para sanar, fibra a fibra. Y por encima de todo, se ha demostrado que disfrutar de un sueño de buena calidad reduce de manera significativa la inflamación crónica. Cuando decides no dar una cabezada, no solo pierdes estos y otros beneficios, sino que también pones en peligro tu longevidad de muchas formas que dan miedo.

Por ejemplo, perder apenas unas horas de sueño se ha demostrado que causa inflamación.[2] De hecho, algunas investigaciones han demostrado que la falta de sueño eleva tanto la interleucina-6 como la proteína C reactiva en la sangre,[3] las cuales están vinculadas a problemas graves relacionados con la edad, entre ellos la hipertensión, los problemas cardiovasculares y la diabetes tipo 2. Todo desde elevar la tensión[4] hasta inhibir la capacidad de tu cerebro para aprender y memorizar[5] —incluso que ansíes más calorías[6] y azúcar—[7] se ha demostrado que está vinculado con no dormir lo suficiente. Por eso me tomo el sueño tan en serio. Y no hablo de dormir sin más, sino de disfrutar del mejor descanso posible.

Cada noche, cambias entre dos formas de sueño: la primera es el sueño sin movimientos oculares rápidos (NREM), que empieza cuando te quedas dormido y dura unos noventa minutos. La segunda es el sueño con movimientos oculares rápidos (REM), y es en esta fase cuando sueñas más, tus ojos se mueven más rápido y empiezan las contracciones nerviosas. El REM no dura mucho, unos diez minutos la primera vez. Después de eso, tu cuerpo inicia un nuevo ciclo de sueño, pasando al NREM durante otros noventa minutos antes de regresar al REM de nuevo, en esta ocasión unos minutos más.

Pero he aquí el meollo de la cuestión: el cuerpo sana y se repara a un nivel óptimo cuando se encuentra en el sueño REM —cuando sueñas— y cuanto más permanezcas en este, más recargado y renovado te sentirás al día siguiente. Por el contrario, por supuesto, cuanto menos te permitas dormir, menos ciclos de sueño experimentarás. E incluso si eres de los que siempre duermen ocho horas, es posible que aún te falten. El sueño REM se produce solo al final de cada ciclo de sueño, así que cuanto más se te interrumpe durante la noche, más probable es que te pierdas entrar en sueño REM con la frecuencia que deberías, pues cada perturbación inicia el ciclo de nuevo (empezando con el sueño NREM).

En términos sencillos, no hay forma de volver al cien por cien todo lo rápido posible —tanto física como mentalmente— si no logras experimentar todo el sueño REM posible. Así que tienes que tomarte el sueño en serio. Ahora voy a llevarte a ese punto más rápido —y a hacer que permanezcas en él más tiempo—, de forma que disfrutes de más tiempo para sanar a lo largo de la noche.

El plan de acción para un sueño óptimo en cualquier momento

Cuando estoy de viaje con LeBron, vamos de ciudad en ciudad, y cada habitación de hotel es distinta de la anterior. Es la clase de agenda que la mayoría encontrarían de locos si la meta es dormir bien. No siempre resulta fácil relajarte cuando descansas la cabeza en un lugar desconocido, algo que estoy seguro de que ya has experimentado durante las vacaciones o algún viaje de trabajo. Pero cuando el rendimiento de mi cliente depende de su capacidad de sanar durante la noche, no puedo permitirme que pase mala noche.

Estás a punto de descubrir mi «Plan de acción para un sueño óptimo en cualquier momento», que permite a LeBron y a otros caer siempre en un sueño REM profundo más rápido y durante más tiempo. Al implementar esta rutina precisa de mejora del sueño todas las noches, sus cuerpos obtienen exactamente lo que necesitan para sanar y recuperar fuerzas, con independencia de dónde se encuentren de gira. Pero, lo que es aún mejor, esta rutina resulta aún más efectiva cuando te quedas en tu cama y tienes aún menos distracciones con las que lidiar. Funciona de la siguiente manera:

Atenúa cuanto puedas todas las luces. La oscuridad es la que manda en lo que se refiere a inducir el sueño, lo que significa que cuanto antes puedas atenuar las luces, mejor. La exposición a la luz artificial entre el anochecer y la hora de acostarte suprime de manera significativa la melatonina, una hormona producida de noche por la glándula pineal en tu cerebro que no solo es responsable de regular tu ciclo de sueño-vigilia, sino que también ayuda a la presión sanguínea y a la temperatura corporal.

Baja la temperatura a 20 °C o menos. LeBron y yo bajamos la temperatura de la habitación hasta este nivel y me gusta empezar el proceso una hora antes de que se acueste por si tarda más tiempo en descender. ¿Por qué tan fría? Según algunas investigaciones, descender la temperatura interna del core ayuda a mantener los ritmos circadianos y a mejorar la calidad del sueño.

Ahora bien, algunos expertos defenderán que debería ser incluso inferior. Algunos creen que el número mágico es 18 °C, mientras otros sugieren llegar a los 16 °C. Puedes experimentar como quieras, siempre y cuando la temperatura no supere los 20 °C.

Apaga todas las pantallas. Eso incluye tablets, televisores y, sí, el móvil. Lo ideal sería que redujeses todo uso de pantallas una hora antes de irte a la cama (en torno a la misma hora a la que te he sugerido que atenúes las luces a tu alrededor), pero entiendo que pedirle a alguien que reduzca su tiempo delante de una pantalla a menudo puede ser misión imposible.

Mucha gente a la que conozco justifica pasar tanto tiempo con el móvil antes de acostarse para relajarse, pero en realidad están estresándose. El brillo de los televisores, móviles y tablets no solo suprime la melatonina, también pone tu cerebro en alerta al estimular los fotorreceptores que perciben luz y oscuridad en la retina. Manteniendo eso en mente, te recomiendo mucho utilizar gafas que bloquean la luz azul. Deberías usarlas una hora o así antes de acostarte para dormir mejor.

No comas nada pesado. En un mundo perfecto, te animaría a no comer de dos a tres horas antes de acostarte, pero no siempre es posible. Por ejemplo, si trabajas en el turno de noche, quizá no puedas aplazar la comida, e irte a la cama con hambre puede ser igual de perjudicial para el sueño. Pero si tienes que comer algo, no lo hagas al menos treinta minutos antes de la hora de acostarte y asegúrate de que no es nada demasiado pesado.

No te sugiero esto porque el cuerpo tienda a almacenar más calorías como grasa corporal por la noche. Es porque el proceso de digestión en sí puede impactar de manera negativa en la calidad del sueño. Cuanto más pesada sea la comida, más insulina se ve obligado tu cuerpo a liberar, lo que puede alterar el ritmo circadiano. Ese es el motivo por el que si debes tomar algo, los alimentos blandos y ligeros son mejores.

Toma entre 250 y 400 miligramos de bisglicinato de magnesio. Para ayudar a mis clientes a recuperarse, recomiendo que tomen este suplemento antes de irse a dormir, además de después de partidos, actuaciones, entrenamientos duros y sesiones de ejercicios intensas.

¿La razón? El magnesio no solo ayuda a mejorar el sueño por la noche, también reduce la inflamación y estimula el rendimiento deportivo. Incluso se considera un refuerzo del sistema inmune, pues los linfocitos T requieren una cantidad considerable de magnesio para operar de forma eficiente y destruir células anormales e infectadas en tu cuerpo.[8] Sin embargo, la razón por la que prefiero el bisglicinato de magnesio (una combinación de magnesio y el aminoácido glicina) es que he descubierto que el magnesio solo a veces puede reducir el apetito y/o causar diarrea a algunos individuos.

La dosis depende; cuanto más hayas entrenado ese día, más necesita tu cuerpo para ayudar a relajar los músculos y mejorar el sueño. Inicialmente, empieza con 250 miligramos, pero debes saber que en realidad tampoco hay una desventaja en tomar una dosis más alta si tu sistema digestivo lo soporta.

Bebe entre 175 y 225 mililitros de zumo de cereza ácida. La acidez se compensa por los beneficios, que incluyen una recuperación más rápida en lo que se refiere a tu fuerza, además de una reducción de la presión sanguínea,[9] la inflamación y el estrés oxidativo[10] que puede producir la actividad física extenuante.

Deja la habitación completamente a oscuras. Siempre he creído en dormir en absoluta oscuridad, y ahora la ciencia empieza a comprender por qué. Una investigación del Centro de Medicina Circadiana y del Sueño de la Facultad de Medicina Feinberg de la Universidad Northwestern[11] descubrió que dormir con una luz tenue —imagínate una televisión con el sonido apagado— durante una sola noche afecta a la regulación cardiovascular y de glucosa (una forma bonita de decir el ritmo cardiaco elevado y los niveles de azúcar en sangre), ambos factores de riesgo para el síndrome metabólico, cardiopatías y diabetes.

Si hay alguna luz que no puedes pagar por alguna razón —la de una farola, por ejemplo, o si tu pareja se queda despierta más tiempo que tú con el móvil—, entonces invierte en persianas opacas o un antifaz para minimizar la exposición a la luz.

Finalmente, algo sobre lo que me preguntan a menudo es la melatonina, un suplemento hormonal popular entre la gente para ayudarles a dormir. Aunque no es algo que suela recomendar porque el cerebro (en especial la glándula pineal) produce melatonina —una hormona que ayuda al cuerpo a regular el ciclo del sueño— de manera natural, no tengo ningún problema con que otras personas lo exploren si lo desean porque algunas investigaciones han demostrado que es segura y no provoca adicción. De hecho, se ha demostrado que la melatonina tiene otras propiedades recuperativas que ayudan al cuerpo a reparar, entre ellas baja el cortisol y promueve la regeneración celular al elevar la hormona del crecimiento humano (conocida por sus siglas en inglés, HGH). Sin embargo, como te he dicho, sigue siendo algo que tu cuerpo crea por sí solo, y aplicar algunas de las sugerencias que ya te he ofrecido (como reducir el tiempo de pantallas antes de irte a la cama, llevar a cabo mi régimen de movilidad a primera hora del día y dormir en una habitación a oscuras) ayudará a tu cuerpo a potenciar la liberación de esta hormona inductora del sueño.

Alivia los músculos y/o la mente con al menos una forma de terapia de recuperación

Todo el mundo conoce el concepto de lucha o huida cuando te ves obligado a hacer una elección bajo presión: ¿afronto el obstáculo que tengo delante o huyo todo lo que pueda de él? Sea cual sea la decisión que tomes, si escoges empezar a lanzar puñetazos o correr como un loco en la dirección contraria del problema, requiere energía, y se trata de energía que tu cuerpo debe sacar rápido de otros lugares.

Lo hace liberando inmediatamente tanto adrenalina como cortisol, una hormona del estrés secretada por las glándulas suprarrenales que eleva el azúcar en sangre y la presión sanguínea. Los dos te permiten aprovechar el exceso de energía, pero cuando eso ocurre, tu cuerpo de algún modo apaga lo que no considera una prioridad en presencia de un peligro inmediato, entre ellos la libido, la digestión y, por desgracia, el sistema inmune.

El estrés constante te mantiene en un estado perpetuo de lucha o huida. Tu cuerpo no comprende que la propuesta de negocio que te pone los pelos de punta no es un tigre dientes de sable. Tu cuerpo no entiende que tener que hacer malabares con cinco actividades infantiles el mismo día no es una situación potencialmente fatal. Solo reacciona del modo que tiene desde que existe la humanidad, manteniendo tus niveles de cortisol elevados para que tengas energía de sobra a expensas de tu sistema inmune.

A corto plazo, demasiado cortisol causa un montón de problemas, entre ellos fatiga, tensión alta, libido baja, ansias de comida azucarada y grasa, insomnio, dolor crónico, dolores de cabeza y una incapacidad para pensar y concentrarse, y eso es solo la punta del iceberg. Si no se controla, se ha demostrado que los niveles altos de cortisol debidos al estrés contribuyen a la depresión, las úlceras, los problemas digestivos, el dolor de espalda crónico, la coagulación de la sangre y el colesterol elevado en sangre, la artritis, cardiopatías, aumento de peso y, sí, el envejecimiento prematuro.

La buena noticia es que puedes reducir la respuesta de tu cuerpo al estrés (esa liberación de cortisol) en su mayor parte. No obstante, esperar hasta que estés ansioso antes de hacer algo al respecto es como lavarte los dientes después de haber encontrado una caries. Por eso prefiero un golpe preventivo. Quiero atacar el estrés antes de que te ataque a ti porque cuanto más tiempo pospongas las cosas —cuanto más tiempo las retrases en el presente—, más tiempo tiene el estrés para colapsarte.

En la parte «Come» del libro, ya has reconocido y abordado algunas de las cosas que podrían estar angustiándote. Pero hay otras formas de ayudar a tu cuerpo y a tu mente a sanar al más alto nivel. Sacar el máximo rendimiento a estos «momentos de reparación» potenciará tu sistema inmune, te subirá el ánimo, te relajará los músculos, te aliviará el dolor y activará tu sistema nervioso parasimpático —el modo «descanso y digestión» de tu cuerpo—, lo que acelerará la recuperación. Lo único que se necesita es intentar encajar al menos uno de estos momentos de reparación en tu día, todos y cada uno de los días.

Date un masaje

Todos estamos familiarizados con la idea de una «comida trampa» una vez por semana en la que derrochamos y nos permitimos comer lo que queramos. Piensa en esto como en una «comida mimo», una atención que puede que te resulte indulgente, pero es sumamente importante para la recuperación y la longevidad.

Normalmente, la gente espera hasta que le duele todo antes de plantearse recibir un masaje; sin embargo, la mayoría de los deportistas no, porque su trabajo depende de su capacidad de rendir con éxito. En lugar de eso, programan masajes de manera regular para prevenir posibles problemas de forma que el dolor y la incomodidad no los dejen en el banquillo más tarde. Se mantienen flexibles y relajados antes de que los músculos puedan plantearse siquiera tensarse. Pero, lo que es más importante, saben que los beneficios de los masajes van más allá de sentirse bien sin más.

Además de mejorar la circulación sanguínea y aliviar el dolor muscular,[12] según datos procedentes del Instituto Buck de Investigación sobre el Envejecimiento, los masajes no solo mejoran el rango de movimiento y reducen la inflamación, sino que fomentan el desarrollo de nuevas mitocondrias en el músculo esquelético a nivel celular.[13] Eso significa que un masaje puede ayudar a tus músculos a sanar con más fuerza y más rápido después del ejercicio o la actividad.

Desde una perspectiva terapéutica, siempre debería hacerlo alguien cualificado y de confianza si tienes los medios y la capacidad para hacerlo. Dicho esto, comprendo perfectamente la cantidad de tiempo, dinero y compromiso que requiere, pero hay muchas opciones más convenientes y baratas a tu disposición.

Podrías llegar a un acuerdo con una pareja, compañero o amigo cercano para contactar con una escuela de masaje terapéutico y ver si ofrece cursos gratis o a precios reducidos impartidos por alumnos o incluso preguntarle a tu médico si tienes algún problema (como los relacionados con el estrés o la ansiedad) que justifique masajes habituales que podría cubrir tu seguro.

Si ninguna de las sugerencias anteriores es posible para ti, entonces la siguiente mejor opción es hacerlo tú mismo. Aunque no soy muy fan del automasaje, puedes relajar los músculos y liberar contracturas invirtiendo en un rodillo de espuma o en una pistola de masaje, como el Hyperice Hypervolt o el Vyper. En este momento, estos dos elementos de equipamiento son los artilugios más rentables para masajear de manera terapéutica los tejidos blandos (tus músculos, tejido conjuntivo, tendones y ligamentos) de un modo seguro y fácil.

Medita

Creo con firmeza en la meditación, sin ninguna preferencia entre técnicas. Ya prefieras la meditación en movimiento (como el taichi o el yoga), la visualización (visualizar mentalmente una imagen determinada), la progresiva (en la que contraes y relajas un grupo muscular cada vez) o la meditación con mantra (una técnica que hace que te concentres en una palabra, sonido o mantra concreto), no hay ninguna forma correcta o incorrecta. Siempre y cuando conectes con la técnica y te relaje, entonces te animo a que la sigas.

Sin embargo, me inclino más hacia la meditación mindfulness debido a la abundante investigación que se ha realizado sobre sus efectos y por su sencillez. No es exageradamente espiritual y, en cambio, no requiere más que te concentres en la respiración profunda y adviertas los pensamientos que flotan en tu mente.

Esta técnica, que se ha demostrado que reduce el dolor crónico[14] y rebaja de forma drástica los marcadores asociados con el estrés, incluida la hormona adrenocorticotrópica (ACTH) además de proteínas inflamatorias, mejora de manera significativa los niveles de energía, la función cerebral[15] y la toma de decisiones.[16] El problema es que este tipo de meditación puede tener justo el efecto contrario si no sabes cómo llevarla a cabo correctamente:

- Si es posible, ponte ropa cómoda y holgada para no distraerte.
- Busca un lugar tranquilo en el que no te molesten.
- Siéntate de manera natural. No hay ninguna postura específica que debas adoptar, solo ponte de una forma que te resulte relajante. Sí deberías, no obstante, sentarte erguido para no quedarte dormido.
- Plantéate poner un cronómetro. No es necesario, pero si evita que te distraigas preguntándote constantemente cuánto tiempo llevas meditando, entonces utilízalo.
- Comienza con una respiración tranquila y profunda, y concéntrate en cómo suben y bajan tu vientre y tus pulmones.
- A medida que acudan pensamientos a tu mente, acéptalos —no intentes ignorarlos—, luego imagina que pasan sin más como las nubes.
- Sigue así durante cinco minutos para empezar, aunque sientas que puedes hacer más. Luego empieza a añadir tiempo a las meditaciones a medida que te sientas más cómodo con ellas hasta que seas capaz de alcanzar un lapso de veinte a treinta minutos.

Último punto: No te machaques si alguna vez pierdes la concentración. En lugar de despejar la mente, algunas personas cometen el error de dedicar el tiempo a pensar en su listas de tareas pendientes. Recuerda que, en la mayoría de los casos, no hay nada que puedas tachar de esa lista en ese momento. Pero lo que te ayudará a abordarlo es tener más energía, sentirte menos estresado en general y aumentar la concentración, todo lo que experimentarás después si te permites meditar correctamente.

¡Ponle hielo!

Antes que nada, déjame empezar diciendo que si estás lidiando con una lesión, entonces es más importante que vayas a ver al médico que sacar hielo del congelador. Lo digo porque la mayoría de la gente tiende a ponerse hielo solo cuando necesita bajar la hinchazón causada por una lesión. Pero si no estás lesionado y solo experimentas las molestias habituales que produce estar activo, el hielo puede ser sumamente útil.

La magia del hielo está en lo rápido que contrae los vasos sanguíneos, con lo que reduce la inflamación de los músculos y articulaciones, lo cual puede acelerar la recuperación,[17] en especial tras un día de alto rendimiento. Puedes incorporarlo de distintas maneras:

Ponte en remojo. Los baños de hielo (también conocidos como inmersión en agua helada) son sin duda duros, pero resultan bastante fáciles de hacer en casa con seguridad:

- Llena alrededor de un tercio de la bañera con agua fría.
- Añade una capa de hielo. Busca una proporción de 3 a 1 entre el agua y el hielo. (Por suerte, el hielo flota, así que, si

no estás seguro de la proporción, puedes medirlo a ojo con una regla).

- Comprueba la temperatura. Utiliza un termómetro de piscina o de carne para asegurarte de que el agua no está demasiado fría. El punto óptimo está entre los 10 y los 15 °C.
- Ahora viene lo más difícil: ¡adentro! Métete poco a poco en la bañera, asegurándote de que cubres completamente cualquier parte que notes inflamada.
- Aguanta al menos diez minutos, pero no más de quince.

Coge una bolsa. No se requiere mucho para aplicártelo en las rodillas, los tobillos, la espalda y otras zonas cruciales una o dos veces al día. A mí me gustan los productos de Hyperice por cómo se ajustan y que no se mueven en determinadas zonas en las que puede resultar difícil poner hielo, como los hombros y la zona lumbar. Pero si no tienes nada sofisticado o necesitas hacerlo a bajo costo:

- Coge una bolsa hermética mediana o grande y llénala de hielo por la mitad.
- Coloca un trapo muy fino o una toalla de manos sobre la zona en la que pondrás el hielo (para evitar el contacto directo entre la piel y la bolsa), luego coloca la bolsa en dicha zona.
- Pon una venda elástica alrededor de la bolsa (no demasiado apretada, solo lo suficiente para evitar que el hielo se mueva).
- Deja la bolsa en la zona entre diez y quince minutos como máximo.
- Repite el proceso con una bolsa nueva en cualquier otra zona problemática.

Busca un cubo. No voy a hablar de hacer el reto del cubo de hielo. Lo que sugiero a los clientes es que incluso si han pasado un día en el que no han hecho gran cosa físicamente, poner hielo en los tobillos y los pies sigue siendo algo que puedes hacer en cualquier momento. No solo estarás prestando atención a una de las partes más desatendidas de tu cuerpo, también te relajarás y revitalizarás por completo. Esta es la mejor forma de hacerlo:

- Extiende una toalla de playa gruesa (para absorber cualquier posible salpicadura y para secarte los pies después).
- Coge un cubo y llena un tercio de hielo.
- Llena el cubo de agua fría.
- Mete los pies en el cubo y bájalos hasta que toques el fondo con las plantas.
- Mantén los pies en el cubo de diez a quince minutos como máximo.

Podrías pensar que lo mejor es hacer esto al final del día, pero sinceramente no hay mal momento para hacerlo. De hecho, si tienes la oportunidad, prueba en diferentes momentos a ver cómo te sientes, tanto justo después de hacer ejercicio como unas horas más tarde.

Baños tibios (¡nunca calientes!) con sulfato de magnesio. Yo los utilizo con LeBron la noche anterior a los partidos importantes durante entre veinte y treinta minutos máximo. Nunca lo hago en día de partido porque lleva un tiempo rehidratar los músculos antes de jugar. Pero cuando lo hacemos la noche anterior, la inmersión hace un trabajo fantástico relajándole los músculos y aliviando tanto el estrés como el dolor.

¿Podrías hacer lo mismo el día antes de uno de alto rendimiento, en concreto uno que supondrá un reto físico? Por supuesto, pero si no quieres que interfiera con tu sueño, este es el orden correcto de cosas que hacer si tienes tiempo:

- Toma un baño de sulfato de magnesio por la noche temprano, aproximadamente una hora antes de acostarte. Recomiendo que viertas alrededor de una taza de sulfato de magnesio y te asegures de que el agua está lo bastante caliente para ayudar a disolver los cristales de sal, pero no más.
- Al cabo de entre veinte y treinta minutos, sal, vacía la bañera, luego vuelve a entrar y date una ducha fría rápida tanto para enjuagarte como para bajar la temperatura interna. Para cuando hayas terminado, deberían faltarte treinta minutos para acostarte.

Respira hondo varias veces al menos una vez cada hora

Sí, inspirar hondo varias veces te ayuda a bajar la presión sanguínea, distribuye más oxígeno rico en energía por tu cuerpo y estimula el sistema nervioso simpático, todas buenas razones para hacerlo cada hora. Pero los beneficios de una respiración lenta y concentrada van más allá del alivio del estrés y la sanación.

Investigaciones recientes han demostrado que la respiración profunda, controlada, a un ritmo lento, reduce de manera significativa las sensaciones de dolor, optimiza cómo tu cerebro procesa cognitivamente las cosas, incluyendo la percepción y la emoción,[18] y puede que incluso incremente tu periodo de concentración al liberar noradrenalina, un neurotransmisor.[19] Al hacer esto cada hora, no solo estás cosechando estos increíbles beneficios, sino que también te hace naturalmente más consciente de cómo respiras entre esas horas, y ese es mi objetivo.

Tengo la esperanza de que, al practicar la respiración profunda cada hora, de manera inconsciente empezarás a respirar más hondo y hasta el diafragma (no el pecho) todo el día para que puedas experimentar todos estos beneficios que aumentan la longevidad a todas horas. Pero incluso si eso tarda en llegar, seguirás experimentando todas las ventajas que comporta simplemente permitirte respirar un poco mejor en distintos momentos del día.

Las normas son sencillas: pon el temporizador de tu móvil en sesenta minutos y cuando suene, con independencia de dónde estés, esto es lo que espero que hagas:

- Empieza con la boca cerrada e inhala poco a poco por la nariz (todo lo hondo que puedas) durante cuatro segundos. Quiero que te concentres en llenar el vientre (no el pecho) con todo el aire posible. Quiero que tu estómago se expanda, no dejes que la sensación de estar gordo o abotargado se interponga en tu camino.
- Contén el aliento durante cuatro segundos.
- Exhala despacio por la nariz o por la boca durante cuatro segundos.
- Haz una pausa durante cuatro segundos.
- Repite los cuatro pasos al menos cuatro veces.

Este patrón 4-4-4-4 (inhala en cuatro segundos, contén el aliento cuatro segundos, exhala cuatro segundos, pausa cuatro segundos) se llama respiración cuadrada y suele ser mi favorita. Sin embargo, otra técnica que es igual de efectiva es una variación de esta a la que me gusta llamar la «4-2-8-2», que cambia un poco así:

- Respira por la nariz contando hasta cuatro, intenta llenar y expandir el vientre todo lo posible.
- Contén el aliento durante dos segundos.
- Lentamente exhala por la boca con los labios apretados (como si soplases para apagar una vela) contando hasta ocho. Si puedes ir aún más despacio, ¡adelante! Lo ideal sería que exhalases todo lo que puedas hasta que notes los pulmones vacíos.
- Haz una pausa de dos segundos.
- Repite los cuatro pasos de seis a ocho veces.

Ya escojas el patrón 4-4-4-4 o el 4-2-8-2, no tiene que ser preciso. De ser posible, dado que es probable que estés usando el móvil para que te alerte cada hora, utilizar el cronómetro para controlar cuántos segundos inhalas, exhalas y contienes el aliento es una gran opción. Sin embargo, si estás en algún lugar en el que es posible que te sientas cohibido, puedes contar mentalmente lo mejor que puedas. Mientras vayas lo más despacio posible, cosecharás los mismos beneficios.

¡Has acabado! Quién habría dicho que hacer que el cuerpo se relaje requeriría tanto esfuerzo, ¿verdad? Pero recuerda, esa es la cuestión: la razón por la que tanta gente sufre por no estar en un estado óptimo de sanación es que dan por sentado que no hacer nada sin más da tiempo a su cuerpo para sanar. Ya no formas parte de ese club, ahora analicemos todo lo que has hecho.

13

Analiza tus actos

Después de cada partido y cada sesión de entrenamiento, me siento con LeBron y analizo las sensaciones que experimenta su cuerpo. Músculo a músculo, articulación a articulación, exploramos cada parte para valorar qué necesita en la recuperación. Buscamos zonas que parezcan más tensas de lo habitual y más doloridas que antes, pero prestamos la misma atención a reconocer las zonas que nota vigorosas y listas para moverse de nuevo. Porque la recuperación no va solo de centrarse en lo que duele, también va de averiguar por qué otras no. Cada parte de tu cuerpo está interconectada, y buscar esas redes puede llevar tu recuperación a una estratosfera completamente distinta.

1. ¿Cómo te sientes ahora en comparación con antes?

A estas alturas ya sabes cómo va. Ha llegado el momento de reflexionar acerca de las valoraciones que te pedía que hicieras en el capítulo 11, empezando con el sueño:

En cuanto te despiertes. Quiero que pienses en las mismas cuatro cosas sobre las que te pedí que reflexionaras una hora antes de acostarte:

1. ¿Cuánto te has esforzado físicamente hoy?
2. ¿Cuánto te has esforzado mentalmente hoy?
3. ¿Cómo puntuarías tu nivel de estrés?
4. Por último, ¿cómo de cansado te sientes ahora mismo?

Las dos primeras las abordaré en un momento, porque es más importante empezar por cómo te sientes después de una noche entera de descanso.

Nivel de estrés: Como es evidente, cuanto más bajo sea el número, más probabilidades tendrás de dormir profundamente. Pero si ese número es superior a la noche anterior, quiero que pienses por qué. Porque ahora mismo ya estás empezando a estresarte por algún motivo, muy probablemente en relación con cómo va a irte el resto del día. La pregunta es: ¿puedes hacer algo al respecto hoy de manera que mañana te despiertes menos estresado? Por ejemplo, tal vez estés estresado porque:

- Te has levantado tarde. (Si es el caso, entonces asegúrate de que no ocurre mañana).
- Estás a punto de tener un día en verdad caótico. (De ser así, ¿podrías haberlo planeado? Entonces crea mejores estrategias la próxima vez).
- Tienes un problema que no puede solucionarse al instante. (Entiendo que determinadas situaciones en la vida están fuera de control, pero ¿hay alguna forma de mejorar esa situación o minimizar —aunque sea un poco— cómo te afecta esa situación?).

Lo que quiero decir es que, a primera hora de la mañana, no sabes necesariamente todos los giros inusuales que van a surgir ese día, los obstáculos que enseguida pueden convertir una mala mañana en una tarde aún peor. Eso significa que las únicas cosas que deberías tener en mente (y causarte estrés) son aquellas de las que eres consciente, situaciones que ves al instante y problemas respecto a los que podrías hacer algo.

El problema es el siguiente: si te despiertas estresado, tu cerebro no piensa tan solo en esos problemas en ese momento, lo más probable es que te preocupases por esos mismos problemas mientras dormías. E incluso si esos factores estresantes no evitaron que te durmieras con normalidad, aun así podrían estar alterando tu ritmo circadiano y reduciendo potencialmente el tiempo que pasas en sueño REM.

Por eso quiero que pienses en serio en estos dos grupos de números (antes de acostarte y al despertarte) y te recuerdes que lo que te preocupa antes de dormirte podría deteriorar la calidad de tu sueño. Intenta que esos números bajen haciéndote con el control de esos factores estresantes durante el día.

Cansancio: Como resulta evidente, el número ideal es 1, si no 0. ¡No estar cansado es precisamente el objetivo de dormir! Pero si ese número es superior por algún motivo —y es un problema que parece constante—, entonces es un claro indicador de que hay que hacer determinados cambios, los cuales abordaré en el próximo capítulo.

Cuánto te has esforzado física y mentalmente. Te pido que consideres estos números por varias razones:

- **Señala problemas temporales.** Tener un día en el que has ido a todo gas en el trabajo, has podado árboles en el jardín, has entrenado al equipo de fútbol de tu hijo —cualquier día en que es evidente que has estado mucho más activo de lo habitual— puede dejar tu cuerpo todavía exhausto al día siguiente, a pesar de haber obtenido siete u ocho horas de sueño de calidad. En casos así, no quiero que te machaques pensando que has hecho nada mal si te levantas sintiéndote destrozado.

- **Señala problemas ocultos.** Por otro lado, si no has hecho nada difícil física o mentalmente el día anterior pero aun así te has levantado sin sentirte renovado después de entre siete y ocho horas, es un indicador de que algo no va bien, lo que significa que de verdad quiero que pienses en algunas de las sugerencias que estoy a punto de hacer.

Tras probar otras tácticas que aparecen en el capítulo 12, también te pedí que considerases las siguientes preguntas justo antes de respirar hondo varias veces cada hora, además de antes de cualquier terapia de recuperación que hayas podido utilizar para aliviar los músculos/la mente (masaje, meditación, hielo, un baño tibio con sulfato de magnesio):

- ¿Cómo puntuarías tu nivel de energía?
- ¿Cómo de tranquilo te sientes ahora mismo?
- ¿Cómo puntuarías lo dolorido/tenso que te sientes en general (de la cabeza a los pies)?

Niveles de energía y tranquilidad: Cómo debería cambiar este número realmente depende de ti. Cualquiera de las intervenciones mencionadas podría hacer que te sientas con más energía, más tranquilo y sosegado (lo que podrías interpretar como con menos energía) o podría resultar difícil de valorar. No hay ninguna respuesta incorrecta —todas las mencionadas están bien—, pero solo quiero que adviertas cualquier diferencia para que conectes mejor con la efectividad de cada táctica tanto en tu energía como en tu bienestar.

Dolorido/tenso: Pese a que realizar una «revisión del dolor» no suele aplicarse a la respiración profunda, quiero que evalúes cómo te sientes sinceramente después de la terapia de recuperación que escojas. La verdad es que algunas funcionan mejor que otras para distintas personas, pero, en cualquier caso, este número debería bajar en alguna medida. Si no lo hace, entonces quizá necesites sopesar si estás siguiendo las técnicas de forma correcta.

2. ¿Qué te ha impedido alcanzar el éxito?

Los motivadores de reparación por los que apuesto yo quizá requieran menos esfuerzo comparados con vigilar la dieta y seguir mi programa de movilidad a diario, pero eso no significa que no haya circunstancias que podrían haber facilitado el lograrlo.

Ambiente: Si bien mis motivadores de reparación pueden diferir uno de otro, todos requieren que te sientas cómodo, y en eso lo que te rodea desempeña un papel crucial. Piensa en tu entorno cuando mejor te has sentido para determinar si había algo concreto a tu alrededor que te hiciese sentir más cómodo.

Preparación: Podrías pensar que estas tácticas —dormir, meditar, recibir un masaje— no requieren excesiva preparación, pero sí. Y si tener listo todo lo que necesitabas te ha ayudado a que las cosas resulten menos estresantes y más fáciles de sacar adelante, ya sea asegurarte de que llevabas ropa cómoda para meditar o dormir, o contases con hielo abundante en el congelador, entonces da a esos elementos de ayuda el crédito que merecen y conviértelos en un hábito para la próxima vez.

Aceptación: A muchas personas puede costarles tomarse en serio estos motivadores de reparación porque les da la impresión de que el esfuerzo es inferior al requerido. Pero si no ha sido tu caso —si una de las razones por las que más te ha beneficiado ha sido aceptar por completo que estas tácticas son igual de importantes que la dieta y el ejercicio en lo que se refiere a longevidad—, entonces quiero que no solo permanezcas en ese punto mentalmente, sino que también lo apliques al resto de las tácticas.

3. ¿Qué te ha impedido alcanzar el éxito?

Como ya he dicho, mis motivadores de reparación —las tácticas sencillas que contribuyen a ayudar a que tu cuerpo sane— no requieren mucho esfuerzo, pero sí tu participación. Así que, si no eres capaz de hacer alguna de ellas de manera habitual, entonces tienes que pensar en qué o quién podría estar impidiéndote disfrutar de la longevidad que mereces.

Opinión externa: No voy a mentirte, es posible que algunas personas vean lo que estás a punto de hacer como decadente, cuestionable o patético. ¿La razón por la que no te has parado a respirar hondo durante un minuto era que tenías a amigos o compañeros de trabajo alrededor? ¿Te pone nervioso lo que podrían pensar otros si descubren que programas un masaje todas las semanas?

¿Ese eres tú? Si preocuparte por lo que otros piensan de tus actos te refrena de alguna forma para llevarlos a cabo de manera tan efectiva o en el lapso de tiempo adecuado —o, lo que es peor, te impide hacerlos directamente—, entonces échame la culpa a mí. Hablo en serio. Saca este libro y señala todas las razones por las que te pido que hagas estas cosas. Ninguna de estas tácticas es inefectiva o autocomplaciente. En cambio, colectivamente son una serie de técnicas básicas y probadas que mejoran y extienden no solo la salud y la productividad, sino tu salud y tu productividad. Ninguna de tus «rocas» debería poner objeciones y, de hacerlo, quizá haya llegado el momento de que te cuestiones tus compañías.

Distracción: ¿Un entorno ruidoso te ha impedido meditar o dormir? ¿Tu día ha sido tan caótico que has perdido la noción del tiempo y has olvidado poner en marcha alguna forma de terapia o no te has molestado en respirar hondo cada hora?

¿Ese eres tú? La buena noticia: este tipo de distracciones pueden prevenirse con una mejor planificación. Mis clientes de alto rendimiento tienen cien frentes abiertos al día además de experimentar distracción y falta de familiaridad cuando viajan. Y aun así encuentran tiempo para estas tácticas porque comprenden los beneficios para la salud, la movilidad y la longevidad que comportan. No esperan que nada los desvíe del camino, reconocen problemas presentes y en potencia de forma que pueden convertir cualquier obstáculo en una ocurrencia tardía.

Prioridades fuera de lugar: Para sanar más rápido y de forma más eficiente, debes situar la recuperación —debes situarte a ti mismo— en lo alto de tu lista de prioridades. Pero a veces del dicho al hecho hay un trecho debido a lo egoísta que pueden hacer que te sientas algunas de estas tácticas. En otras ocasiones, es posible que sin darte cuenta estés haciendo cosas en las que «crees» que la prioridad eres tú, pero que en realidad hacen que acabes relegado al último lugar.

¿Ese eres tú? Todos hacemos cosas a diario que técnicamente no añaden valor a nuestras vidas, y está bien. A veces necesitamos un maratón de esa serie, leer las noticias en el móvil de manera compulsiva o hacer algo que no nos beneficia, nos motiva o nos impulsa de ninguna manera, pero esos momentos siguen cumpliendo una función. Se convierte en un problema cuando dejas que se produzca un exceso de esos momentos hasta el punto de que todo tu día está lleno de actividades que aportan poco o nada.

A partir de ahora, tienes que convertirte a ti mismo en una máxima prioridad y no sentir ni una pizca de culpa por ello. Debes pensar en todas las formas en que te «mimas» a lo largo del día y cuestionarte el valor de cada una de ellas. En términos sencillos, cuando te plantees qué te impide priorizar estas tácticas en tu día a día, debes cuestionarte si está sanándote o te impide avanzar.

14

Reconstrúyelo mejor

Felicidades, has llegado a la parte final del libro. Pero que los motivadores de reparación que has incorporado a tu vida te hayan encauzado en el camino hacia la aceleración del proceso de sanación no significa que hayas acabado. De hecho, hay un montón de elementos a los que prestar atención que pueden tener un impacto en tu recuperación, tanto positiva como negativamente. En este último capítulo, ha llegado el momento de replantearte y afinar algunos aspectos de tu rutina diaria para maximizar la reparación.

¿Estás sobreentrenando?

A algunas personas les cuesta entender que el hecho de que algo sea bueno para ti no significa que cuanto más, mejor. Si te esfuerzas demasiado, puedes sobrecargar tu sistema nervioso central e impedir que tu cuerpo sane y se recupere como es debido. En particular, el sobreentrenamiento conlleva algunos síntomas no muy divertidos, como:

- pérdida de apetito y otros problemas digestivos
- dolor constante de articulaciones (y/o muscular)

- un descenso gradual o pronunciado del rendimiento
- un incremento de infecciones, lesiones o resfriados
- inquietud y/o dificultad para conciliar el sueño
- fatiga crónica (pese a dormir lo suficiente)
- sensaciones de ansiedad, depresión y/o cambios de humor

Estos signos de sobreentrenamiento son un aviso de tu cuerpo de que aflojes las riendas. Dos cosas, desde ya:

1. Mi rutina de movilidad está diseñada para aplicarse a diario y nunca debería llevar al sobreentrenamiento. Pero son esas actividades extracurriculares que quizá estés haciendo y yo no puedo ver —esos entrenamientos maratonianos o exigirte demasiado físicamente en el trabajo, el deporte, la jardinería, sea el caso que sea— lo que podría estar impidiendo que tu cuerpo sane con la eficiencia que debería.

   Irónicamente, mi programa de movilidad a veces lleva al sobreentrenamiento porque abre puertas nuevas. Los clientes notan una mejora tan drástica en su rendimiento que se esfuerzan por llegar a niveles superiores de actividad física que no creían que fuesen a estar nunca a su alcance, y yo, encantado. El truco es asegurarte de que no te esfuerzas tanto que no puedes recuperarte lo bastante rápido, porque todo el mundo tiene un límite.

2. Dale una semana. Si solo llevas unos días haciendo una actividad nueva, es poco probable que los síntomas sean de sobreentrenamiento. En realidad es natural que experimentes lo que parece sobreentrenamiento cuando sometes a tu cuerpo a un ritmo al que no está acostumbrado, quizá porque llevabas un tiempo inactivo, estás usando

un nuevo plan de levantamiento de pesas o estás practicando un deporte que no habías probado nunca. Pero si sigues sintiendo esos efectos adversos al cabo de una semana, entonces es cuando debes plantearte si le estás exigiendo demasiado a tu cuerpo.

Entonces **¿cómo puedes impedir que ocurra desde un principio?** La buena noticia es que algunas de las causas más habituales del sobreentrenamiento son problemas que mi programa debería ayudarte a evitar: una mala nutrición, el estrés y la falta de sueño. No obstante, aun así podrías seguir arriesgándote a presionar demasiado tus músculos y tu sistema nervioso central en otras direcciones. La mejor forma de prevenirlo —y mantener tu cuerpo en un estado constante de reparación— es buscar la moderación:

Ten cuidado si superas los 300 minutos. La ciencia deja claro que emprender una actividad física moderada habitual de entre 150 y 300 minutos semanales desciende de manera increíble el riesgo de prácticamente cualquier afección médica que se te ocurra, desde la diabetes, el cáncer, la enfermedad cardiovascular y la obesidad.[1] Pero más allá de la marca de los 300 minutos, los beneficios en salud son mínimos,[2] así que a menos que practiques un deporte o una actividad que exija esa clase de entrenamiento, quizá no quieras superar ese límite.

Nota al margen: Quizá pienses que caminar 10.000 pasos al día pueda hacerte superar los 300 minutos con facilidad, y no te equivocarías. Sin embargo, hecho en el sentido tradicional (me refiero a caminar a un ritmo normal en superficies mayormente llanas como solemos transitar a lo largo del día), 10.000 pasos suelen considerarse una forma de ejercicio de baja intensidad que no debería llevar al sobreentrenamiento.

Date tiempo suficiente para recuperarte. Al menos un día (preferiblemente dos) a la semana, evita el ejercicio o cualquier actividad de intensidad moderada. Si sueles llevar a cabo una rutina de levantamiento de pesas, entonces nunca entrenes un grupo muscular de forma intensa más de dos veces por semana. De ser posible, permite que cada grupo muscular descanse entre cuarenta y ocho y setenta y dos horas, en especial después de cualquier entrenamiento de resistencia duro e intenso.

Si tienes dudas, tómate el pulso antes de desayunar. Todos los cuerpos son distintos, así que lo que podría hacer que experimentes síntomas de sobreentrenamiento tal vez no tenga ningún efecto en otra persona. Sin embargo, al margen de cuál sea la tolerancia de tu cuerpo al entrenamiento, existe un modo rápido de averiguar si le estás exigiendo demasiado a tu cuerpo.

Antes de que empieces cualquier rutina nueva, acostúmbrate a tomarte el pulso a primera hora de la mañana, en cuanto te levantes de la cama. Anota ese número, luego continúa comprobándote el pulso todas las mañanas, en especial después de un día de alto rendimiento. Si alguna vez supera las ocho pulsaciones por minuto por encima de ese número base que anotaste originalmente, dale un día de descanso a tu cuerpo para que se renueve y se recupere.

Esto es lo que pasa: cuanto más en forma estés, en general más bajará tu ritmo cardiaco en reposo a medida que mejora tu salud cardiovascular. No obstante, los días que haces un ejercicio o actividad excesivo, tu presión sanguínea en reposo se eleva de manera natural, pero se estabiliza poco después. Se trata de una reacción al esfuerzo y es del todo normal. Sin embargo, cuando te exiges demasiado y no le das suficiente tiempo a tu cuerpo para recuperarse, la presión sanguínea en reposo nunca tiene la oportunidad de estabilizarse y se mantiene a un ritmo elevado durante un periodo más largo. Permanece en ese estado reactivo elevado que no es sano, pero es una gran forma de saber si necesitas un respiro si escuchas lo que está tratando de decirte tu cuerpo.

Nunca digas que no a las siestas

Obviamente, no existe un algoritmo para LeBron. Cuando todo el mundo te ve actuar —cuando necesitas estar a tu mejor nivel y todos los demás están a unas horas de dirigirse a la cama—, no puedes dejar nada a la suerte. La rutina prepartido de LeBron a menudo empieza a las seis o siete de la tarde como pronto. Eso le deja tiempo para dar una cabezada si lo necesita.

No tiene ninguna cantidad específica de tiempo como objetivo. En lugar de eso, escucha sabiamente las exigencias de sueño adicional de su cuerpo (más allá de lo que duerme cada noche). Podría dar una cabezada de veinte minutos un día y de dos horas al siguiente, dependiendo de su agenda y de cuánto se ha esforzado. Ha aprendido, a partir de una larga experiencia, lo que su cuerpo necesita y cuándo lo necesita.

Ahora bien, en lo que se refiere a otros clientes —y en lo que se refiere a ti—, recomiendo una variación de esta estrategia porque el cuerpo de LeBron y lo que le exige son del todo distintos de los de una persona corriente. En lugar de eso, recomiendo (cuando sea necesario) dar una cabezada de entre diez y treinta minutos máximo, idealmente justo después de la comida. No solo te sentirás más renovado el resto del día, sino que las investigaciones han demostrado que las siestas breves son efectivas para liberar estrés y reforzar el sistema inmune,[3] mejorando la memoria de manera significativa,[4] e incluso para ralentizar la velocidad a la que tu cerebro se encoge a medida que envejeces.[5]

Un par de principios básicos que seguir:

- No superes los treinta minutos; si lo haces, corres el riesgo de tener más dificultades para quedarte dormido esa noche. Si después aún estás cansado, échate un poco de agua fría en la cara para espabilarte.
- Intenta no dar una cabezada después de las 14.00, es el límite en el que la mayoría de los expertos en sueño están de acuerdo. Cualquier momento posterior podría afectar a tu capacidad para experimentar el suficiente sueño REM esa noche.

Amplifícalo todo

Amplifica tu sueño

Añade algo de peso. Una cosa que realmente disfruto es utilizar una manta pesada por su efecto calmante. En realidad esas mantas imitan una forma de terapia de presión táctil (algo así como envolver a un bebé) que alivia la ansiedad y te ayuda a quedarte dormido más rápido. De hecho, algunas investigaciones han demostrado que sujetos que sufren insomnio experimentaron una reducción de la gravedad de este, una mejora del sueño y una disminución de la somnolencia durante el día al utilizarlas.[6] ¿De momento no quieres invertir en una? Entonces haz una versión más barata apilando varias mantas.

¡Cambia las sábanas! Y no solo porque te lo dijera tu madre. Deberías cambiarlas a menudo especialmente si te despiertas sudado. De ser posible, quiero que duermas con materiales transpirables (como tejido Coolmax, bambú, lino natural, poliéster o algodón) que ayuden a absorber el sudor de tu piel y laves las sábanas con frecuencia. Según la Fundación Nacional del Sueño, alrededor de tres de cada cuatro estadounidenses dicen que han experimentado un sueño más cómodo cuando sus sábanas olían a limpio.

Rebaja tu temperatura de otras formas. Si no puedes bajar la temperatura cuando duermes o solo quieres probar una forma distinta de refrescarte, experimenta con otras opciones como almohadas, sábanas y cubrecolchones refrescantes. O prueba algunas opciones caseras más baratas, como:

- meter las fundas de almohada en el congelador
- encender un ventilador (incluso en invierno)
- beber agua muy fría antes de acostarte
- ponerte una compresa fría en la nuca

Planea con antelación, pero no en la cama. Pensar en lo que necesitas cumplir al día siguiente mientras estás tumbado en la cama solo hace que te preocupes por cosas que debes realizar cuando no estás en posición de hacerlas, lo cual puede hacerte más difícil conciliar el sueño. En lugar de eso, haz un esfuerzo consciente para revisar tu lista de tareas dos horas antes de irte a la cama. Si bien es posible que siga generándote estrés en ese momento, estarás en mejor posición para analizar las cosas, o tal vez incluso de abordar una «tarea para mañana» esa noche de modo que te la quites de la cabeza para cuando te metas debajo de las sábanas.

Evita la nicotina y el alcohol. Algunas personas tienen la impresión de que estos vicios les ayudan a relajarse, pero no solo hacen que tengas problemas para dormirte y permanecer dormido, sino que también suprimen el sueño REM, lo que te hace experimentar un sueño menos profundo y menos sanación como resultado.

Cíñete a un horario. Entre bastidores, tu cuerpo depende de un reloj biológico circadiano que regula lo cansado o alerta que te sientes a lo largo de veinticuatro horas. Es buenísimo en su trabajo cuando se le deja hacerlo, pero ser irregular con la hora a la que te vas a la cama entre semana altera el ciclo natural del sueño. Para mantener ese reloj interno funcionando sin contratiempos (y ayudarte a experimentar más sueño REM), el truco está en ceñirte a una hora no solo entre semana, sino también los fines de semana, cuando podrías sentirte más tentado de irte a la cama más tarde y remolonear al día siguiente.

Como todos mis clientes cruzan zonas horarias de manera habitual —y aun así se espera que rindan al máximo absoluto, al margen de lo mucho que se alteren sus ciclos de sueño—, a menudo me preguntan si existe un truco que estabilice rápidamente su ritmo circadiano que vaya más allá de las cabezadas y de atenuar la luz durante la noche. Pero la solución más fácil y efectiva que siempre sugiero es prepararse por adelantado.

Todos mis clientes saben con antelación en qué punto del planeta (y en qué zona horaria) van a encontrarse, por lo que les aconsejo que se preparen para cada zona días antes de que se encuentren en ella si es posible. Lo que significa que, si saben que van a volar a alguna parte con dos o tres horas menos que en su zona horaria (una no suele ser tan disruptiva), entonces les aconsejaré que empiecen a ajustar su horario de sueño una hora cada día unos días antes para encajar con la zona horaria a la que van a viajar (siempre y cuando no afecte a sus cosas en el momento).

Por ejemplo, si suelen acostarse a las diez de la noche y la diferencia horaria con el lugar al que viajan será de dos horas más (viajan de oeste a este), les recomiendo que se vayan a la cama a las nueve (y se levanten una hora antes) empezando uno o dos días antes del vuelo. Si la diferencia es de dos horas menos (viajan de este a oeste), les sugiero que se vayan a dormir alrededor de las once y se despierten una hora más tarde por la mañana. Las mismas normas se aplican si se trata de una diferencia de tres horas, pero solo les pido que empiecen el proceso dos o tres días antes de viajar, ajustando la hora a la que se van a la cama (y se levantan) una hora el primer día y luego dos el segundo.

¿Este truco es siempre factible o infalible para mi clientela? No siempre, en especial por lo intensa que es su agenda de ciudad a ciudad. Pero para la mayoría de la gente, prepararse unos días antes puede mantener el ritmo circadiano bajo control de modo que la reparación no termine cada vez que estés de viaje.

Amplifica tus terapias reconstituyentes

Combina a menudo. Por tentador que pueda resultar seguir con el mismo masajista porque hizo un gran trabajo la última vez o escoger tan solo la meditación entre otras opciones que he sugerido simplemente porque es la más fácil, quiero que explores seriamente todas las posibilidades que puedas. Por ejemplo:

- Si siempre te has dado masajes de tejido profundo, atrévete a probar otras formas, como la digitopuntura, el masaje deportivo, el sueco, el masaje con piedras calientes, la aromaterapia, la reflexología, el tailandés o el shiatsu, solo por mencionar algunos.
- En lugar de ceñirte a una forma de poner hielo, prueba con todas antes de repetir la habitual.
- Pese a lo mucho que me gusta la meditación mindfulness, atrévete a experimentar todas las formas que puedas.

La razón por la que digo esto es que, incluso si una forma de terapia reconstituyente obra maravillas en ti, cada una ofrece cierto número de beneficios sobre las demás. Cuantas más opciones pruebes —incluso si no parecen tan efectivas como tus favoritas—, más experimentarás la gama más amplia de beneficios posibles al alternar entre distintas versiones.

Conecta contigo mismo. Hay una técnica que a veces aplico a la meditación conocida como relajación muscular progresiva, que ayuda a relajar más el cuerpo. El método no es nada difícil, pero requiere que contraigas y relajes partes de tu cuerpo de la cabeza a los pies.

Para hacerla, debes adoptar una posición sentada o tumbarte de espaldas. Empieza contrayendo los dedos de los pies (fuerte, pero no demasiado) durante al menos cinco o seis segundos, luego relájate durante entre quince y veinte segundos, y repite. A partir de ahí, avanza hacia arriba, aplicando la misma técnica a los gemelos, los muslos, el trasero, la zona lumbar, el abdomen, la parte superior de la espalda, el pecho, los bíceps, los tríceps, los brazos, los dedos, los hombros y termina con el cuello.

Amplifica la respiración

Olvídate de la regla de una hora. Decirte que lleves a cabo respiraciones profundas cada sesenta minutos dista mucho de ser una norma estricta. De hecho, es la única técnica del libro en la que nunca puedes excederte, así que experimenta. Pruébalo cada treinta, veinte o diez minutos si quieres, o pon empeño en hacerlo cada vez que te sientes, escuches a alguien o lleves a cabo determinadas tareas. Cuanto más a menudo lo hagas a lo largo del día, con más frecuencia experimentarás sus beneficios y más probable será que lo conviertas en un hábito inconsciente.

Hazlo siempre que te sientas negativo. ¿Qué quiero decir con esto? En el momento en que reconozcas que estás experimentando alguna emoción o sentimiento negativo —ansiedad, depresión, ira o frustración, o baja autoestima, por ejemplo—, cualquier reacción que sientas que no ayuda en una situación en absoluto, es entonces cuando quiero que lo pares todo y te limites a respirar.

No se trata tan solo de cómo ayuda esto a provocar una respuesta parasimpática que fomente la relajación y la recuperación, sino que hacer un hábito de respirar hondo en cuanto reconozcas que vas a salirte de tus casillas te obliga a apartarte de manera temporal de lo que sea que provoque esa emoción o sentimiento. A veces lo único que necesitas es alejarte de algo momentáneamente para minimizar su efecto en tu estado de ánimo y permitirte ver lo grande (o, con suerte, pequeño) que es el problema en realidad.

Afloja para extender esos segundos. Aunque te he hecho dos sugerencias para ralentizar la respiración (4-4-4-4 o 4-2-8-2), cuanto más a menudo lo hagas, más notarás que, si se te da la oportunidad, probablemente podrías ralentizar las cosas aún más. Si ese es el caso, entonces hazlo sin duda.

Estos números no son mágicos. No hay ninguna ciencia específica vinculada a inspirar y espirar durante esa cantidad de segundos. Son solo números que te permiten prestar atención al ritmo de tu respiración para poder ralentizarla. Pero a medida que tus pulmones y tu diafragma se acostumbran a inhalar más aire rico en oxígeno, si puedes alargarlos —por ejemplo, ralentizando las cosas aún más, hasta un ritmo de 5-5-5-5 o un tempo de 6-6-6-6—, adelante. Siempre que te sientas cómodo al hacerlo, cuanto más despacio vayas, más beneficios obtendrás de cada respiración.

Reflexión final

Aunque hayas llegado al final de esta guía, esta no es la meta...
No, este es solo el comienzo de tu nuevo viaje.

Lo que quiero que recuerdes mientras sigas mi fórmula es
esto: si algunos de los conceptos, principios y metodologías que
te he mostrado alguna vez te parecen poco ortodoxos o no con-
vencionales, te pido que confíes en el proceso de estar presente
y hacerte responsable por el bien de tu salud y longevidad. No
puedo hablar de los programas que hayas intentado en el pasado, pero quiero que sepas que esta no es una recopilación de
consejos y trucos agrupados al azar para llenar un libro. Cada
una de las tácticas, consejos y técnicas sirven a un propósito mayor que se complementan entre sí. E incluso si no eres capaz de
conectar los puntos sobre cómo encaja todo por ahora, pronto
lo verás y lo sentirás por ti mismo... Pero solo si te mantienes
fiel al camino que he marcado para ti.

Déjame acabar con esto: he tenido el honor de trabajar con
muchos grandes atletas en la cima de sus respectivas disciplinas
y todos han tenido lo mismo en común. Comenzaron con la
simple creencia de que la grandeza era posible. Ahora es tu turno, y estoy aquí para recorrer este camino a la grandeza contigo.
¡Vamos allá!

Apéndice

Los 27 ejercicios

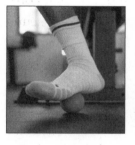

1. Estiramiento de fascia plantar

2. Estiramiento de pie contra pared

3a. Estiramiento de isquiotibiales y alivio del nervio de pie

3b. Estiramiento de isquiotibiales y alivio del nervio de pie

4. Estiramiento de cuádriceps alterno

5a. Estiramiento pectoral con un solo brazo

5b. Estiramiento pectoral con un solo brazo

6a. Estiramiento del ángel

6b. Estiramiento del ángel

7a. Marcha en el suelo

7b. Marcha en el suelo

8a. Cien de pilates en el suelo

8b. Cien de pilates en el suelo

9a. Puente de glúteos

9b. Puente de glúteos

10. Flexión

11a. Plancha lateral con rodillas flexionadas

11b. Plancha lateral con rodillas flexionadas

12a. Plancha lateral con elevación de pierna

12b. Plancha lateral con elevación de pierna

13a. Marcha de plancha lateral

13b. Marcha de plancha lateral

14. Plancha tradicional

15. Superman

16a. Elevación de brazo/pierna alterna

16b. Elevación de brazo/pierna alterna

17a. Bisagra de cadera de rodillas

17b. Bisagra de cadera de rodillas

18a. Bisagra de cadera con una sola pierna

18b. Bisagra de cadera con una sola pierna

19a. Perro boca abajo tocando tobillo

19b. Perro boca abajo tocando tobillo

20a. Estiramiento Spider-Man

20b. Estiramiento Spider-Man

21. Inclinación de pelvis de pie

22a. Rotación de vértebras torácicas

22b. Rotación de vértebras torácicas

23a. Balanceo en equilibrio sobre una sola pierna

23b. Balanceo en equilibrio sobre una sola pierna

24a. Sentadilla lateral de sumo

24b. Sentadilla lateral de sumo

25a. Sentadilla isométrica en pared con pie adelantado

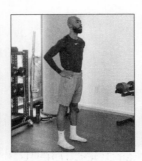

25b. Sentadilla isométrica en pared con pie adelantado

26a. Peso muerto rumano a una pierna

26b. Peso muerto rumano a una pierna

27a. Cohete espacial

27b. Cohete espacial

Para consultar material adicional de Mike Mancias, visita el siguiente enlace:

Agradecimientos

El proceso de crear un proyecto como este nunca se lleva a cabo sin ayuda. A lo largo de mi vida, he tenido la suerte de estar rodeado de grandes personas y aprender de todas ellas, y ha sido con la ayuda de esa gente increíble que *Game Plan* ha cobrado vida...

- Fara Leff, gracias a ti y a la familia de Klutch por empezar todo esto con la famosa conversación de «Eh, deberías escribir un libro» en tu despacho hace muchas lunas.
- A Byrd y mis amigos de UTA, por comprenderme y apoyarme para hacer de este proyecto una realidad.
- A Nick y el personal de HarperCollins Publishing, ¡por ver el potencial de este proyecto y acometerlo!
- Al doctor Kevin Marryshow, a Darrell Ann, a Vinny y a Roy, ¡el equipo tras el sueño que ha ayudado a configurar este proyecto! Gracias.
- A la chef Mary Shenouda, también conocida como Paleo Chef, ¡siempre aprecio tus charlas y sesiones sobre todo lo que tenga que ver con la nutrición! ¡Gracias por compartir tus conocimientos conmigo y con los lectores de *Game Plan*!
- Myatt Murphy, sin ti no hay *Game Plan*. Este proyecto no podría haber ocurrido sin tu paciencia, orientación y em-

puje insaciable hacia la perfección. Has cogido mis pensamientos, ideas y principios sobre el rendimiento humano y los has presentado de un modo que calara en el mundo. ¡Eres un pro de pros, hermano! ¡Gracias!

LeBron James:

En 2004, confiaste tu salud y amistad a este crío de Brownsville, Texas..., diría que salió bastante bien para los dos. ¡Ha sido un verdadero honor y un privilegio trabajar contigo durante dos décadas mientras redefiníamos juntos el entrenamiento de rendimiento deportivo y longevidad! ¡El más grande que lo haya hecho jamás! ¡Eres y siempre serás el plan de acción! ¡Os quiero a ti y a la familia, siempre! ¡Gracias!

Myles Garrett:

¡El mejor jugador defensivo del año de la NFL! Nuestro viaje juntos es reciente, apenas estamos arañando la superficie de la grandeza que te espera. Gracias a ti, a Shey y a la familia Garrett por vuestra confianza y amistad mientras recorremos juntos el campo de fútbol americano.

Usher:

¡La definición de longevidad atemporal! Nuestro viaje empezó en 2021, y ese verano mostramos a la gran ciudad de Las Vegas en qué consistía la grandeza en el escenario. Y después de una Super Bowl LVIII de récord, ¡el espectáculo durante el descanso de la NFL no volverá a ser el mismo! «¡Lo hemos clavado!». ¡Siempre agradecido por tu confianza!

- Mi familia de entrenadores pasados y presentes, preparadores físicos, médicos, entrenadores de fuerza, fisioterapeutas y gestores de equipos que me han enseñado el «modo correcto»...
  - A Jim Lancaster, Keith Jones y Mark Pfeil, ¡gracias!
  - A Stan, Geo y Cobra, ¡gracias!
- A la NBTA y la NBASCA, por proporcionar una plataforma y recursos para que prosperáramos. Siempre os estaré agradecido.
- A Tim y a MJ, gracias por abrirme las puertas del HOOPS the Gym en Chicago para que atestiguara la grandeza.
- Amigos y familiares del valle del Río Grande y el sur de Tejas, ¡el hogar siempre será el hogar! Espero que mi viaje inspire a otros para seguir y alcanzar incluso las metas más elevadas, incluso en la adversidad.
- A mis hermanos GC, ¡gracias por hacer de conejillos de Indias desde la universidad! Os quiero a todos.
- Mamá, JC y Luis, vuestro amor y apoyo eternos e incondicionales a lo largo de los altibajos de mi viaje lo es todo para mí. Os quiero.
- Heather, Malcolm y Monica, las tres personas que más sacrifican al compartir a su esposo y padre con algunos de los mejores deportistas y artistas del mundo, ¡todos los días! Independientemente de los elogios, ¡sois mi mayor logro! Gracias por vuestro amor, comprensión y paciencia. Sé que no ha sido fácil. ¡Sois los mejores del mundo!

Notas

4. Sigue hasta el final

1. J. P. Chen, G. C. Chen, X. P. Wang, L. Qin, Y. Bai, «Dietary Fiber and Metabolic Syndrome: A Meta-Analysis and Review of Related Mechanisms», *Nutrients*, 2017, 10(1):24, publicado el 26 de diciembre de 2017, doi:10.3390/nu100 10024.
2. A. Reynolds, J. Mann, J. Cummings, N. Winter, E. Mete, L. Te Morenga, «Carbohydrate Quality and Human Health: A Series of Systematic Reviews and Meta-Analyses», *The Lancet*, 2 de febrero de 2019, 393 (10170):434-445, epub 19 de enero de 2019, doi: 10.1016/S0140-6736(18)31809-9.
3. S. McGuire, «Scientific Report of the 2015 Dietary Guidelines Advisory Committee», Washington, D. C., US Departments of Agriculture and Health and Human Services, 2015, *Advances in Nutrition*, 2016, 7(1):202-204, publicado el 5 de enero de 2016, doi:10.3945/an.115.011684.

6. Reconstrúyelo mejor

1   Natalia I. Dmitrieva, Alessandro Gagarin, Delong Liu, Colin O. Wu, Manfred Boehm, «Middle-Age High Normal

Serum Sodium as a Risk Factor for Accelerated Biological Aging, Chronic Diseases, and Premature Mortality», *eBioMedicine*,2023;87:104404.doi:10.1016/j.ebiom.2022.104404.

2   Yuan-Ting Lo, Yu-Hung Chang, Mark L. Wahlqvist, Han-Bin Huang, Meei-Shyuan Lee, «Spending on Vegetable and Fruit Consumption Could Reduce All-Cause Mortality Among Older Adults», *Nutrition Journal,* 2012; 11:113, publicado online el 19 de diciembre de 2012, doi: 10.1186/1475-2891-11-113.

10. Reconstrúyelo mejor

1.   Farzane Saeidifard, Jose R. Medina-Inojosa, Marta Supervia, Thomas P. Olson, Virend K. Somers, Patricia J. Erwin, Francisco Lopez-Jimenez, «Differences of Energy Expenditure While Sitting Versus Standing: A Systematic Review and Meta-Analysis», *European Journal of Preventive Cardiology*,2018,25(5):522-538,doi:10.1177/2047487317752186.

2   L. Yang, C. Cao, E. D. Kantor, *et al.*, «Trends in Sedentary Behavior Among the US Population, 2001-2016», *JAMA*, 2019; 321(16):1587-1597, doi: 10.1001/jama.2019.3636.

3   Long H Nguyen, Po-Hong Liu, Xiaobin Zheng, NaNa Keum, *et al.*, «Sedentary Behaviors, TV Viewing Time, and Risk of Young-Onset Colorectal Cancer», *JNCI Cancer Spectrum*, 2018 2(4), doi: 10.1093/jncics/pky073.

4   Universidad de California-Los Angeles, 12 de abril de 2018, «Sitting Is Bad for Your Brain—Not Just Your Metabolism or Heart: Thinning in Brain Regions Important for Memory Linked to Sedentary Habits», *ScienceDaily*, consultado el 6 de mayo de 2019, en <www.sciencedaily.com/releases/2018/04/180412141014.htm>.

5   A. H. Shadyab, C. A. Macera, R. A. Shaffer, S. Jain, *et al.*, «Associations of Accelerometer-Measured and Self-Reported Sedentary Time with Leukocyte Telomere Length in Older Women», *American Journal of Epidemiology*, 1 de febrero de 2017, 185(3):172-184, doi: 10.1093/aje/kww196.

6   M. L. Larouche, S. L. Mullane, M. J. L. Toledo, M. A. Pereira, J. L. Huberty, B. E. Ainsworth, M. P. Buman, «Using Point-of-Choice Prompts to Reduce Sedentary Behavior in Sit-Stand Workstation Users», *Frontiers in Public Health*, 21 de noviembre de 2018, 6:323, doi: 10.3389/fpubh.2018.00323.

7   T. A. Lakka, D. E. Laaksonen, Physical Activity in Prevention and Treatment of the Metabolic Syndrome, *Applied Physiology, Nutrition, and Metabolism*, febrero de 2007; 32(1):76-88.

8   Ian Janssen, Valerie Carson, I-Min Lee, Peter T. Katzmarzyk, Steven N. Blair, «Years of Life Gained Due to Leisure-Time Physical Activity in the U.S.», *American Journal of Preventive Medicine*, 2013, doi: 10.1016/j.amepre.2012.09.056.

9   M. Iwane, M. Arita, S. Tomimoto, O. Satani, M. Matsumoto, K. Miyashita, I. Nishio, «Walking 10,000 Steps/Day or More Reduces Blood Pressure and Sympathetic Nerve Activity in Mild Essential Hypertension», *Hypertension Research*, noviembre de 2000, 23(6):573-580.

10 C. H. Yang, D. E. Conroy (2018). «Momentary Negative Affect Is Lower During Mindful Movement Than While Sitting: An Experience Sampling Study», *Psychology of Sport and Exercise*, 2018, 37:109-116, doi; 10.1016/j.psychsport.2018.05.003.

1 Luciana Besedovsky, Stoyan Dimitrov, Jan Born, Tanja Lange, «Nocturnal Sleep Uniformly Reduces Numbers of Different T-Cell Subsets in the Blood of Healthy Men», *American Journal of Physiology—Regulatory, Integrative and Comparative Physiology*, 2016; 311(4): R637.

2 Elsevier, «Loss of Sleep, Even for a Single Night, Increases Inflammation in the Body», *ScienceDaily*, 4 de septiembre de 2008, <www.sciencedaily.com/releases/2008/09/0809020 75211.htm>.

3 M. R. Irwin, R. Olmstead, J. E. Carroll, «Sleep Disturbance, Sleep Duration, and Inflammation: A Systematic Review and Meta-Analysis of Cohort Studies and Experimental Sleep Deprivation», *Biological Psychiatry*, 1 de julio de 2016, 80(1):40-52, doi:10.1016/j.biopsych.2015.05.014.

4 Radiological Society of North America, «Short-Term Sleep Deprivation Affects Heart Function», *ScienceDaily*, 2 de diciembre de 2016.

5 Graham H. Diering, Raja S. Nirujogi, Richard H. Roth, Paul F. Worley, Akhilesh Pandey, Richard L. Huganir, «Homer1a Drives Homeostatic Scaling-Down of Excitatory Synapses During Sleep», *Science*, 355(6324): 511-515, 2 de febrero de 2017.

6 H. K. Al Khatib, S. V. Harding, J. Darzi, G. K. Pot, «The Effects of Partial Sleep Deprivation on Energy Balance: A Systematic Review and Meta-Analysis», *European Journal of Clinical Nutrition*, 2 de noviembre de 2016.

7 Aric A. Prather, Cindy W. Leung, Nancy E. Adler, Lorrene Ritchie, Barbara Laraia, Elissa S. Epel, «Short and Sweet: Associations Between Self-Reported Sleep Duration and

Sugar-Sweetened Beverage Consumption Among Adults in the United States», *Sleep Health*, 2016.

8   Jonas Lötscher, Adrià-Arnau Martí i Líndez, Nicole Kirch-hammer, Elisabetta Cribioli, *et al.*, «Magnesium Sensing Via LFA-1 Regulates CD8 T Cell Effector Function», *Cell*, 2022., doi: 10.1016/j.cell.2021.12.039.

9   L. A. Te Morenga, A. J. Howatson, R. M. Jones, J. Mann, «Dietary Sugars and Cardiometabolic Risk: Systematic Review and Meta-Analyses of Randomized Controlled Trials of the Effects on Blood Pressure and Lipids», *American Journal of Clinical Nutrition*, 2014, 100(1): 65, doi: 10.3945/ajcn.113.081521.

10 G. Howatson, M. P. McHugh, J. A. Hill, *et al.*, «Influence of Tart Cherry Juice on Indices of Recovery Following Marathon Running», *Scandinavian Journal of Medicine and ScienceinSports*,2009,doi:10.1111/j.1600-0838.2009.01005.x.

11 Ivy C. Mason, Daniela Grimaldi, Kathryn J. Reid, *et al.*, «Light Exposure During Sleep Impairs Cardiometabolic Function», *Proceedings of the National Academy of Sciences*, 2022, 119(12), doi: 10.1073/pnas.2113290119.

12 Nina C. Franklin, Mohamed M. Ali, Austin T. Robinson, Edita Norkeviciute, Shane A. Phillips, «Massage Therapy Restores Peripheral Vascular Function following Exertion», *Archives of Physical Medicine and Rehabilitation*, 2014, doi: 10.1016/j.apmr.2014.02.007.

13 J. D. Crane, D. I. Ogborn, C. Cupido, S. Melov, *et al.*, «Massage Therapy Attenuates Inflammatory Signaling After Exercise-Induced Muscle Damage», *Science Translational Medicine*, 2012, 4 (119): 119ra13 doi:10.1126/scitranslmed.3002882.

14 Cynthia Marske, Samantha Shah, Aaron Chavira, Caleb

Hedberg, *et al.*, «Mindfulness-Based Stress Reduction in the Management of Chronic Pain and Its Comorbid Depression», *The Journal of the American Osteopathic Association*, 2020, 120(9):575, doi:10.7556/jaoa.2020.096.

15 Kimberley Luu, Peter A. Hall, «Examining the Acute Effects of Hatha Yoga and Mindfulness Meditation on Executive Function and Mood», *Mindfulness*, 2016, 8(4):873, doi: 10.1007/s12671-016-0661-2.

16 A. C. Hafenbrack, Z. Kinias, S. G. Barsade, «Debiasing the Mind Through Meditation: Mindfulness and the Sunk-Cost Bias», *Psychological Science*, 2013; 25(2):369, doi: 10.117 7/0956797613503853.

17 S. Pooley, O. Spendiff, M. Allen, H. J. Moir, «Comparative Efficacy of Active Recovery and Cold Water Immersion as Post-Match Recovery Interventions in Elite Youth Soccer», *Journal of Sports Sciences*, junio-julio de 2020, 38(11-12):1423-1431, doi:10.1080/02640414.2019.1660448, epub 28 de agosto de 2019.

18 Micah Allen, Somogy Varga, Detlef H. Heck, «Respiratory Rhythms of the Predictive Mind», *Psychological Review*, 2022, doi: 10.1037/rev0000391.

19 Michael Christopher Melnychuk, Paul M. Dockree, Redmond G. O'Connell, Peter R. Murphy, Joshua H. Balsters, Ian H. Robertson, «Coupling of Respiration and Attention via the Locus Coeruleus: Effects of Meditation and Pranayama», *Psychophysiology*, 2018, e13091, doi: 10.1111/psyp. 13091.

1   W. L. Haskell, I. M. Lee, R. R. Pate, *et al.*, «Physical Activity and Public Health: Updated Recommendation for Adults from the American College of Sports Medicine and the American Heart Association», *Medicine & Science in Sports & Exercise*, agosto de 2007, 39(8):1423-1434.

2   T. M. Eijsvogels, P. D. Thompson, «Exercise Is Medicine: At Any Dose?», *JAMA*, 10 de noviembre de 2015, 314(18): 1915-6, doi: 10.1001/jama.2015.10858.

3   Brice Faraut, Samir Nakib, Catherine Drogou, Maxime Elbaz, *et al.*, «Napping Reverses the Salivary Interleukin-6 and Urinary Norepinephrine Changes Induced by Sleep Restriction», *The Journal of Clinical Endocrinology & Metabolism*, 2015, jc.2014-2566, doi: 10.1210/jc.2014-2566.

4   Sara Studte, Emma Bridger, Axel Mecklinger, «Nap Sleep Preserves Associative but Not Item Memory Performance», *Neurobiology of Learning and Memory*, 2015, 120:84, doi: 10.1016/j.nlm.2015.02.012.

5   Valentina Paz, Hassan S. Dashti, Victoria Garfield, «Is There an Association Between Daytime Napping, Cognitive Function, and Brain Volume? A Mendelian Randomization Study in the UK Biobank», *Sleep Health*, 2023. doi: 10.1016/j.sleh.2023.05.002.

6   Bodil Ekholm, Stefan Spulber, Mats Adler, «A Randomized Controlled Study of Weighted Chain Blankets for Insomnia in Psychiatric Disorders», *Journal of Clinical Sleep Medicine*, 2020, 16(9):1567, doi: 10.5664/jcsm.8636.